辽宁省教育厅智库项目成果

2021 辽宁沿海经济带发展研究报告

靖　飞　祖　峰　刘岩峰　马廷玉
李庆满　吕俊芳　单福彬　著

中国财经出版传媒集团
中国财政经济出版社

图书在版编目（CIP）数据

2021 辽宁沿海经济带发展研究报告 / 靖飞等著．—
北京：中国财政经济出版社，2022．10
ISBN 978－7－5223－1655－0

Ⅰ．①2… Ⅱ．①靖… Ⅲ．①沿海经济－经济带－经济发展－研究报告－辽宁－2021 Ⅳ．①F127．31

中国版本图书馆 CIP 数据核字（2022）第 152695 号

责任编辑：彭 波　　责任印制：史大鹏
封面设计：卜建辰　　责任校对：胡永立

中国财政经济出版社 出版
URL：http：//www．cfeph．cn
E－mail：cfeph@cfeph．cn

社址：北京市海淀区阜成路甲 28 号　邮政编码：100142
营销中心电话：010－88191522
天猫网店：中国财政经济出版社旗舰店
网址：https：//zgczjjcbs．tmall．com
北京财经印刷厂印刷　各地新华书店经销
成品尺寸：170mm×240mm　16 开　16 印张　240 000 字
2022 年 10 月第 1 版　2022 年 10 月北京第 1 次印刷
定价：68．00 元
ISBN 978－7－5223－1655－0
（图书出现印装问题，本社负责调换，电话：010－88190548）
本社质量投诉电话：010－88190744
打击盗版举报热线：010－88191661　QQ：2242791300

专著学术委员会

辽宁省高等学校新型智库
辽宁省科技创新智库研究基地 研究成果

各专题研究人员

专题报告一：辽宁沿海经济带一体化发展研究

课题组组长：李庆满

课题组成员：金彦龙　李　阳　张鸽子

报告撰写人：李庆满　金彦龙　李　阳　张鸽子

专题报告二：辽宁沿海经济带营商环境评价（2022）

课题组组长：祖　峰

课题组成员：裴　乐　张世杰　庞遵旺

报告撰写人：祖　峰

专题报告三：辽宁港口群融入“一带一路”建设的现状、问题和对策研究

课题组组长：刘岩峰

课题组成员：李庆满　周宝刚　李　昕　董　欣

报告撰写人：刘岩峰　周宝刚　李　昕　董　欣　李雪煜　李心蕊　颜雨晴　李佳宇　何烨姿　郑　珂　康帅杰　李　岩　田润泽　庄佳琪　常佳鑫　李　波

专题报告四：辽宁沿海经济带城乡融合发展研究

课题组组长：马廷玉

课题组成员：马　猛　贾建生　孔一粟　金彦龙　单丽娟　张红宇　郑辽吉　邬　冰　马颖泽　任　红　马克佳　陆　琳　解洪图

报告撰写人：贾建生　孔一粟　金彦龙　单丽娟　张红宇　郑辽吉　邬　冰　马颖泽　任　红　马克佳　陆　琳　解洪图

（研究单位：辽宁省城乡建设规划设计院有限责任公司）

专题报告五：辽宁沿海经济带旅游空间错位发展研究

课题组组长：吕俊芳

课题组成员：鲁小波　李　禹　张嘉辰　李欣源

报告撰写人：吕俊芳　鲁小波　李　禹　张嘉辰　李欣源

专题报告六：辽宁沿海经济带乡村民宿产业高质量发展研究

课题组组长：单福彬

课题组成员：鲁小波　张世杰　秦志学　陈晓颖　祁向文

报告撰写人：单福彬　鲁小波　张世杰　秦志学　陈晓颖　祁向文

序

2021 年是辽宁实施“十四五”规划开局之年，省委省政府构建“一圈一带两区”区域发展新格局，积极推动辽宁沿海经济带高质量发展。《辽宁沿海经济带高质量发展规划（2021～2030）》获国务院批复；推进港口整合，实现一体化运营；启动太平湾合作创新区建设；深度融入共建“一带一路”；高水平建设辽宁自贸试验区，跨境电商综合试验区进出口业务稳步增长；东北海陆大通道建设正在积极推进当中。沿海经济带各城市经济社会事业稳步发展。

2022 年 1 月，《辽宁省推进“一圈一带两区”区域协调发展三年行动方案》提出完善区域协同发展机制、加强产业分工协作、深度融入共建“一带一路”、畅通海陆大通道、深化港口运营机制改革、建立滨海旅游合作机制等诸多新举措，对辽宁沿海经济带高质量发展提出新要求。

基于上述背景，《2021 辽宁沿海经济带发展研究报告》在梳理 2020～2021 年辽宁沿海经济带发展状况基础上，结合省委省政府“十四五”时期发展任务和近几年工作重点，立足构建新发展格局，确定了辽宁沿海经济带一体化发展、营商环境评价、港口群与“一带一路”建设、城乡融合发展、滨海旅游协同发展、民宿产业发展等选题。全书包括六个专题报告：

专题报告一：辽宁沿海经济带一体化发展研究

专题报告二：辽宁沿海经济带营商环境评价（2022）

专题报告三：辽宁港口群融入“一带一路”建设的现状、问题和对策研究

专题报告四：辽宁沿海经济带城乡融合发展研究

专题报告五：辽宁沿海经济带旅游空间错位发展研究

专题报告六：辽宁沿海经济带乡村民宿产业高质量发展研究

《2021 辽宁沿海经济带发展研究报告》的撰写得到了辽宁省政府和沿海6市政府相关部门、省政协及沿海各市政协、企事业单位和社会友人的大力支持以及中国财政经济出版社的鼎力相助，在此一并表示衷心的感谢！由于时间仓促和自身水平限制，我们的研究成果可能还存在偏误，希望有关部门、专家学者、广大读者给予批评指正。

渤海大学

赵　晖

2022 年 7 月 1 日

目 录

| 专题报告一 |

辽宁沿海经济带一体化发展研究

一、引　言

辽宁沿海经济带开发开放上升为国家战略已满13年。在省委省政府的正确领导下，辽宁沿海经济带开发开放取得重要进展。经济实力进一步增强，产业转型升级步伐加快，重点领域改革得到深化，开放合作持续推进，基础设施互联互通明显提升。然而，现有发展成果相对于《辽宁沿海经济带发展规划（2009～2020)》预期目标还有差距，尤其是区域一体化发展程度不够，成为制约区域发展活力的一个重要因素。纵观国内，京津冀协同发展、长三角一体化、粤港澳大湾区建设、长江经济带发展等国家重大区域战略加快推进，江苏、山东、湖南等省把推动省内区域一体化发展作为经济高质量发展的新动能，也取得初步成效。以区域一体化促进产业协同发展成为经济高质量发展的突破口。面对新形势，辽宁省委省政府在“十四五”规划中及时提出“以大连为龙头深入推进辽宁沿海经济带开发开放”“统筹推动‘渤海翼’与‘黄海翼’协同发展”，为辽宁沿海经济带未来发展指明了方向。2021年9月，国务院批复《东北全面振兴“十四五”实施方案》和《辽宁沿海经济带高质量发展规划》，辽宁沿海经济带迎来新一轮发展机遇。

综上所述，深入探索辽宁沿海经济带一体化发展新机制，形成区域协同发展新局面，是辽宁省“十四五”期间推动辽宁沿海经济带高质量发展的客观要求，应该引起省市党委政府的高度重视，拿出切实可行的办法，携手推动辽宁沿海经济带高质量发展取得新突破。

为完成课题研究，课题组考察了山东等地一体化发展情况，调查了辽宁沿海经济带发展现状。在此，对辽宁省政协和各市政协，以及省市发改、商务、工信、交通、统计、科技、文旅、住建、人力资源、农业农村、生态环境等职能部门的领导和工作人员表示由衷谢意！

本报告概述了辽宁沿海经济带发展的总体情况，分析了辽宁沿海经济带一体化发展的进展和不足，列举了国内外推动区域一体化发展的经验做法，提出了推动辽宁沿海经济带一体化发展的建议。

二、辽宁沿海经济带发展的总体情况

（一）经济实力进一步增强

2020 年，全地区生产总值达到 1.2 万亿元，较 2008 年增长 119.6%，年均增长 6.8%，占全省的比重为 48.90%，较 2008 年提高 2.2%；沿海 6 个港口实现货物吞吐量 8.2 亿吨，集装箱吞吐量 1311 万标箱，较 2008 年分别增加 3.3 亿吨、567.1 万标箱，分别占全国的 5.6%、5.0%；实现进出口额 705.3 亿美元，占全省的比重为 74.7%。从“十三五”发展来看，沿海城市 GDP 平均增速从快到慢依次为大连、盘锦、朝阳、葫芦岛、营口、锦州、丹东（具体数据见表 1－1、图 1－1）。2020 年，大连市实现地区生产总值 7030.4 亿元，占全省比重为 28.0%，占沿海六市比重为 57.2%，连续 12 年稳占沿海六市经济总量一半以上；港口货物吞吐量 3.3 亿吨，集装箱吞吐量 511 万标箱，分别占辽宁沿海 6 个港口总量的 40.2% 和 39.0%，在辽宁沿海港口群中发挥着枢纽引领作用；实现进出口总额 3854.2 亿元，占全省比重为 74.7%，占沿海六市比重为 78.9%，稳居沿海六市进出口总额的龙头地位。大连在沿海城市中的先行先导效应正在显现，沿海经济带对辽宁全面振兴的引领作用不断加强。

表1-1　“十三五”期间沿海城市及全省GDP情况　单位：亿元

年份	大连	丹东	锦州	营口	盘锦	葫芦岛	朝阳	全省
2016	5648.0	688.6	885.1	1044.1	953.5	668.8	696.8	20392.5
2017	6052.2	715.7	943.3	1170.0	1059.2	708.6	734.9	21693.0
2018	6500.9	737.0	1030.0	1250.1	1175.7	764.1	787.0	23510.5
2019	6990.0	767.8	1058.5	1321.8	1279.2	805.8	838.8	24855.3
2020	7030.4	779.4	1072.2	1325.5	1303.6	770.4	875.6	25115.0

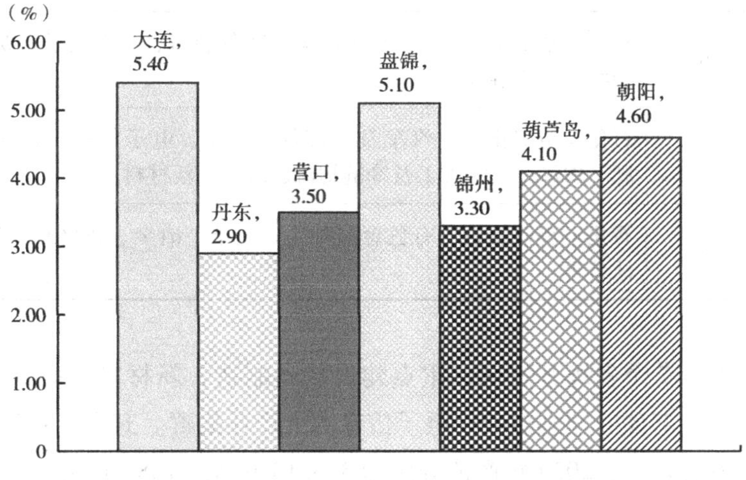

图1-1　“十三五”期间沿海城市GDP平均增速

（二）产业开发规模质量逐步提升

截止到2020年辽宁沿海经济带六市共有省级以上经济开发区42家，实现地区生产总值3013亿元、工业总产值8100亿元、固定资产投资额1189亿元，实际利用外资90453万美元，实现进出口总额2600亿元。产业结构优化升级步伐加快，高端装备制造、新材料、电子信息、生物医药等新兴产业加速发展。沿海城市拥有省级经济开发区及主导产业情况见表1-2。

表 1-2　辽宁沿海经济带省级以上开发区数量及主导产业

城市名称	经济开发区数量	主导产业情况
大连	11	石化及精细化工、造船与海洋工程、装备制造、电子信息、汽车零部件、食品加工、新能源、新材料、生物医药、轻工轻纺和临港物流等
丹东	6	汽车及零部件、仪器仪表、农产品深加工、装备制造、食品加工、医药化工、纺织服装、文旅、新材料等
营口	8	先进装备制造、物流贸易、金融、有色金属、耐火材料、冶金、装备制造、新能源、新材料、石油化工、原糖加工、港口物流、文化旅游、汽车及零部件、农副产品深加工等
盘锦	6	石化及精细化工、粮油加工储运、装备制造、光学电子、新材料、仓储物流、旅游等
锦州	6	石化及精细化工、汽车及零部件、光伏、电子信息、装备制造、化肥、农渔产品深加工及冷链物流、冶金、新材料
葫芦岛	5	石化、装备制造、有色金属加工、电子、冶金、新材料、临港物流、泳装等

朝阳市拥有 7 个省级开发区，重点建设装备制造、新材料、钢铁、农产品、环保、汽车及零部件、印刷包装、电子信息八大产业集群。其中，钢铁和装备制造产业集群发展较快，2020 年产值分别为 316.13 亿元、188.70 亿元。

（三）开放合作不断深化

积极融入共建“一带一路”，在强化顶层设计、推动互联互通、拓展产能合作、打造开放平台、优化金融服务、深化国际交流等方面都取得了很好成效。以深化辽宁自贸试验区改革创新为重点，着力打造一批高能级开放平台载体，进一步增强内生发展动力。截至 2020 年，辽宁自贸试验区的 123 项试点任务 100% 完成，其中 12 项实践效果突出的创新经验经国务院批准在全国复制推广。营口积极推进辽宁“17+1”经贸合作示范区先行区建设，与“一带一路”沿线国家进出口贸易额占全市比重超过 30%，已经成为“一带一路”向北开放的重要节点城市，货物进出口总额、利用外资都居全省前列。“营口—满洲里—欧洲”通道将渤海湾与欧洲大陆紧密相连，营口港占经满洲里口岸出境货物的一半以上。营口自贸区已经实现了比较成熟的开放型经济体制机制，形成了更多首创性、差异化、集成化的创新案例。大连中欧班列实现平稳运行，2021 年 1 月开辟国内首条东亚至中亚商品车多式联运通道。大连、营口港口型国家物流枢纽加快建设，两港海铁联运占比位居全国前列。沿海各市坚持“引进来”与“走出去”并行发力，积极融入国际产业链、供应链和价值链，加快推动“一带一路”重点项目建设。

（四）科技创新能力持续提高

科技创新实力稳步提升，科技投入强度、科技成果转化率、发明专利数连年增长。大连、盘锦科研经费投入强度超过全省平均水平，在“十三五”末期，已经达到 2.8% 以上。沈大国家自主创新示范区加快建设，国产首艘航母、全球首艘 308 万吨超大智能原油船在大连问世。2020 年，大连拥有高新技术企业数量达到 2475 家，占全省比例达到 40% 左右。营口以着力培育创新主体、推动产业优化升级为目标，以打通产学研用之间的有效通道为路径，加快推动先进技术转移和科技成果转化为现实生产力，有多项研发项目达到国内领先水平，“下一代高效光伏电池工艺装备”和“超纯美砂”项目达到国际领先水平。

三、辽宁沿海经济带一体化发展的进展和不足

（一）进展情况

1. 建立沿海六市协调机制

2018 年 8 月 1 日，在省委省政府的部署推动下，辽宁沿海经济带六城市书记市长联席会议在沈阳召开。六市市长共同签署了《辽宁沿海经济带六城市协同发展行动计划（2018～2020 年）》及《辽宁沿海经济带六城市协同发展框架协议（2018～2020）》，强调重点抓好“六个协同”建设，即抓好规划协同、产业协同、创新协同、改革协同、政策协同及环境协同；提出建立联席会议组织机构，并明确了“三级联动”的工作协调机制。沿海经济带 6 市党政主要领导联席会议

组成决策层，联席会议办公室（设在六市发展改革委）联合组成协调层，各市市直有关部门联合组建 13 个专业委员会作为执行层。“三级联动”的协调机制为促进辽宁沿海经济带一体化发展奠定了组织基础。

2. 强化产业发展互动合作

2019 年，营口和盘锦两市共同研究制定了《盘锦营口石化产业协同发展实施方案》，协同推进炼化一体化全产业链格局、招商引资和项目建设、港口资源整合利用和配套设施建设。盘锦宝来集团与仙人岛辽宁海化、中海沥青等开展合作，两市共同推动石油、天然气长输管道建设工作。营口和锦州两市签订《营口市与锦州市协同发展协议要点》，两市在复制自贸区制度创新案例、医疗、农产品、文化、旅游等方面取得初步成效。沿海六市签署《辽宁沿海经济带六城市文化旅游协同发展合作协议书》，进一步加强客源市场互动、整合推出精品线路、联手开展宣传营销、共同举办文化旅游活动等。锦州和盘锦两市围绕农业产业化、智慧城市和大数据建设开展合作。盘锦企业到锦州凌海投资建设水产品加工基地和冷链物流仓储项目；葫芦岛的渤船重工与大船重工完成整合工作。

3. 加强科技创新领域合作

沿海各市进一步引导高校院所创新资源向企业集聚，推动产学研合作创新，组建跨市产学研联盟。大连理工大学与辽宁春光制药装备股份有限公司等主体组建辽宁春光医药食品包装装备产学研联盟；大连理工大学与锦州阳光能源有限公司等主体组建辽宁阳光能源光伏电池产学研联盟；大连理工大学与丹东东方测控技术股份有限公司等主体组建辽宁东方测控工业智能检测产学研联盟；大连民族大学与丹东药业集团有限公司等主体组建辽宁丹东药业满药产学研联盟；大连理工大学与辽宁东盛塑业有限公司等主体组建辽宁东盛生物降解材料及制品产学研联盟。各城市之间，积极开展以项目为依托的合作创新和科技交流。

4. 协同打造对外开放门户

充分发挥大连东北亚国际航运中心的辐射带动作用，带动省内城市深度融入以大连为起点的陆海通道建设。依托“辽满欧”的烟大轮渡、环渤海支线网络以及外贸中转，开展国际海铁联运，带动沈阳、营口等省内城市协同发展。“辽海欧”航线使亚欧远洋航线的行驶里程由 1.3 万海里减少到 8000 海里，缩短约

35%，运输成本降低约30%，为东北乃至全国开辟了一条通往欧洲的便捷、经济、高效的海上运输通道。充分发挥辽宁自由贸易试验区大连、沈阳、营口三个片区对外开放的平台优势，累计形成了四个批次改革试点经验，进一步推动成果在全省范围内落地推广。加快推动东北陆海新通道建设，由锦州市牵头，锦州、阜新、朝阳、锡林郭勒、通辽和赤峰等六市（盟）成立"东北陆海新通道建设协作联盟"，签署了《东北陆海新通道沿线地方政府协作联盟协议》《东北陆海新通道协作联盟与锦州港战略合作框架协议》，推动基础设施建设，积极促进各地所辖工业园区在规划、招商等方面实现友好对接。

5. 加强公共服务领域协作

主要表现在营商环境、医疗卫生、教育、食品安全、气象服务、住房公积金贷款等方面。省营商环境建设局积极落实国办发〔2020〕35号文件，依托一体化政务服务平台，建设"跨省通办""省内通办"专区，为企业群众提供一站式网上服务。大连在大连政务服务网开设"全省通办"专栏，依托一体化政务服务平台实现与省内其他13个地市政务服务跨区域通办，涵盖商事登记、法律、涉企经营许可等领域。2018年10月，沿海六市签署人才供需合作框架协议，约定在加强人才区域交流合作、强化高端人才培育和引进、协同优化人才发展环境等方面展开务实合作；签署《辽宁沿海经济带六城市卫生健康协同发展框架协议书》，推动成立"辽宁沿海六市市属中心医院协同发展联盟"，大连医科大学附属第一、第二医院开展手术指导、用药指导、远程影像诊断，大连市儿童医院牵头成立辽东半岛妇儿专科联盟，积极推动优质医疗资源共享。2020年12月，沿海六市签订《食品安全风险预警交流合作协议》，并制定《辽宁沿海六市食品安全风险预警交流协作市际联席会议制度》，建立跨区域协作机制。2021年4月16日，大连市气象局承办辽宁沿海经济带海洋气象业务发展研讨会，谋划建立辽宁沿海经济带一体化气象服务平台。此外，截至2017年底，辽宁省14个城市住房公积金管理中心均已开通异地贷款业务。

6. 基础设施互联互通取得成效

目前，沿海城市之间的铁路公路基本形成网络化体系。截至2020年，沿海六市公路总里程合计53939.4千米，高铁和普铁10几条线路纵横交错。辽宁滨海大道全长约1300千米，是辽宁省扩大开放、实施沿海经济带建设战略的重要举措。

总投资约12.8亿元的盘锦浩业公司与锦州港石油运输管道工程基本完工，

中国北方能源基地项目签约落地，锦州凌海大有开发区、锦州港进一步支持盘锦石化产业发展的能力明显提升。营口港与锦州港加强联动发展，统一港口收费标准。锦盘两港连接路建设工程项目开工，可减少锦州港、盘锦港两港绕行距离 110 千米。锦州北镇市政府积极配合辽西北供水工程辽东湾新区支线工程建设，全力保障拆迁征地等工作。葫芦岛开通锦州世博园客运专线、锦州机场班车，并完成 1 条断头路建设。

沿海港口整合取得实质进展。2017 年，辽宁省政府与招商局集团签署《战略合作框架协议》及《港口合作框架协议》，拉开了辽宁港口全面整合的序幕。2019 年 1 月，辽宁港口集团在大连正式挂牌成立。目前，港口整合取得明显成效，体制机制进一步理顺。

沿海经济带航空交通快速发展。大连周水子国际机场、长海大长山岛机场、营口机场、锦州湾机场和丹东机场积极服务沿海经济带发展和辽宁全面振兴大局，各市合作和辐射范围都有新突破。锦州湾机场设立盘锦贵宾候机厅，为盘锦乘客提供便利。盘锦市设立城市候机楼，将大连机场服务延伸到盘锦。

7. 共享现代金融市场

依托大商所期货市场平台，制定出台期货发展专项政策，集装箱运力期货研发得到中国证监会大力支持，品种体系和场外市场建设取得实质进展，有效带动沿海经济带节点城市商贸物流发展；推动大商所在锦州、营口设立 5 所交割仓库开展期货交割业务，延展沿海经济带金融产业链条；推动辽宁沿海经济带产业投资基金推动东海航运保险公司为营口地区内贸企业提供集装箱货运险服务，为营钢集团及其外围供应商提供雇主责任险、货运险服务。

8. 协同推进生态环境治理

2019 年 4 月 3 日，沿海六市签署《辽宁省沿海六城市大气污染防治协作工作框架协议》，构建区域大气污染联防联控工作机制。省生态环境厅坚持完善海洋生态环境保护监管执法机制，探索湾长制建设新模式，形成常态化协同治理机制。沿海六市全部建立了“海上环卫”工作机制、沿岸原油码头、船舶等重点风险源检查制度。2020 年 6 月，锦州与盘锦两市围绕大凌河、绕阳河、西沙河、盘河等主河道及其支流建立联合工作机制。沿海六市针对海洋生态环境保护打破行政区域限制，统一开展一级排查工作，采用统一标准，携手改善渤海生态环境质量，推动渤海近岸水质优良比例不断提升。

（二）存在的不足

1. 顶层设计有待进一步强化

起始于2018年的《辽宁沿海经济带六城市协同发展框架协议》和《辽宁沿海经济带六城市协同发展行动计划》有效期限到2020年底。从“十四五”开始，辽宁沿海经济带协同发展需要新的政策支撑。另外，原“协议”和“行动计划”实质是省委省政府推动下的沿海六市之间的决策、协调和执行平台，在目标、内容和措施等方面缺少上位战略的刚性约束，协同发展执行力度面临考验，“三级联动”机制有待进一步完善。

2. 协同发展的广度和深度还有差距

除“三级联动”机制以外，各行业协会、商会等非官方机构开展合作不够频繁；龙头城市大连与其他五市之间的互动合作还有较大提升空间。合作事项缺乏明确目标和长远的路线图，年度协同发展落实举措有待深化，效果有待反馈评价，还没有建立科学完善的考核机制。城市间合作事项大都停留于项目研发、旅游线路衔接、干部培训、经验交流、文化活动、医疗教育、人才就业等方面，关于载体、平台合作很少。沿海各市行政区划衔接处城市化、产业化程度不高，经济联结不紧密，未能形成协同效应。

3. 产业协同发展是最大短板

表现在三方面：一是沿海城市产业结构相似度较高。例如，大连、营口、盘锦、锦州、葫芦岛均大力发展石化产业集群；大连、营口、锦州、葫芦岛均发展冶金产业；大连、丹东、锦州、营口、朝阳均发展汽车和零部件产业，且多集中在产业链中低端，技术创新水平有待提高。二是六市之间产业互补性较差。各城市产业分工协作尚未形成，除港口资源整合、营口盘锦石化产业协同发展等方面有所进展外，其他产业的上下游配套关系不强，部分产业集聚仅扎堆在产业链上同一环节。同时，沿海经济带有带动力的重大项目数量太少，产业集聚效应没有充分体现。这种现象影响了城市间的合作动力，可能会产生项目之争、利益之争，影响了整体联动效应的发挥。三是相邻城市园区之间缺乏实质合作，局域产业合作机制有待突破，产业转移承接地间利益分享机制不健全，产业合作缺乏税收、土地、贸易、金融等方面的配套政策支持。因此，如何把产业同构变成产业协同是辽宁沿海经济带一体化发展面临的严峻考验和最大难点。

4. 城市相对位置不利于硬合作

沿海六市呈带状分布，城市间最多两城相邻，没有成群扎堆现象，构成载体连接的天然屏障。表现为：丹东仅与大连接壤，葫芦岛仅与锦州接壤。大连与营口、丹东接壤地区为大连北部经济相对薄弱的区（市），不利于大连发挥辐射带动作用。此外，营口、盘锦、锦州、葫芦岛四市港口所处纬度相差不大，其货源所在的内陆腹地严重重叠。港口整合以后，亟须新的港口定位和市场细分。

此外，沿海城市之间交通设施互联互通需要进一步加强，科技资源流动与共享仍有较大空间，医疗、教育、卫生资源不均衡，政务数据不共享问题十分突出。

四、国内外区域一体化发展的实践和启示

（一）美欧日的城市群发展

1. 美国城市群发展

20 世纪中期，美国开始出现城市群发展模式，逐渐形成了巨型都市区域；1996 年，美国推动实施东北部沿岸城市带规划，建立新城市中心，分担纽约的功能，加强卫星城区与纽约中心城区的联系；21 世纪，美国启动“美国 2050”区域发展新战略规划，共确立 11 个超级大都市圈，加强了区域间城市合作。美国在一体化的过程中推进跨行政区域合作，实现重大规划的科学性和区域发展的动态协调性；建立海港、贸易通道、联合运输网络中心等设施，提高区域城市间的可达性；构建统一的区域政策框架，形成全方位的行政协调机制，加强各个州政府的统一性。

2. 欧盟区域一体化

第二次世界大战之后，欧洲各民族国家开始以共同体的形式寻求国家的发展，各个国家通过一体化、联盟的方式有效解决了贸易壁垒问题，实现了资源的

无障碍沟通；建立区域发展基金（包括团结基金、欧盟统一基金等）援助经济落后的国家，推进一体化的协调发展；实行统一的“凝聚政策”，通过不同层次的内容有针对性地协调欧盟在空间上的可持续发展，使欧盟各国区域竞争力更加平衡；建立金融协调政策，建设欧盟内部金融服务单一市场，推动区域经济的发展。

3. 日本都市圈发展

20世纪50年代，日本正式发展都市圈模式，东京因其经济、地理位置等因素迅速发展为首都圈的超级核心城市，周边的新兴城市也得以发展；20世纪70年代，为解决东京“一级集中”的现象，日本继续开发副中心城市以及周边新兴商务核心城市，都市圈的规模得到进一步的扩大；20世纪90年代，日本转向建设基层生活圈，提升交通设施的整体运行效率，形成了多核分散、职住平衡的结构模式；2017年，日本将重点转向建设领先世界的国际金融大城市，吸引全球资源的集聚。日本政府在发展都市圈模式的同时，也建设了区域性行政协调和管理机制，分工合作，共商区域发展事项，形成了以东京为核心，多领域、多功能的发展局面，实现了区域的协同均衡发展。日本政府坚持“优先公共交通”原则，自20世纪20年代开始，东京区部的地铁网不断向西、向北两个方向呈扇形发展完善，打造了跨区域的交通大联网，而且连同六大港口、两大国际机场以及多条高速公路形成了日本同世界交流的海陆空立体交通网，实现了与世界的联通。

（二）国内区域一体化发展战略

1. 江苏：全域一体化

2020年，江苏省GDP达到102719.0亿元，以占全国约6%的人口、1%的土地，创造了占全国10%以上的GDP。从20世纪80年代开始，江苏就十分重视区域协调发展对经济的推动作用。2019年7月，江苏省委十三届六次全会首次提出加快推进“省内全域一体化”的新要求。

（1）丰富一体化新内涵。江苏从追求苏南、苏中、苏北三大板块之间的协调发展，上升到追求更高层次的全域性的协调发展，即全域一体化；从相对单一追求经济层面的协调发展，上升到追求更多层面的全方位的协调发展，即涵盖到基础建设、公共服务、生态环境、社会治理以及城乡融合等诸多方面的全面性、系统性协调发展；从相对单纯追求缩小差距的协调发展，上升到追求更高标准的高质量的协调发展，即紧扣新时代特征，充分彰显"高质量"和"一体化"的发展新要求。

（2）夯实三个基础支撑。第一，重大基础设施互联互通水平不断提升，形成一体化发展重要基础支撑。交通基础设施建设全面提速，截至2020年底，江苏铁路、公路、机场、长江及内河航道、港口、能源及水利工程、原油及成品油管网、天然气主干管网等基础设施建设及能源转型取得重大进展。第二，产业转型升级和集聚发展取得显著成效，形成一体化发展强大动力支撑。各区市之间产业呈差异化发展良好态势，先进制造业集群布局呈现空间互补性。2020年，有9个先进制造业集群入围国家先进制造业集群决赛，占全国1/5；战略性新兴产业、高新技术产业产值占规上工业企业比重分别达到37.8%和46.5%，数字经济规模超过4万亿元。第三，区域协同创新体系加快完善，形成一体化发展强劲创新支撑。一是创新主体实力持续增强。2020年，全社会研究与试验发展（R&D）活动经费占地区生产总值比重达2.85%，高新技术企业总数超过3.2万家，科技进步贡献率达到65%。二是构建形式和功能多样的创新创业载体平台，为产业创新发展提供强大动能。

（3）推进"五化"建设。江苏紧扣在长三角区域一体化发展中的战略定位，加快完善一体化体制机制和政策体系，以"五化"推进为重点，为长三角乃至全国区域一体化发展提供"江苏方案"和"江苏经验"。

第一，空间开发一体化。江苏省统筹研究制定一体化发展新规划，加快各地国民经济和社会发展规划、城市总体规划、交通规划、城乡规划以及土地利用规划等有效对接，以规划协同引领产业、交通、人口、居住等空间要素优化配置，构建主体功能约束有效、国土开发有序的空间发展格局。

第二，产业创新协同化。江苏省以园区为载体，以产业联盟为核心，推动各地在产业协同、科技创新、人才交流等环节深化融合，在重点产业、重要园区、重大项目上对接配套，在产业链、创新链、人才链、政策链上相互贯通，以自主可控为核心，瞄准高端、高新、高起点建设一批世界级先进制造业集群，形成产业联动协作的发展合力。

第三，公共服务同城化。江苏省持续保障民生底线，加快实现基本公共服务均等化和基础设施通达程度均衡的发展目标。加快构建安全便捷、内畅外联、绿色高效的全域一体化综合交通运输体系，放大重要交通枢纽和节点作用；在教育、医疗、文化、社保、生态等重要民生领域加快实现同城化；不断完善土地、户籍、转移支付等配套政策，提高城市群承载能力，促进迁移人口稳定落户。

第四，社会治理现代化。江苏省深入推进集成改革落地生根，营造社会治理良好生态，完善依法治理、系统治理、智慧治理和精准治理四大治理体系，进一步提高城市治理能力，不断提升人民群众的获得感、幸福感和安全感。

第五，生态建设永续化。江苏省率先探索生态优先、绿色发展新路，树立"共抓大保护、不搞大开发"意识，推进生态经济化和经济生态化融合发展路径，探索创造更多的生态价值实现机制和模式，不断优化产业布局，大力发展战略性新兴产业和环境友好型绿色生态产业，建设长江生态安全带标杆。

2. 山东：胶东经济圈一体化

2020年初，山东省委、省政府印发《贯彻落实〈中共中央、国务院关于建立更加有效的区域协调发展新机制的意见〉的实施方案》，明确提出实施省会、胶东、鲁南三大经济圈的区域发展战略，推动形成全省区域一体化发展新格局。2020年1月，山东省政府印发《关于加快胶东经济圈一体化发展的指导意见》，提出加快青岛、烟台、威海、潍坊、日照胶东五市一体化发展。

（1）发展措施和进展情况。第一，完善工作推进机制。青岛市牵头建立了五市联席会议制度，研究推进一体化发展重大事项。胶东五市抽调骨干力量组成联席会议办公室，在青岛集中办公，承担联席会议日常工作，省发改委、青岛市发改委的分管负责同志担任联席会议的主任。五市分别成立一体化办公室，也通过联席会议加强协作，合力推进各项任务。联席会议设立了交通、科技、文旅、工业等10个专班，推进落实本领域合作事项。联席会议研究制定年度工作要点，建立工作台账、调度督导等制度，加快落实各项目标任务。第二，建立"1+N"规划体系。"1"就是胶东经济圈一体化发展规划；"N"是各专项规划和配套政策。第三，加快重点领域一体化发展。青岛与其他四市分别签署了深化合作框架协议，推动交通、旅游、科创等相关领域成立40多个联盟，签署了50多项合作协议。第四，搭建区域合作平台。率先启动莱西—莱阳一体发展先行区建设，成立全省首个跨区域平台运营公司，两市间基础设施、公共服务等一体化工作顺利推进，先行区总体方案已经编制完成。

（2）取得的成效和需要解决的问题。第一，取得的成效。2021年9月，青岛市发展改革委等部门联合开展的一项调查显示[①]，胶东经济圈一体化推进以来

① 王丽．胶东经济圈一体化发展现状及对策建议［EN/OL］．中国经济导报，http：//www.ceh.com.cn/llpd/2021/09/1407884.shtml，2021-9-2.

取得积极成效。一是政府工作人员、企业、市民对政策知晓度高，政策执行力度较高，市民已经感受到一体化带来的实质性便利。二是经济关联度和产业协同发展基础较好。主要供应商和产品市场集聚在胶东经济圈的受访企业超过60%。三是企业和市民对胶东经济圈发展的期待多且具体。企业重点关注科技创新，其次是产业协同、基础设施、公共服务。市民对交通基础设施互联互通关注度较高，其次是就业社保、教育文化、医疗卫生等民生领域。第二，需要解决的问题。一是产业协同发展有待提升；二是科技协同创新有待完善；三是交通设施互联互通有待加强；四是公共服务便利共享有待加快。

（三）几点启示

纵观国内外城市群和区域一体化发展案例，我们可以得出以下几点启示：第一，制定统一规划是一体化发展的前提。从国内外发展经验来看，推动区域一体化不仅要重视市场的资源配置作用，同时要顶层设计，建立长效机制。第二，完善的基础设施建设是一体化发展的基础。要消除城与城、港产城、域内外交通的断点和梗阻，促进资源要素高效流动，建设城市间通用的政务、产业和社会数字化平台是拉近城市距离的有效途径。第三，强化以科技创新为核心的创新驱动是一体化发展的根本动力，特别要关注体制机制创新。第四，合理的城市分工、产业分工是一体化发展的重点。特色发展、错位发展、协同发展是融合一体的重要表现，同质化竞争不利于一体化发展。第五，以较大城市作为龙头发挥引领、示范和带动作用，更有利于城市之间联动发展。第六，完善区域协调治理机制很重要，尤其要探索构建城市间的利益相容机制，要以项目、平台和载体作为纽带，否则一体化发展不会深入，也不会持久。

五、推动辽宁沿海经济带一体化发展的建议

充分学习借鉴国家重点区域一体发展战略以及江苏、山东及湖南等省内一体化案例的有益经验，从实际情况出发，强化顶层设计，坚持先易后难、试验推广和循序渐进的原则，以“一体化”激发产业动能，挖掘创新潜力，释放开放活力，推动辽宁沿海经济带高质量发展取得新成就。

（一）加强顶层设计，建立长效发展机制

1. 完善一体化管理体制

学习长三角一体化经验，考虑在原“三级联动”管理体制机制基础上进一步强化一体化工作的领导和推进。一是成立“省推进辽宁沿海经济带一体化发展工作领导小组”，省委主要领导担任组长，省委省政府相关领导、省政府相关职能部门负责人、沿海各市市委书记和市长参加，根据需要召开领导小组会议，统筹协调职能，研究辽宁沿海经济一体化发展重大规划、重大政策、重大项目，协调解决跨市合作的重点问题。省领导小组作为一体化发展的最高组织形式和决策机构，会议可由各市轮流承办。二是由省政府相关职能部门负责人及沿海各市政府分管领导组织设立工信、科技、交通、港口、商务、旅游、教育、人社、环保、文化、卫生、体育、金融等专业委员会，定期召开会议，负责落实领导小组决策事项，研究提出本领域协同发展的重点任务并认真组织实施。各市各自组建一体化工作领导小组。省发改委承担“省推进辽宁沿海经济带一体化发展工作领导小组”办公室职能；各市发改委承担本市领导小组办公室职能。一体化发展的具体任务执行最终落在各市政府的职能部门。

2. 制定《辽宁沿海经济带一体化行动方案》

鉴于国家层面已经讨论通过《辽宁沿海经济带高质量发展规划（2021～2030）》，建议省政府以《发展规划》为基础，制定《辽宁沿海经济带一体化发展行动方案》，作为沿海城市具体落实《发展规划》的重要抓手。以省政府《行动方案》为依据，省政府各职能部门制定本领域的《专项行动方案》和配套政策，各市再制定本市的《行动方案》和配套政策。特别要建立跨区域重大基础设施合作共建和成本分担机制、利益分配机制、风险共担机制和生态补偿机制。

3. 建立辽宁沿海经济带一体化发展考评机制

一体化发展必须有考评，否则很难持久和深入推进，最终流于形式。推动建立辽宁沿海经济带一体化督查考核体系，通过检查、督查、评价、考核等多种方式，推动辽宁沿海经济带一体化发展各项工作落地落实。省推进辽宁沿海经济带一体化发展工作领导小组办公室定期对重大规划、重大项目、重大工程、重大举措、重大

事项进行监测分析和动态评估。各市领导小组也要研究制定具体落实措施。行动方案任务落实情况纳入对各地党委、政府考核体系。一体化的进展和成效要确保能够量化、指标化，能够测评打分，测评结果要与部门和个人利益挂钩。

（二）推动产业协作，打造融合战略支点

建议学习上海，启动辽宁沿海经济带产业地图编制工作。从产业和区域两个维度，利用互联网平台，全景式、可视化呈现整个沿海经济带产业发展、创新资源的“现状”和“未来”，为招商引资和产业合作提供有力支撑。

1. 以发展特色产业增强沿海城市产业融合度

充分发挥各市资源禀赋和产业基础优势，大力发展特色产业。推动大连的数控机床、高端轴承、高技术船舶、先进轨道交通装备、集成电路和服装等产业，丹东的仪器仪表、通用设备、纺织原料、满族医药等产业，营口的钢铁及深加工、精细化工、镁产业、汽保、乐器及配件等产业，盘锦的油气采掘、稠油和道路沥青、防水卷材和化肥、摄像头马达和镜头等产业，锦州的光伏，葫芦岛的泳装，朝阳的非金属新材料、印刷包装等产业转型升级，提高核心竞争力。实施辽宁沿海经济带特色农产品品牌战略，重点推动丹东草莓、大连樱桃和苹果、盘锦大米和河蟹、锦州和朝阳杂粮等种植养殖技术升级，向绿色食品转型，开展联合宣传和销售。

2. 推动产业园区共建或跨市合作

这是辽宁沿海经济带一体化发展的核心和重点。挖掘城市之间产业发展的联结点和交叉点，推动园区共建或重构，激发新动能。建议学习长三角经验，成立辽宁沿海经济带开发区协同发展联盟，推动产业结构合理升级和区域经济协调发展。

（1）推动锦州与葫芦岛、营口与盘锦开发区共建。探索锦州经济技术开发区和葫芦岛经济开发区（北港工业区），营口沿海产业基地、仙人岛经济开发区和盘锦辽东湾新区合作共建事宜。推动双方签订战略合作协议，建立产业园区合作共建工作机制，双方围绕对方产业结构，引导企业开展产品配套加工、产品订单对接、技术交流合作、产品销售服务等合作，延伸产业链、价值链，共同打造优势产业集群。双方管理部门共建公共服务平台，联合招商引资，互设飞地园

区，努力打造锦州湾产业合作示范区、辽河三角洲产业合作示范区。

（2）建设“大连＋”产业合作区。以大连为主导，在其他沿海城市高标准建设经济合作区、科技园区等，推动大连产业资源向其他城市扩散转移。利用大连创新资源资源优势，形成研发在大连、制造在两翼、链式配套、梯度布局的产业分工体系。积极开展与大连市共建“飞地经济”合作园区，吸收大型企业、科研院所和金融机构参与，创新园区投入、管理运营及利益分配机制。

（3）推动大连和营口两市高质量合作。两市区位交通相邻，发展战略相向而行，产业结构协调互补，具备合作共赢的良好基础。推动大连太平湾合作创新区政策与营口协同，太平湾作为招商局集团在辽投资的重点园区和全国国资国企综合改革特别示范区，对营口更大力度深化改革开放具有重要推动作用。建议将仙人岛、鲅鱼圈区纳入太平湾合作创新区的协同区或拓展区。推进两市优势产业互补、协同发展。充分发挥鲅鱼圈优越的城市服务保障功能作用，保障好住房、交通、教育、培训、养老、医疗、商业、餐饮、娱乐等服务业，为太平湾建设和人员衣食住行提供配套服务。推进两市港口一体化发展，协同构建跨区域投融资平台，打造跨区域产业创新中心。加强两市发展的组织协调和政策对接，建立定期沟通机制，合力打造“辽宁沿海经济带一体化发展示范区”。

（4）构建融入京津冀协同发展城市联盟。以葫芦岛、朝阳、阜新建设融入京津冀协同发展战略先导区为纽带，推动沿海经济带城市与京津冀地区的通道对接、产业对接、平台对接、市场对接，引进京津冀企业、资本和人才，推动沿海经济带产品进入京津冀市场，打造京津冀连接东北亚的陆海大通道。

（5）加强大连与丹东城市园区战略合作。一是推动东港市和庄河市在产业发展、基础设施、环境治理等领域加强务实合作，为辽宁省沿海经济带“黄海翼”发展注入新动能。二是加强丹东高新区与大连高新区交流合作，助力丹东高新区争创国家级高新区。三是推进丹东边境经济合作区与大连经济技术开发区合作。加强产业与平台对接，推广复制大连经开区创新创业服务体系建设经验，深入开展技术创新合作。

3. 推进产业链和重大产业基地建设

围绕沿海城市同类产业，推动企业加强纵向协作，协同共建八大产业链，围绕产业链部署创新链、资金链和人才链，合力推动产业基础高级化、产业链现代化。依托大连、丹东、营口、锦州、朝阳，加强与沈阳市合作，打造汽车及零部件产业链；依托大连、丹东、锦州和营口，联合沈阳、鞍山、铁岭等地打造输变电产业链；依托大连、葫芦岛、锦州、营口、丹东和盘锦六市，打造船舶与海洋工程装备产业链；依托大连、丹东、葫芦岛、盘锦和营口，打造水产品加工产业链；依托大连、盘锦、锦州和营口，联合沈阳、抚顺和辽阳等地，打造精细化工产业链；依托锦州、朝阳和丹东，与沈阳合作，打造钛及钛合金产业链；依托大连、营口、盘锦和朝阳，加强与本溪等地合作，发展民用航空产业链；依托大连、营口、朝阳和葫芦岛，加强与鞍山、抚顺和阜新等地合作，打造氢能产业链。支持企业跨区域开展上下游产业配套，打造紧密协作的区域供应链。推动大连、营口、盘锦、锦州和葫芦岛石化及精细化工产业协同发展，合力打造“长兴岛—辽东湾—锦州湾”世界级石化产业基地和精细化工产业带。

4. 协同建设中国最北海岸线旅游观光带

（1）联合推出精品线路。整合旅游资源，在现有各市精品旅游点位基础上，统筹包装设计旅游产品，开展联合宣传营销，打造特色鲜明、优势互补的美丽滨海旅游带。推出红色旅游、海滨观光、海岛旅游、温泉养生、休闲度假等主题旅游产品，基于利益相容机制，推行“通票”“套票”“以票推景”等模式，互相推介，互助促销，打造辽宁沿海经济带精品旅游线路。

（2）构建沿海旅游数字化平台。建设旅游资源网络平台，整体展现沿海城市旅游资源信息，推动各市之间互联互通。研制辽宁沿海经济带旅游 App，推动终端设备下载安装，实现各城市旅游景区、旅游酒店、旅行社等旅游资源一站式检索、咨询、预定和结算。

（3）统筹安排旅游节庆活动。协同策划大连的赏槐会、丹东的“鸟语花香游东港”文化旅游节、营口的温泉节、盘锦的四季文化旅游系列节庆活动、锦州的古玩文化节、葫芦岛泳装文化展、朝阳的战国红文化旅游节等活动，联合开展对外宣传和营销。通过统筹策划、联动营销、整体展示、资源共享、数字联通等多种手段，提升辽宁沿海经济带旅游产业整体竞争能力。

5. 合力打造辽宁海洋经济带

以大连为龙头，以丹东、锦州、营口、盘锦、葫芦岛等沿海城市为支撑，发挥科技创新的引领作用，推动海洋经济转型升级，高质量创建辽东半岛蓝色经济区，打造中国北部蓝色经济增长极。以大连理工大学、大连海洋大学、渤海大学等高校为基础，与优势企业合作，实施海洋物联网工程、海洋大数据中心工程、海洋人工智能工程，突破数字化关键技术，推动海洋传统产业转型升级，海洋服务业提质升级，海洋新兴产业扩能升级，加快构建辽宁现代海洋产业体系。推动海洋产业与临港产业融合发展，推进“港产城融创”一体化发展，培育现代海洋城市群。创立大连东北亚海洋论坛，由省政府主办，大连市承办，沿海经济带其他城市协办，打造中国海洋经济北方盛会，推动海洋强省建设。

6. 推动数字经济一体化发展

成立辽宁沿海经济带大数据一体化发展联盟，探索制定面向辽宁沿海经济带的数据登记、确权、评估、共享、交易、应用、服务于一体的数据流通机制，推动数据要素有序流动和高效配置，培育建设区域数据交易市场。立足各自特色和比较优势，以数据有效联动产业链、创新链、资金链和人才链，推动传统产业转型升级。统筹建设大连和锦州大数据中心，加快城市合作和资源共享，推进区域数字枢纽港建设。加快沿海企业“上云用数赋智”行动、工业互联网工程、智能化提升工程和工业数字化应用场景建设。依托大连高新区、葫芦岛东戴河等地数字经济基础，加大招商引资力度，深化产学研合作创新，加快推进工业数字化、农业数字化和服务业数字化。打造东北数字经济创新发展示范区，为全省和东北高质量发展注入新动能。

7. 推进跨城市项目合作

推进大连市联合营口、葫芦岛、朝阳及黑龙江省有关城市，共同申报《燃料电池汽车示范应用城市群》工作。推动文化、体育资源交流合作。突出地方特色，组织各市优秀演出团体开展文化交流活动，加强非物质文化遗产项目推广交流，共同提高城市文化品位。利用营口市何家沟滑雪场、虹溪谷滑雪场等冰雪运动场地，举办冰雪活动及冰雪项目赛事，构建互惠发展机制，打造辽河入海口文化体育休闲娱乐圈。

（三）开展协同创新，完善区域创新体系

1. 联合开展基础研究

发挥大连的科技创新资源优势，以现有省级以上重点实验室、工程（技术）研究中心、协同创新中心等科技平台为支撑，推动沿海城市加强科技创新前瞻布局和资源共享，围绕区域产业布局要求和科技发展趋势，强化基础研究，联手营

造有利于提升自主创新能力的创新生态，打造支撑辽宁全面振兴的原始创新高地。重点推动大连英歌石科学城建设纳入国家相关计划和国家创新体系建设规划，支持其成为国家级综合性科学中心，布局科技重大基础设施和国家实验室，在洁净能源、信息技术、智能制造、生命健康等方向开创“前沿引领、协同创新、创产融合、多方推动”的良好局面。设立辽宁省自然科学基金等各类基金项目专项，支撑辽宁沿海经济带一体化发展。

2. 共建产业创新大平台

集聚创新要素和资源，围绕沿海城市布局较广的石化及精细化工、汽车及零部件、冶金、造船与海工装备制造、海洋水产品精深加工、农产品加工等领域，由行业龙头企业牵头，高校和研究机构参与，共建产业协同创新平台。以财政资金为引导，推动产学研主体多元投入，共同治理，围绕产业共性技术和关键技术制定技术路线图，确立中长期和年度任务，开展协同攻关，合力打造辽宁沿海经济带产业科技创新共同体。对现有产学研技术创新联盟进行评价，对实质运行的联盟给予资金支持。学习长三角 G60 科创走廊建设经验，建议在辽宁滨海大道沿线依托各市国家高新技术产业开发区、经济技术开发区及各市高校、科研院所资源，实施资源整合和布局优化，在每个沿海城市至少重点建设一个产业协同创新平台，以此拉动各市创新主体协同互动、创新要素高效配置，打造辽宁沿海经济带产业协同创新走廊。

3. 协同推进科技成果转移转化

构建辽宁沿海经济带技术交易市场联盟，推动技术交易市场互联互通，共建区域创新成果集散中心。大力发展科技服务业，建设区域技术转移服务平台，促进科技成果在区域内转移转化，实现成果转化项目资金共同投入、技术共同转化、利益共同分享。基于整个沿海经济带构建和完善成果供给、企业需求、中介转化服务、政策支撑有机衔接的科技成果转化体系。大力发展和引进区域性创业投资基金。创立辽宁沿海经济带行业创新创业大赛，由沿海城市轮流承办。建立健全协同联动机制，以大连为核心推动辽宁沿海经济带整体创建国家科技成果转移转化示范区。

4. 完善协同创新政策支撑

加大政策支持力度，强化协同创新合力。建立一体化高技术人才管理体制机制，推动沿海城市人才资源共享。加强辽宁沿海经济带知识产权联合保护，探索建立区域创新收益共享机制，引进和引导设立产业投资、创业投资、股权投资、科技创新、科技成果转化等引导基金。强化大连股权交易中心功能，支持辽宁沿海经济带科技型企业上市融资。促进沿海城市之间资金、技术和人才等要素资源合理流动。

（四）携手开放合作，拓展共赢发展空间

推动沿海城市立足辽宁，辐射东北，在更高层次、更广领域开放合作和对外竞争。高质量建设辽宁自贸试验区大连片区和营口片区，大连大窑湾、大连湾里、营口综合保税区，大连、营口、盘锦跨境电子商务区等重要开放平台。支持锦州、盘锦和葫芦岛纳入自贸区营口片区协同区，加强自贸区改革创新经验在各市复制推广。支持丹东边境互市贸易创新发展区建设，加快推进设立丹东综合保税区、丹东重点开发开放试验区和边境旅游试验区，不断提升丹东对外开放水平。

继续推进东北陆海新通道建设作为落实东北振兴重大举措纳入国家战略。建议省级层面提请国家部委协调东北四省区共同构建双循环新格局，做强陆海新通道锦州枢纽港，联动发展辽宁沿海经济带整个港口物流业。谋划绥中经凌源至赤峰铁路，支持葫芦岛主动融入锡（林郭勒）赤（峰）朝（阳）锦（州）陆海通道。依托东北陆海新通道建设，推动沿海各市在通道沿线产业链、创新链方面的合作。依托大连优势资源，积极融入高端论坛和国际会展业发展，推动沿海城市建立投资贸易环境推介和项目服务合作机制。

探索营口综保区作为大连"组合港"建设的重要支点，将大连港报关、查验、订舱等程序前移至营口综保区，通过"卡车航班"将综保区与大连港进行有效连接，做到在大连港货到装船、即刻出海，形成海陆互济的"组合港"新模式。拓展大连在营口综合保税区开展平行进口汽车销售业务，推动两市平行进口汽车销售合作。

（五）统筹人力资源管理，共建人才战略高地

人才是实现辽宁沿海经济带一体化发展的关键。只有人才充分流动起来了，才能让创新创业活起来。一是统一人才评价机制。在资质类评价事项上探索实现

标准统一、信息共享和资质互认；在水平类评价事项上推动人才能力评价互认；探索建立跨区域人事争议仲裁机制。二是加强人才数据协同和资源共享。构建辽宁沿海经济带人才数字化信息平台，把高校、科研院所及企业的高端人才信息统一录入，查询功能向社会开放，消除用人单位和人才之间的信息不对称，实现人才需求信息的互联互通和实时查询。三是推行多元化的人才交流模式。简化政府、高校和企业之间人才流动程序，探索人才工位、带土移植、科技联姻、智力嫁接、客座顾问、远程会诊等人才共享模式实践和创新；鼓励各区高层次人才试行异地技术入股、异地搭建创新团队等形式实现高层次人才共享；统筹海外引才渠道和海外引才政策，实现平台共建和协调行动。四是实施高校学科专业共建工程，鼓励高校之间、高校与企业之间开展实质合作，通过共享资源提高人才培养质量。用好大连高校多、实力强的优势，助力全区域协同发展。推动大连理工大学、大连海事大学等高校到其他沿海城市合作创办科技平台，建设实习创业基地。五是以合作对接拓宽就业渠道。推动招聘信息区域全覆盖，搭建区域性人才线上市场，协同建立人才引进工作机制，按产业链联合组织招才引智。重点做好高校毕业生的区域性就业工作。建议沿海各市出台政策，支持区域内高校毕业生到产业园区企业工作，政府部门协助企业提供交通、住宿、餐饮、保险等政策配套。尤其是对于到县域产业园区就业的毕业生，为其日后参加考研、公务员考试等复试面试设定优先参考条件。

通过以上措施，逐步实现各市人才政策协调、制度衔接和服务贯通，建立人才区域合作和流通体系，实现优势互补，打造人才高地，支撑高质量发展。

（六）完善基础设施建设，强化区域互联互通

1. 港口一体化向纵深推进

深入推动港口一体化发展，推进路港、关港合作，优化口岸营商环境；支持延伸港口服务链条，加速产业转型升级。建设数字化平台，推进管理运营一体化，统一收费标准、统一优惠政策，科学定位沿海港口功能，加强业务协同互补。加快构建智能化港口集疏运体系，推动实施港区疏港铁路和公路项目，打通运输“最后一公里”。发挥大连的中心港效应，带动六市港口联动发展，加快推进太平湾港区项目，全力推进东北亚国际航运中心建设，合力打造东北全面振兴对外开放窗口。

2. 加快完善交通网络设施

建设高品质综合立体交通网。进一步疏通滨海公路跨区域瓶颈，积极推进盘锦段3.8千米三级及以下低标准路段提级改造工作；强化滨海大道沿线养护服务站建设，提高服务区域发展能力。探索区域内降低高速通行费用等制度创新，缩短跨区域交通时间。进一步谋划沿海经济带交通网络体系与国家、省交通运输规划衔接，完善公海铁多式联运，合力打造互联互通综合智慧交通体系。推进港区、重点工矿企业铁路专用线建设，大力推进“公转铁”，加大铁路货运班列开行范围，更好地服务地区经济发展。推进营口自贸区至鲅鱼圈疏港铁路建设工程及鲅鱼圈和仙人岛疏港高速、铁路工程；完善葫芦岛柳条沟港区铁路建设，推进高桥—锦州港快速路工程，有效连通高桥—打渔山—锦州港道路，助力南票转身向海发展，助推葫芦岛和锦州产业园区一体化发展。加快建设大连—丹东天然气长输管线项目、辽西北供水工程项目，谋划大连和丹东对大洋河水资源综合利用。推进周水子机场能级提升和金州湾新机场建设，加密沿海机场国内外航线覆盖率和航班密度。

（七）加强环保联防联治，共筑生态安全屏障

1. 共筑六市绿色发展屏障

推动环境污染联防联治，建立行政区交接断面水质、水量监测与信息通报机制，强化对陆源入海污染物、区域大气污染的联控联治；建立健全污染源管控、生态补偿等长效机制，强化重点流域综合整治。积极探索建立一体化的数字化海岸带治理平台，以数据驱动决策，争取实现环境质量监测数据、污染排放数据、生态修复数据等数据的实时发布，为各地方各部门各单位的信息发布、项目申报、经验推广、实时交流互动等活动提供统一平台，共同维护海岸带生态安全。推动相邻城市环境基础设施共建共享，共建污水处理、垃圾填埋与焚烧等基础设施，提升区域废水、固体废弃物处理能力与设备运营效率。强化土壤污染防治协同治理，推动土壤污染防治专家库共享共用。

2. 协同推进产业绿色转型

推动相关城市冶金、石化、化工等高耗能企业绿色化改造。探索区域性市场

构架和运行模式，建立区域碳排放权交易机制。加速布局清洁能源，大力发展核电、LNG、氢能源、光伏等项目，创建新能源基地。支持大连、营口、葫芦岛等市氢能产业布局。推动核能绿色发展，以徐大堡核电项目为基础，引进“船 + 核”及核电技术研发、工程设计、辅助设备制造等涉核装备关联产业。建设营口玉石、兴城抽水蓄能电站，打造营口清洁能源产业装备制造园。积极推进海洋清洁能源产业，加快海上风电开发利用。支持南票循环产业园区创建国家生态工业示范园区。

（八）制定实施统一标准，推动营商环境一体化

1. 制定营商环境标准

对标世界银行标准，学习长三角等地经验，对沿海园区的典型案例和先进经验进行总结，制定《辽宁沿海经济带开发区营商环境建设标准》，探索围绕企业生命周期的活动便利性、政府服务质量、发展硬环境、城市宜居程度等方面建立一套适宜的指标体系，在辽宁沿海经济带省级以上开发区内先行先试，然后推广，为全省优化营商环境提供参考。推动各市梳理本市的营商政策，对影响一体化发展的执法依据、执法程序、执法规范做好整合归纳，修改完善。推动各市相向而行，趋同操作，加快构建统一的制度环境，在招商引资、服务企业发展的政策上趋向合作统一，减少相互竞争，从惠及本地企业转向利好沿海区域有所企业。

2. 完善“一网通办”平台机制

学习长三角、成渝、长江经济带等区域实践经验，发挥“一网通办”对优化营商环境的引擎作用，以之为切入点，整合和完善网络平台功能，深入推进各市政务信息系统改造对接，建立数据共享交换体系和数据资源共享清单，推进电子证照共享互认，实现区域数据广泛共享和应用。推动政务服务“一网通办”，企业和民生高频事项全部接入，实现线上“一地认证，全网通办”、线下“收受分离，异地可办”。推动企业运营全生命周期网上办理，开办便民服务“一网通办”移动平台。推动国际贸易“单一窗口”跨区域互联互通。推进社会信用体系一体化建设，实现区域内守信联合激励和失信联合惩戒，合作培育信用服务市场。

（九）共谋共享社会服务，建设和谐宜居城市带

1. 加强医疗卫生领域合作

探索成立沿海六市医联体，建设区域性高水平协同医疗中心，建立跨区域远程医疗平台、同城化应急管理平台，实施医学影像和检查报告互认制度。借助大连医科大学、锦州医科大学的科研教学资源，强化合作交流，在其他沿海城市医院建立专家门诊；建立各市医院协作机制和科学服务体系，重点加强心血管、脑卒中、妇产科、儿科等重点专科领域协同发展，提升相关专业的医疗服务能力。推动医疗信息“一卡通”和医疗费用即时结算。

2. 推动教育资源共享

建立中小学名校名师对口支援、师资培养培训和职业教育结对等教育交流合作机制，鼓励大连理工大学、东北财经大学、大连海事大学等教授专家到其他城市高校和企业授课讲学，推动高校之间共建学科和专业，实现优质教育资源共享。

3. 推进社保领域一体化

完善社会保险待遇资格互认互通机制和异地核查互认，共建沿海城市社保卡“一卡通”信息化服务平台，探索提升社保卡“一卡通”服务管理模式，全面实施社保待遇领取资格互认。加大住房公积金“缴存互认、贷款互贷”政策协同及信息互认力度，推动沿海城市缴存职工权益均等化。

此外，推动智慧城市合作，互相开放数据端口，围绕就业、教育、医疗、社保、文体、康养等领域，建设一站式公共服务平台和互联互通的公共应用平台。加强沿海城市在金融领域沟通合作，推动信息共享，共同防范金融风险，引导银行协同开设专项贷款，支持企业开展跨区域合作业务。

参考文献

［1］金世斌．国外城市群一体化发展的实践成效与经验启示［J］．上海城市管理，2017，26（2）：38－43.

［2］刘慧，樊杰，李扬．“美国 2050”空间战略规划及启示［J］．地理研究，2013，32（1）：90－98.

［3］马茹．我国未来区域经济一体化战略研究［J］．改革与战略，2016，32（10）：110－113.

［4］徐璐，贺京同．京津冀一体化中的市场失灵与去功能化——对成熟城市群发展经验的借鉴［J］．当代经济管理，2016，38（6）：56－62.

［5］张玉棉，尹凤宝，边楚雯．京津冀城市分工与布局协同发展研究——基于日本首都圈的经验［J］．日本问题研究，2015，29（1）：12－19.

［6］钟佩茜，许欢．区域一体化背景下跨界合作美国经验借鉴［A］．中国城市规划学会、重庆市人民政府：活力城乡美好人居——2019 中国城市规划年会论文集（16 区域规划与城市经济）［C］．中国城市规划学会、重庆市人民政府：中国城市规划学会，2019：643－653.

| 专题报告二 |

辽宁沿海经济带营商环境评价（2022）

2020 年 9 月 28 日，正值习近平总书记在深入推进东北振兴座谈会上的重要讲话发表两周年之际，辽宁省委常委会召开（扩大）会议。会议要求，要把改革与创新、协调、绿色、开放、共享的新发展理念作为一个整体，一体践行、立体推进、全面贯彻落实。要坚持全面深化改革，以优化营商环境为基础，坚决破除制约辽宁振兴发展的体制机制障碍，解放和发展生产力。会议强调，营商环境是事关全局的发展战略问题。要以优化营商环境为突破口，按照市场化法治化国际化要求，全力打造办事方便、法治良好、成本竞争力强、生态宜居的营商环境，推动习近平总书记重要讲话精神在辽宁落实落地。

2021 年 9 月 18 日，《辽宁沿海经济带高质量发展规划》得到国务院的批复。根据最新批复，辽宁将“大力发展海洋经济”“积极参与东北亚经济循环”，以沿海经济带高质量发展推动东北振兴取得新突破。由辽宁沿海城市构成的辽宁沿海经济带面临着前所未有的重大发展机遇，而营商环境的优化作为辽宁振兴的基础工作又得到了省委省政府的充分认可与支持。

鉴于此，本报告回顾了自 2020 年以来辽宁沿海六市的营商环境建设情况，并以世界银行发布的营商环境报告和国内现有营商环境评价指标体系研究成果为基础，结合辽宁沿海经济带的区域特点，构建了营商环境评价指标体系。同时，考虑到各市数据的完整性，以便于对我省沿海六市的横向比较，本报告运用2020 年的数据对辽宁沿海经济带营商环境进行了整体评价，并提出进一步优化辽宁沿海经济带营商环境的举措。

一、辽宁沿海经济带营商环境建设情况

2021 年 9 月国务院先后批复《东北全面振兴“十四五”实施方案》和《辽宁沿海经济带高质量发展规划》，要求以习近平新时代中国特色社会主义思想为指导，着力破解体制机制障碍，着力激发市场主体活力，着力推动产业结构调整优化，着力构建区域动力系统，做好改造升级“老字号”、深度开发“原字号”、培育壮大“新字号”三篇大文章，大力发展海洋经济，加快发展现代产业体系，完善区域协调发展机制，全面推进更高水平对外开放，积极参与东北亚经济循环，以辽宁沿海经济带高质量发展推动东北振兴取得新突破。

为了贯彻落实《东北全面振兴“十四五”实施方案》和《辽宁沿海经济带高质量发展规划》，立足新发展阶段，完整、准确、全面贯彻新发展理念，大力发展海洋经济，推动辽宁沿海经济带高质量发展取得新突破，省委、省政府高度重视营商环境建设工作，把优化营商环境作为事关辽宁全面振兴全方位振兴的战略问题和辽宁沿海经济带高质量发展问题深入实施，全省营商环境不断优化、持续向好。一是制度体系不断完善。制定、出台并修订了全国第一部省级优化营商环境地方性法规《辽宁省优化营商环境条例》和相关一系列规章、规范性文件。强化营商环境顶层设计，成立省营商环境建设领导小组，成立全国第一家省级营商环境机构，构建了省、市、县（市、区）全覆盖的营商环境建设组织体系。二是“放管服”改革逐步深入。聚焦企业全生命周期，推进简政放权不断深入。推行“双随机、一公开”监管模式，建设“互联网+监管”系统，积极推行包容审慎监管，加大重点领域执法力度。三是政务服务水平显著提高。推进政务服务标准化建设，推动实现“三集中三到位”和政务服务“最多跑一次”，建立首问负责、否定备案等制度，政务服务“好差评”实现全覆盖。推动实现辽宁政务服务网与国家一体化在线政务服务平台全面对接。创新投诉机制，实现全省“一个号码管服务”。四是法治化营商环境建设初见成效。持续优化行政执法体制机制，深入推进规范公正文明执法。积极推进生态环境、农业农村、文化市场、应急管理等领域综合行政执法体制改革。全面推行行政执法“三项制度”，开展流程再造，最大限度地减少审批自由裁量权。五是社会信用体系逐步完善。信用立法、信息归集、联合惩戒、信用应用等工作机制不断完善。确立了省、市、县三级信用信息共享平台建设模式。六是优化营商环境整体氛围正在形成。

全省上下优化营商环境行动更加自觉，建设市场化、法治化、国际化营商环境的发展目标逐步成为共识。各地区、各部门积极探索、勇于创新，形成了一大批创新成果。①

（一）大连市营商环境建设情况②

1. 加强体制机制建设，厚植营商环境基础

大连市以体制机制建设为保障，厚植营商环境基础，成立了由市委书记、市长任“双组长”的市营商环境建设工作领导小组，新组建了大连市营商环境建设局、大连市大数据中心、大连市信用中心，构建起以社会信用监管、大数据技术为支撑的营商环境建设新格局。相继出台了《关于进一步优化营商环境的实施意见》《关于加快推进政务服务“一网通办”改革的实施意见》《大连市深化“放管服”改革优化营商环境两年行动方案（2020～2021）》《大连市擦亮“办事不找人”“审批不见面”城市名片行动方案》《大连市营商环境升级行动方案（2022～2024 年）》等事关全域的改革文件。近三年来，各地区各部门出台各类优化营商环境措施文件 249 个，从制度层面推动了营商环境各项指标持续优化。在市委、市政府主要领导的高度重视、高位推动、亲自部署下，全市营商环境建设氛围日渐浓厚，群众满意度不断提升，企业获得感显著增强。疫情防控期间，大连市成为全省少有的未停止审批服务、并率先开展公共资源交易的城市，一系列营商环境建设成果为打赢疫情防控“阻击战”提供有力保障，市场主体数量在疫情下逆势增长。

2. 企业群众办事日趋方便，办事障碍不断破除

一是大连市围绕“办事不找人”，从企业群众办事痛点难点堵点问题出发，通过督查惩治转作风，“应进必进”强管理，清理奇葩证明减要件，清理“灰色地带”减审批，网上办事强公开，综合窗口强服务，流程再造减环节，“一网通办”强协同、专项整治强服务等一系列措施，政务服务质量和水平得到显著提升。二是从提高企业群众获得感和满意度为落脚点，通过“三集中三到位”改

---

① 辽宁省人民政府办公厅．辽宁省营商环境建设行动方案（2021－2025）［Z］．辽宁省人民政府官网．2022－01－29.

② 大连市营商环境简要介绍［N］．环球时报．2021－05－06.

革、“综合窗口”改革、“最多跑一次”改革等改革举措，推动了群众办事便利度大幅提升。服务“企业全生命周期”，企业开办、厂房建设、用电用水用气、不动产登记、纳税、信贷、招投标、跨境贸易等各环节办理时限不断缩减、流程不断优化。三是面向智能化、精准化的政务服务新要求，大连市以“一张表单”精准成为目标，通过“三统一”改革实现“一件事一次办”，推动了政务服务革命性再造。513 项单一事项的“一件事”在线上线下同步办理，100 项多部门联办“一件事”在线上线下稳步推进，企业群众“看一份指南、填一张表单、交一套材料、办多项审批”。经测算，“三统一”改革后的“一件事”平均跑动次数减少 60%，减少提交材料超过 40%，减少环节 80% 以上。国办电子政务办、国家发改委、省委改革办的高度关注大连“三统一”改革经验，“一件事一次办”改革已在辽宁全省复制推广。

3. 司法公信力不断提升，法治化营商环境日趋向好

法治是最好的营商环境。大连市以法治政府建设促进法治社会一体化发展，让法治观念深入人心。创新事中事后监管，构建具有“大连特色”的市场主体自律、行业自治、社会监督、政府监管“四位一体”的监管体系。在市场监管、生态环境、交通运输、农业农村、文化旅游等领域分别建立行政裁量基准制度及适用规则，强化对行政权力的制约和监督。文化旅游、市场监管、生态环境、农业农村、水务等部门探索包容审慎监管，推行首次轻微违法免罚清单制度。大连市被命名为第一批“全国法治政府建设示范市”，是获评的 4 个副省级城市之一。大连市政法机关在《服务保障营商环境建设 20 条措施》《加强法治化营商环境建设工作方案》的指引下，司法生态明显改观，司法质效大幅提升。

4. 企业经营成本显著下降，成本竞争力逐渐改善

大连市多措并举有效降低企业成本。降低社保缴存比例，调整社保缴存基数，企业经营成本显著下降。实施“放管服”改革、“证照分离”改革，有效降低企业开办成本。一般性企业开办环节由 3 个环节精减为 1 个环节，开办时间由 2019 年的 3.5 天压缩至 4 小时以内，社保登记并入企业设立登记同步完成，开办费用实现“零成本”。通过用地、用电、用水、用气改革，调低商业用地供给价格，提高能源供应稳定性，降低生产成本。开展“民营企业小微企业融资纾困专项行动”，引导金融资源进一步向民营企业小微企业倾斜，为 1146 户企业提供“银税互动”信用贷款 44 亿元。降低普惠型小微企业贷款利率 0.75%，累计为小微企业节省费用3.73亿元。降低企业贸易成本，减征风险类保证金4300余万元，审批减免税货值4.31亿美元。

5. 政治生态不断向好，自然生态保持优势

大连市委、市政府营造风清气正的政治生态，正风肃纪、惩治腐败、纠正“四风”，成效明显。以文明城市创建为契机，全面改善城市市容环境品质，实现全国文明城市“六连冠”。营造鼓励创新创业的社会氛围，在教育、医疗、科技等服务领域强力推进“两高”人才引进工作，城市吸引力显著增强。持续优化自然生态，营造人与自然和谐共生环境。实施大气污染防治精细化管理，强化工业污染源深度整治，精准实施水污染防治，还市民碧水蓝天净土，从自然生态上为城市“增值”。

（二）营口市营商环境建设情况①

1. 多项措施并举，加快和完善政务服务建设

首先，2021年7月，营口“营商之家”服务平台上线运营，打通了政企沟通“最后一公里”；8月，在全省率先成立民营经济促进局；9月，原营商环境建设局和原行政审批局整合为营商环境建设局，进一步理顺了体制机制；11月，设立“民营企业家日”，制定出台《营商环境优化行动方案（2021～2024年）》，推出89条目标和举措。其次，营口市以数字化倒逼改革，政务服务事项网上实办率超过70%，市场主体设立、变更、注销登记业务全面实现“零见面”。“金小二”资信平台打通了税务、社保、水、电等16个数据平台，为企业信用“画像”，提高了轻资产企业贷款成功率。辽宁自贸试验区营口片区法庭依靠电子数据，批量导入系统立案、批量生成裁判文书，审理环节由此提速。生态环境监测全面引入无人机和监控器。最后，从招标投标到通关速度，从水电气到设备改造，营口市关照企业需求“一枝一叶”，深度聚焦企业全生命周期。全面压缩企业开办、不动产登记、工程建设项目审批时限和成本，推动用电机制改革，为企业省时省力省钱。通过设立“民营企业家日”，拿出1.6亿元专项资金，对民营企业结构调整、数字化建设、科技创新、人才引进等方面给予全方位支持。

① 打造营商环境新优势 释放城市发展新动能．辽港商道资讯网．2021－12－21.

2. 营造良好的法治环境，确保企业获得安全感

营口坚持以人民为中心的思想，坚守正义、维护公平、捍卫公正，不遗余力保护合法、打击非法。一方面，实施涉企案件生产经营影响评估，依法保障民营企业家权益；设立市场主体专区和绿色通道，实行快立快审快执，当天立案登记率100%，依法高效审结涉市场主体民商事案件2178件，执行到位43.06亿元，审判执行质效综合指标排名位居全省第一。另一方面，成立自贸区法庭，在全省率先建立知产案件“三合一”审判机制；坚持企业家少捕慎诉理念，铁腕查处影响和破坏营商环境问题17起，处理43人；行政执法公示、执法全程记录、重大执法决定法治审核，三项制度覆盖率达到98%，同比提升6个百分点，为经济社会发展营造出良好的法治环境。

3. 对标一流营商环境，重商富商兴商

营口始终坚持以辩证思维和发展眼光看待市场运行问题，让一流营商环境成为营口的新标识，强化市场在资源配置中的决定作用，不断激发市场活力。2021年，全年新增减税降费5.4亿元。为首次上规入库企业和省级以上专精特新企业兑现政策奖励910万元，“金小二”综合金融服务平台利用政务大数据提升银企对接质效，累计发布金融产品158项，放款100.8亿元，其中，无还本续贷近5亿元。破获制售假冒伪劣商品案件30起，全省打击处理综合排名第四位，侦破制假售假品牌箱包案，被公安部列为典型案例。

4. 打造生态宜居品质之城，安商留商

营口为安商留商，不断夯实社会环境，始终致力于丰富企业发展全方位要素资源供给，推动政治生态、政务生态、创新生态、自然生态建设齐头并进。同时，全面打好蓝天、碧水、净土保卫战，全市PM2.5平均浓度改善11.9%，全省排名第三位，建成区黑臭水体消除比率达100%，水环境质量大幅改善，成为东北唯一一个被国务院办公厅评为真抓实干成效明显的城市。获评“2020年中国最具幸福感城市”和新一轮全国文明城市创建提名城市。2021年前三季度，营口市新增企业8606户，位列全省第三。民营企业数量占比达90.8%，民营经济地区生产总值占比历史性突破81%。

5. 强化使命担当，打造民营经济示范地

营口“十四五”规划把“争创中国民营经济示范城”作为未来5年的发展定位之一，到2025年，营口力争民营经济占比达到85%，民营经济税收占全市税收比重的70%，民营高新技术企业和科技型中小企业实现双倍增，民营企业进入全省百强企业15家以上，构建规范有序、活力充足、动能持续的民营经济发展生态，为辽宁民营经济发展做出表率，争创国家民营经济示范城市。

（三）锦州市营商环境建设情况①

1. 贯彻落实《优化营商环境条例》，全面开展“营商环境建设提升年”行动

2021年锦州市通过开展“5·15政务公开日”营商环境专题宣传，依托12345平台开展“群众问题我来答”活动，通过线下政务服务大厅、线上网站和微信公众号等广泛宣传国务院颁布的《优化营商环境条例》。全面开展“全市营商环境建设提升年”工作，加强正面典型示范引领，全市已2批次选树并公开通报32个典型事例。结合“人人都是营商环境、个个都是开放形象”活动推出“10个100”工作举措，重点开展100个优化营商环境“金点子”、100个“营商环境优秀窗口（岗）”、100个“优化营商环境最佳实事”评选，不断强化为人民服务的实践体验。

2. 全面深化“放管服”改革，持续优化营商环境

锦州市政府累计承接、调整、取消、下放925项行政职权事项；开展对2019年以来省级下放的773项行政职权事项进行“回头看”；梳理并动态调整4747项政务服务事项目录；推出470项容缺受理事项、151项告知承诺事项；推进政务服务驿站建设，现已进驻119项驿站办理事项；向乡镇（街道）下放219项权责类审批事项、87项便民服务类事项，群众办事实现“就近就便”。

3. 强力推进“一网通办”改革，实现市、县、乡、村政务服务点位全覆盖

锦州市开展了14个自建政务服务系统对接“回头看”，提升对接质量。目前

① 参见吴森．锦州市多措并举推动营商环境建设工作取得阶段性成果［EN/OL］．锦州市人民政府官网．2021-07-08.

11229 项政务服务事项接入一体化平台，9603 项事项具备全程网办能力，占比 85.5%；首批推出 24 项“异地收件、异地受理、异地审批”事项和 28 项“异地收件、业务属地受理、业务属地审批”事项。全市电子证照系统已汇集 106 种证照，汇集证照数据 696.93 万条，制作电子印章 1139 枚，本市自建政务服务系统全部对接电子证照、电子印章系统，实现电子证照在线生成、电子印章在线应用；12 个部门接入数据共享平台，梳理生成4637 条数据资源目录，为低保办理、财政补贴发放等业务提供了及时准确的数据共享服务；52 项高频事项实现“全市通办”；建成“一件事一次办”网上申报专区，围绕全周期服务自然人和法人上线运行 85 个多部门联办事项，已累计办件 9791 件。

4. 推进重点领域改革和制度性创新，多领域多层面取得新成效

锦州市政府建成工程建设项目审批系统，已覆盖 270 个审批部门（市级 53 个，县（市）区级 217 个），覆盖审批 126 个事项；工程建设项目五方主体验收和多部门联合验收分开推进经验，现已上报国家住建部。在凌河区试点的办理预包装《食品经营者许可》审批“远程勘验”模式正在全市推广，已办结 19 项“远程勘验”审批业务。升级“企业服务平台”建成“惠企一站通”，服务端向包括个体工商户在内的所有市场主体开放，建设“管家服务、惠企政策、人才服务、政企银金融服务、一件事一次办、跨区通办”6 个专区，实现了惠企政策在线发布、申报和审批，人才和金融信贷等业务“一站式”办理。

5. 开展政务服务中心标准化建设，提升优化营商环境的“窗口效应”

在市、县、乡 171 个政务（便民）服务机构建成 307 个视频监控点位，“好差评”制度覆盖了所有机构和窗口人员，政务服务实现视频远程监督、群众现场评价。各级各类政务（便民）服务中心（服务点）全部配齐老年人服务设施，将养老金领取等事项办理权限向基层延伸，推出“预约办、全程陪、上门办”等服务举措。邀请市营商环境特邀监督员参加窗口单位暗访检查，全市点名道姓通报并跟踪整改 26 个问题；对县（市、区）政务服务机构标准化建设等开展交叉互检、打分排名、选优查短、清单整改，进一步提升优化营商环境的“窗口效应”。

6. 开展营商环境领域监督整治，营商环境监督工作有新突破

锦州市政府结合“全市营商环境建设提升年”活动，围绕 5 个方面 30 类重点问题，全市已2批次梳理、查处并通报了69个损害营商环境典型案例。发挥12345政务便民服务平台投诉线索汇集、便民服务监督、政企政民沟通的主渠道作用，已整合撤并113条热线，整合撤并工作走在全省前列；建立"部门（地区）办理、群众评价、媒体发布、社会监督"机制，每月通报"三率一时限"指标排名，查处并通报了"一区两部门"严重超期、推诿扯皮办件问题。持续深入治理政府失信行为，严格时间节点，不断加大清理拖欠企业账款整治力度，关键节点将月调度调整为周调度或日调度，还款计划均已按时间节点完成。

（四）丹东市营商环境建设情况①

1. 以深入推进"放管服"改革为重要举措，不断提升政务服务效能

2021年以来，丹东市严格落实上级部门简政放权有关部署，取消下放调整行政职权事项57项。围绕实现"企业办事不出园区"的目标，将117项工程建设项目审批事项整链条、全环节赋予园区实施。深入推进监管方式改革，推进"互联网+监管"系统应用，监管信息归集覆盖率达99%。在推进工程建设项目审批制度改革方面持续发力，进一步优化项目审批流程、压减审批前置要件、实施并联审批、压缩审批时间。除特殊工程外，将项目审批从立项到竣工验收全流程审批时限压缩至最长60个工作日，最短5个工作日。同时，做好惠企政策落实，全面取消地方行政事业性收费，并严格落实减税降费政策。

2. 着力提升"一网通办"水平，提升政务服务事项办理便利度

全地区政务服务和公共服务事项全程网办比例达88.5%，"最多跑一次"事项比例达99.45%，"即来即办"业务比例达到51.71%，"只提交一次材料"办结业务比例超过50%。176项高频政务服务事项实现"全市通办"，121个联办事项实现"一件事一次办好"，全市"一窗"业务比例达85.04%。以村和社区为主体，围绕"不见面审批"，建立政务服务驿站260个。

3. 不断强化制度创新，着力打造"痛快办事"的文化

在全省首创"办不成事"反映窗口，并在全市36个县级以上各类政务服务

① 参见刘作庆．辽宁丹东：硬举措推动营商环境建设迈出新步伐［E/OL］．https：//baijiahao.baidu.com/s？id=1728814652264405963&wfr=spider&for=pc。

中心全面推广，提供服务超过3万人次，重点解决企业群众办事过程中的“疑难杂症”。全面推行“绿色通道”“以函代证”“告知承诺”“容缺后补”等制度，2069个事项实行“容缺受理”，46项证明事项实行“告知承诺”。

4. 一体推动诚信建设，促进“法治丹东”和“诚信丹东”建设

2021年以来，丹东市一体推动诚信建设，促进“法治丹东”和“诚信丹东”建设再上新台阶。在加强涉案企业司法保障、加强知识产权运用和保护等方面，相关部门不断推出卓有成效的新举措。同时，进一步完善守信联合激励和失信联合惩戒制度，严格落实行政许可、行政处罚信用信息“双公示”制度。2021年，发布红名单2801人次，失信黑名单174人次。推送行政许可9354条、行政处罚293条、信用承诺书868份、联合惩戒案例3例。

5. 以为企业和群众提供更加贴心服务为重要指标，努力构建亲清政商关系

丹东市持续强化12345热线平台建设，不断完善转办、督办、考评制度，提高企业群众诉求办理效率和质量，实现了非紧急求助类事项“一个号码管服务”。进一步规范企业投诉案件办理流程，每个投诉案件由双人负责，专人专办。继续深入实施项目管家制度，为全地区872个项目（企业）配备项目管家193人。在全市296个具有涉企服务职能的机关单位中确定专人，组建涉企问题服务网，建立了“管家”牵头、动态组网、高效解决涉企问题的工作机制。一年来，为企业解决上百个实际问题。同时，创新政企沟通方式，各地区、各部门普遍建立了规范化常态化政企沟通机制，通过走访企业等方式，帮助企业解决实际困难。

6. 不断完善营商环境评价体系，精准发现问题，促进营商环境持续向好

丹东市制定实施了《丹东市营商环境监测工作制度》，在市法院、市市场监管局等10个部门和单位设立监测点，通过对行政复议等12项指标的监测和研判，发现苗头和倾向性问题，及时预警和整改，促进营商环境持续改善。持续开展“营商环境企业评”活动，科学制定企业调查问卷，从12个方面对政府部门和市政公共服务部门进行评价，针对满意度偏低的中介服务、金融服务等方面的问题组织实施整改。同时，严格落实“好差评”制度，在实现评价部门、评价事项、评价渠道全覆盖的基础上，持续引导办事企业群众进行评价。一年来，共向省“好差评”后台传输评价数据超过96万条，好评率达到100%。

（五）盘锦市营商环境建设情况①

1. 构建公平竞争市场环境

盘锦市坚持营商环境建设“一盘棋”、打好“组合拳”，在统筹推进市场环境取得积极成效。一是全面落实第一批106项“证照分离”改革任务，实行告知承诺办结1154件，优化准入服务办结2778件；二是依托“互联网+登记注册”“政银合作”大力推行全程电子化登记，全程电子化网上办占总登记业务的74.12%，其中设立登记全程电子化网上办理达97.9%，全省排名第一；三是压缩企业开办时间，整个流程从3.5个工作日压缩至2.5个工作日，有效解决企业“起名难”问题，实现企业退出市场“零费用”；四是在各级各类政务大厅开设绿色通道、提供延时服务、实行容缺受理，落实“项目管家+链长制”管理模式，由市委、市政府主要领导亲自挂帅，成立项目专班对重大项目进行帮扶和跟踪服务；五是通过开发税收执法信息系统、推行税务文书电子送达、扩大出口退税无纸化企业范围、推行容缺办理等方式，扎实开展“便民办税春风行动”，推出24项68条行动措施，试点“易办税”线上全程发票代开，推广表易填、税易通，使办税更贴近纳税人实际需求，将纳税服务从“最多跑一次”变“一次不用跑”；六是深入开展税务帮扶行动，对全市重点税源企业、复工复产有困难纳税人、需要重点帮扶的中小微企业和个体工商户，推出9项精准措施，并推出重点项目专项服务，建立华锦阿美和宝来巴赛尔专项服务组，制定7项工作机制16条精准服务措施，高效服务重大项目在我市顺利落地生根；七是坚决贯彻落实减税降费政策，注重发挥市减税降费工作领导小组作用，确保各项减税降费政策措施不折不扣落实到位。截至2021年7月底，通过落实降低增值税税率、扩大享受税收优惠小微企业范围、降低社会保险费征收标准等更大规模减税降费政策，以及部分免征个人所得税、阶段性减免社会保险费、免收港口建设费等系列减税降费政策，共为我市企业减轻税费负担29.4亿元。

2. 营造高效便利政务环境

一是积极推进线上“一网通办”，市本级依申请类政务服务事项“网上办”

---

① 关于盘锦市贯彻落实优化营商环境条例工作情况的报告［R］. http://www.pjrd.gov.cn/2020_09/22_10/content-288505.html。

比率95.1%；二是着力推进线下“只进一扇门”，推进非场地特殊需要的政务服务向大厅集中，目前市本级共有依申请类政务服务事项1968项，其中1886项已进驻，进驻比率95.8%；三是扎实推进高频事项“最多跑一次”，按照“梳理完成一批，公开一批”原则，在盘锦市政务服务网公开发布二批次共1007项“最多跑一次”政务服务事项清单；四是稳步推进“办事不求人”，通过大力推进“四减”，在工程建设项目审批管理系统内实现减少申报材料30多个，统筹推进各县区、经济区及市直相关部门在原有基础上再压缩审批时限一半以上；五是推行无差别综合受理窗口，从市直事业编制人员遴选20人组建专职综合窗口工作人员队伍，完成了8个部门140多个事项的标准化受理要点梳理工作，初步实现了无差别受审分离模式；六是开展与两个《条例》要求不符的地方性法规、政府规章和行政规范性文件清理工作，现已废止19个，调整1个；七是在省内率先开展向镇街赋权明责增效工作，围绕法定职能赋权到位、责权厘清到位、清单公示到位工作目标，着力解决基层放权承接不到位、权力责任不匹配等问题，目前《盘锦市镇街政务服务事项目录》已经梳理完毕，正在履行合法性审查手续。

3. 打造规范公正法治环境

一是深化公共法律服务体系建设，通过简化办事环节有效提升公证服务满意度。截至8月底，共办理公证事项6086余件，减免公证收费20余万元，避免经济损失2000余万元；二是利用“互联网+仲裁”模式，共计审理案件47件，减免立案费4.1万元；实现四级法律援助工作站（点）全覆盖，其中市本级74个，镇街56个，村社528个；三是组建125人的“中小企业律师服务团”，对接400余家中小企业，为企业开展法律服务；四是对市政府各行政执法部门报送《2020年度涉企行政执法检查计划》进行法制审核，确保全市17个部门78个执法检查项目，从法律依据、检查内容、检查时限到执法主体全部公示到位；五是持续开展扫黑除恶专项斗争，扫清各类行霸、市霸，为市场主体创造公平竞争市场环境；五是开展“以打促稳、护企安盘、利企增效”攻坚行动，重拳打击涉企各类违法犯罪，依法保护企业合法权益；六是对企业及周边治安、交通等突出问题进行专项整治，大力开展反电诈宣传活动，全力提升企业群众安全感；七是推进公平竞争审查制度常态化，由市发改委、司法局、财政局、商务局、市场监管局联合发文，开展妨碍统一市场和公开竞争的政策措施清理工作，进一步促进市场主体平等进入、退出，为优化营商环境创建良好的制度环境。

4. 构建诚信开放人文环境

一是注重抓信用建设和精准监管。截至目前，“信用盘锦”累计发布行政许可38053条、行政处罚2237条，红名单4327条、黑名单1107条，累计转发守信激励和失信联合惩戒备忘录51个，人民银行盘锦中心支行与市税务局、市法院等部门信息共享和联合惩戒全省率先实施；二是不断推进诚信主体社会宣传，多渠道选树诚信典型，发布了38名表彰“盘锦青年五四奖章”的人选，推送诚实守信类道德模范2人、诚信典型8人；三是统筹推进清欠工作进度，全面落实“2020年11月底前无分歧欠款应清尽清”和“500万元以下无分歧欠款上半年‘清零’”任务要求，将清欠工作纳入年度考核，多次召开会议督部署各县区、经济区制订详细、可操作的还款计划，确保各阶段任务按期完成；四是及时组织各地区和相关部门开展清欠工作“回头看”，对拖欠账款再排查再摸底，查缺补漏，对拖欠账款清偿情况进行审核，确保清偿工作按计划执行，严禁政府工程项目以各种方式要求建筑企业带资承包。

5. 围绕提速增效，建立营商投诉举报高效办理机制

围绕整治不作为、慢作为、乱作为现象，打通“中梗阻”，积极解决涉企投诉处理各环节办理效率。一是提高8890平台办理质量。截至2021年8月底，盘锦市平台群众好评率90%，位居全省第三；办结率94%，位居全省第二；即时转办率100%，企业群众获得感和满意度不断提升。二是加大营商案件办结力度。为贯彻落实《辽宁省营商环境投诉处理办法》，已配套出台了营商环境投诉处理办法，并在投诉事项办理过程中，始终坚持“一把手”亲自抓落实，“市县两级联合督办”推进投诉事项办理，对未办结投诉事项多次召开多方协调会，齐抓共管促解决。截至8月底，全市营商环境投诉案件共45件，其中上年结转未办结案件22件，新受理案件23件。新受理案件中已办结案件11件，案件办结率为47.83%，涉及市文旅集团的7件营商投诉案件均未办结。三是持续整治政府失信行为。盘锦市共梳理从2019年1月起至2020年8月政府失信问题100个，涉及总金额9.46亿余元。四是建立投诉案件回访制度。不定时对未办结的投诉事项相关投诉企业（人）、失信整治问题台账中涉及的相关企业进行电话回访，对投诉事项办理进度和失信整治落实情况进行跟踪。对于办结的投诉事项通过《盘锦市营商环境案件办理情况反馈记录》向投诉企业（人）征求意见，确认投诉人对投诉事项办理情况是否满意。

（六）葫芦岛市营商环境建设情况①

1. 夯实基础，多点齐发优化营商环境

营商环境是重要的发展基础。一段时期以来，葫芦岛全市上下深入贯彻落实党中央国务院、省委省政府关于优化营商环境和作风建设各项决策部署，以打造“国内一流营商环境”为目标，不断优化政务服务，转变工作作风，提高行政效能，全市营商环境明显改善，有效激发了市场活力。2020 年，葫芦岛市调整、取消、下放行政职权 903 项。今年，对省政府下放的 773 项行政职权事项承接情况开展自查，确保各部门“接得住、用得好”。在商事制度改革上，大幅压缩企业开办时间，一般性企业设立登记时间压缩为 1.5 天，企业登记实现“全城通办”。截至 2021 年上半年，全市共登记各类市场主体 249587 户，同比增长 7.97% 。

同时，葫芦岛制定出台《葫芦岛市政法机关加强法治化营商环境建设工作实施方案》《全市政法机关贯彻落实省委政法委〈辽宁政法机关加强法治化营商环境建设指导意见〉任务分工方案》等相关文件，为法治化营商环境提供制度保障，营商环境法治化程度不断提高。

2. 聚焦重点，多措并举推动政策落实

为巩固营商环境建设成果，葫芦岛要求全市各部门聚焦重点、不遗余力，坚决打造国内一流营商环境。在工作作风上，坚决破除“绕道文化”，牢固树立斗争精神；破除“官僚思想”，牢固树立宗旨意识；破除“被动心态”，牢固树立争先精神。在工作重心上，切实聚焦“办事方便”，打破“关系网”，打通“中梗阻”，打开“主渠道”，痛痛快快办事，通过打开办事的“前门”，叩开群众的“心门”；聚焦“法治良好”，提升企业违法违规成本，营造良好信用环境，公平公正执法司法；聚焦“成本竞争力强”，着力强化制度供给，打造具有区域竞争力的独特优势，特别是以新理念、新方法、新举措把过去没有办成的事办成，把过去办成的事办得更加漂亮；聚焦“生态宜居”，美化自然生态，优化社会生态，强化创新创业生态，让越来越多的人爱上葫芦岛、扎根葫芦岛、圆梦葫芦岛。优化营商环境，必须坚持问题导向，葫芦岛市政府提出，要对照先进地区、

① 赵健彤，夏铭阳．全员发动、全域协同、全时推进 葫芦岛对全市营商环境建设再安排、再部署［EB/OL］．新华网，2021－10－11.

对照企业和群众的期盼，深刻查找全市在服务告知、“一网通办”、涉企执法等方面存在的短板和不足，逐条逐项认真加以解决，确保清仓见底。要通过表面问题深刻剖析、挖掘、追溯背后的深层次原因，从“政治生态、法治环境、市民规矩意识、企业家引导”四个方面发力，着力打造清朗的政治环境，让葫芦岛正气充盈。

3. 健全机制，打造葫芦岛营商环境响亮“名片”

优化营商环境是一个系统工程，既要出台改革举措，更要在提高服务水平等软环境建设上有新突破。葫芦岛市各级党委（党组）要在推进营商环境建设中发挥总揽全局、协调各方的作用，动员社会各阶层主动参与，做到“人人都是营商环境、个个都是开放形象”。要坚持以上率下，充分发挥“关键少数”带头作用，深化“挂帅攻坚”机制，健全“奖优罚劣”机制，从严执纪问责，对破坏该市营商环境的行为“零容忍”。要强化宣传引导，提升葫芦岛知名度、增加葫芦岛美誉度，让营商环境成为吸引投资者的响亮“名片”。葫芦岛市将对标对表，补齐短板不足，把企业和百姓的痛点、难点、堵点、卡点作为工作的着力点和突破点；瞄准关键，务求改革创新，聚焦“项目为王”，聚焦企业群众期待，拿出硬招实招新招，切实让市场主体和人民群众有更好体验感、更多获得感。

二、辽宁沿海经济带营商环境评价指标体系构建

（一）构建的原则

营商环境评价指标体系是准确度量和评价城市营商环境的重要抓手，用来衡量营商环境水平高低的指标在政治、经济、文化等各个方面均有所涉及，综合考虑所有层面和角度来构造营商环境评价指标体系是不切实际，也无法突出重点的。因此，在构建辽宁沿海经济带营商环境评价指标体系时，应该遵循以下几个原则。

重要性原则。营商环境的评价指标有很多种，在研究过程中不可能做到面面俱到，在每个层面或角度中挑选出具有代表性的指标是至关重要的，有的放矢，抓大放小，这样不仅可以减少评价过程中的工作量，指标的精简也有利于提高指标体系的易理解性。

可获得性原则。用营商环境评价指标体系来衡量一个地区或城市营商环境水平高低看似是一个定性分析的过程，但实际上在评价的过程中都是基于对搜集得

到的数据处理过后才做出的判断。因此，在确定评价指标体系中的指标时，要保证数据的可获取性，以量化、真实的数据为支撑进而搭建营商环境评价指标体系的框架。

综合性原则。综合性原则和重要性原则并不冲突。前者体现从不同的准则层里考虑影响营商环境状况的指标，强调统筹性，后者则体现在不同层面里挑选具有代表性的指标，强调凝练性，两者互为补充。综合性原则将不同层面的营商环境指标归拢起来，能够使营商环境评价指标体系更加丰富。

科学性原则。在构建营商环境评价指标体系中，数据的获取和处理、指标的选择、赋权方法的确定、指标权重的计算等环节都要建立在科学性的基础之上，只有运用科学性的处理方法才能保证评价指标体系的正确性。

（二）指标的选取

营商环境的概念源于2003年世界银行Doing Business小组发布的首份《营商环境报告》，报告中最初的5项一级指标已逐步演变为包含11项一级指标、49项二级指标的评价体系。国内对营商环境评价指标体系构建的研究也形成了许多研究成果，例如张三保利用“十三五”规划纲要提出的市场环境、政务环境、法律政策环境、人文环境4个子环境为一级指标及20个二级指标，对全国31个省、直辖市及自治区（除港澳台外）营商环境进行测量评价。彭迪云从经济环境、市场环境、基础设施和支持环境4个方面选取23个指标对长江经济带11省市营商环境进行评价。本报告以世界银行发布的营商环境报告和国内现有营商环境评价指标体系研究成果为基础，结合辽宁沿海经济带的区域特点，构建出四个准则层，包含12个一级指标和25个二级指标的营商环境评价指标体系，见表2－1。

在数据选择方面，选择2020年辽宁沿海经济带六座城市的截面数据，数据主要是从《辽宁统计年鉴2020》、各地级市的《2020年国民经济和社会发展统计公报》获取并在此基础上整理而成，还有部分数据是从中国人民大学发展与战略研究院发布的《2020中国城市政商关系排行榜》中获得。以大连、营口、锦州、丹东、盘锦和葫芦岛2020年的截面数据为基础，能够充分保证六座城市之间各项指标得分的可比性。

本报告构建了包含四个准则层的营商环境评价指标体系，如表2－1所示。这四个准则层分别是政策政务环境、经济环境、创新环境和公共基础服务。各准则层的现实意义解释如下：

政策政务环境：政务环境是中国营商环境评价的重中之重，政务服务能力直接影响市场主体的发展信心。政府对于市场经济的发展具有至关重要的作用，能够提供全局性的规划、协调、服务与监督，直接影响城市营商环境。近年来，各地政府深入推进“放管服”改革，大力削减审批事项，较大幅度精简企业资质许可认定，积极主动为市场主体松绑减负。政府治理从过去长期存在的“重审批、轻监管、弱服务”问题明显改善，凭借“互联网”大数据优势加快构建数字政府，推行的“一网通办”“码上办”使政府服务效率得到显著提升，政务服务标准化、规范化、便利化、透明化改革成效显著。廉政建设是保证政策政务环境优良的基础，同时税收法律政策作为政策的重要组成部分，在对企业发展的过程中发挥着巨大的作用，当地政府的减税降费情况以及当地企业的税收负担是企业选址时重点考虑的因素。

经济环境：经济发展水平是衡量一个城市强盛与否的重要指标，也是良好的营商环境的基础，它综合反映了一个地区的经济发展水平，是决定区域营商环境的先决条件，直接影响区域营商环境的优劣。通常来看，经济环境较好的地区，也是营商环境建设较优越的地区。经济环境包括经济要素的发展状况和发展潜力。本报告在经济环境层面的指标设计上，主要从经济实力、市场规模、金融环境和对外贸易四个方面，衡量了六个城市在经济环境准则层的表现情况。

创新环境：创新是经济转型的关键性影响因素，是牵引和推进改革的动力所在。创新环境的好坏决定了一个地区的发展潜力和发展高度。创新环境的改善会吸引更多的高科技企业聚集于此，提升当地的科技创新水平和企业的创新绩效。近年来，越来越多的高新技术企业如雨后春笋般涌现，国家市场监管总局数据显示：2021 年高新技术企业、科技型中小企业分别突破 20 万家和 18 万家，企业研发投入占全社会支出的 76.2%，PCT（专利合作协定）国际专利申请量跃居世界第一，这背后都少不了创新投入的支撑。创新环境的形成，能够吸引和培育更多的创新型人才，进而流入企业，形成更多的创新型企业，创新型企业的发展又能够促使创新环境水平的进一步提升，从而形成良好的循环效应。创新环境无疑是营商环境中不可或缺的组成部分。

公共基础服务：公共基础服务包括基础设施社会公共服务设施。基础设施是企业从事生产经营活动所依赖的基本物质条件，是区域可供生产和生活使用的基本物质要素的状况，是营商环境的重要支撑。基础设施是营商环境中重要的硬环境。基础设施的完善，尤其是交通条件的改善，极大提升了区域互联互通水平，促进各种高端要素自由流动和集聚，从而实现资源高效配置。社会公共服务设施是社会群体共同享受的基础社会服务，它是衡量人民生活水平高低的重要标准，良好的社会公共服务设施有利于吸引人才，而人才是促进企业、城市和区域发展的根本动力。

表 2-1　辽宁沿海经济带营商环境评价指标体系

	准则层	一级指标	二级指标	单位	指标属性
区域营商环境评价指标体系	政策政务环境	政企关系	政府关心	—	正向指标
			政府服务	—	正向指标
		廉政建设	政府廉洁度	—	正向指标
			政府透明度	—	正向指标
		税收水平	企业税负	—	负向指标
			企业所得税占税收总额的比重	%	负向指标
	经济环境	经济实力	人均 GDP	元	正向指标
			GDP 增长率	%	正向指标
		市场规模	城镇人均可支配收入	元	正向指标
			人均社会消费品零售额	元	正向指标
		金融环境	金融机构资产总额	亿元	正向指标
			金融放贷总额	亿元	正向指标
		对外贸易	进出口商品总额	亿元	正向指标
	创新环境	研发水平	科技创新发展指数	—	正向指标
			科学技术支出	亿元	正向指标
			高新技术企业数量	家	正向指标
			每万人拥有授权发明专利数量	件	正向指标
		人力资源	R&D 人员数量	人	正向指标
			每十万人口高校在校生人数	人	正向指标
	公共基础服务	交通运输	人均城市道路面积	平方米/人	正向指标
			人均港口货物吞吐量	吨	正向指标
		医疗服务	每千人医疗床位数	张/每千人	正向指标
			每千人口执业（助理）医师数	人/每千人	正向指标
		生活设施	人均供水量	立方米/人	正向指标
			人均园林绿化面积	平方米/人	正向指标

（三）指标编制方法

1. 指标测量方法的确定

权重是用来衡量总体中各单位标志值在总体中作用大小的数值，是表示某一指标项在指标项系统中的重要程度，它表示在其地指标项不变的情况下，这一指标项的变化对结果的影响。目前关于属性权重的确定方法很多，根据计算权重时原始数据的来源不同，可以将这些方法分为三类：主观赋权法、客观赋权法、组合赋权法。

主观赋权法。主观赋权法是人们研究较早、较为成熟的方法，它根据决策者或专家主观上对各属性的重视程度来确定属性权重，其原始数据由专家根据经验主观判断而得到。常用的主观赋权法有专家调查法（Delphi 法）、层次分析法（AHP）、二项系数法、环比评分法等。其中，层次分析法是一种解决测度难于量化的复杂问题的手段，它能在复杂决策过程中引入定量分析，并充分利用决策者在两两比较中给出的偏好信息进行分析与决策支持，既有效地吸收了定性分析的结果，又发挥了定量分析的优势，从而使评估过程具有很强的条理性。

德尔菲法选择企业各方面的专家，采取独立填表选取权数的形式，然后将他们各自选取的权数进行整理和统计分析，最后确定出各因素，各指标的权数。

主观赋权法决策或评价结果具有较强的主观随意性，结果也容易受决策者的知识缺乏的影响，客观性较差，应用中有很大局限性。

客观赋权法。客观赋权法的原始数据由各属性在决策方案中的实际数据形成，各属性权重的大小应根据该属性下各方案属性值差异的大小来确定。常用的客观赋权法有：主成分分析法、熵值法、多目标规划法、离差及均方差法等，其中，主成分分析法，通过变量变换的方法把相关的变量变为若干不相关的综合指标变量，主要思想在于降维，使得问题得以简化。现行的关于主成分分析的应用研究中大多集中于数据的简化处理或综合评价上。熵值法运用较多，基本思路是根据指标变异性的大小来确定客观权重，所使用的数据是决策矩阵，所确定的属性权重反映了属性值的离散程度。一般来说，若某个指标的信息熵越小，表明指标值得变异程度越大，提供的信息量越多，在综合评价中所能起到的作用也越大，其权重也就越大，反之亦然。

客观赋权法主要是根据原始数据之间的关系来确定权重，通常是基于比较完善的数学理论与方法，因此权重的客观性强，方法具有较强的数学理论依据。

主客观赋权法。主客观赋权法包括折中系数综合权重法、线性加权单目标最优化法、熵系数综合集成法、组合赋权法、Frank - Wolfe 法等。主客观集成赋权法的数学理论基础相对比较完美，并且也得到了一些初步的研究成果，但在于算法的复杂度普遍比较高，在一定程度上影响了其应用性。

在充分考虑本报告所构建的营商环境评价指标体系各指标数据特征和赋权方法的可操作性后，本报告采用熵值法对辽宁沿海经济带营商环境评价体系各指标进行赋予权重。

2. 熵值法赋权基本步骤

（1）数据搜集及构建数据矩阵 X。这里矩阵行 $m=6$，为辽宁省六座沿海城市；矩阵列 $n=25$，为本报告所构建的 25 个营商环境评价指标。

$$X=\begin{pmatrix} X_{11},X_{12},\cdots X_{1n} \\ X_{21},X_{22},\cdots X_{2n} \\ \cdots \quad \cdots \quad \cdots \\ X_{m1},X_{m2},\cdots X_{mn} \end{pmatrix} \tag{2-1}$$

其中，X_{ij} 指的是第 i 座城市第 j 项指标的数值（$i=1,2,\cdots,m;j=1,2,\cdots,n$）。

（2）对指标进行标准化处理。设计的指标体系中的指标包括正向指标和负向指标，对两种类型的指标采用的标准化处理公式略有区别，如下：

正向指标代表数值越大对城市营商环境的提升越有利，如人均 GDP、高新企业数量。标准化处理公式如下：

$$X'_{ij}=\frac{X_{ij}-\min(X_{1j},X_{2j},\cdots X_{mj})}{\max(X_{1j},X_{2j},\cdots,X_{mj})-\min(X_{1j},X_{2j},\cdots X_{mj})}+0.001 \tag{2-2}$$

负向指标代表数值越大对城市营商环境提升的阻碍作用越强，如税负水平、企业所得税占税收总额的比重。标准化处理公式如下：

$$X'_{ij}=\frac{\max(X_{1j},X_{2j},\cdots X_{mj})-X_{ij}}{\max(X_{1j},X_{2j},\cdots,X_{mj})-\min(X_{1j},X_{2j},\cdots X_{mj})}+0.001 \tag{2-3}$$

这里均在公式后加上 0.001，是为了避免出现 0 值影响下文的计算。则 X'_{ij} 为第 i 个城市的第 j 个指标的数值。（$i=1,2,\cdots,m;j=1,2,\cdots n$）。为了方便起见，仍记数据 $X'_{ij}=X_{ij}$。

（3）计算第 j 项指标下第 i 个城市占该指标的比重 P_{ij}：

$$P_{ij} = \frac{X_{ij}}{\sum_{i=1}^{m} X_{ij}},(i = 1,2,\cdots,m;j = 1,2,\cdots n) \tag{2-4}$$

（4）计算第 j 项指标的熵值

$$e_j = -k\sum_{i=1}^{m} P_{ij}\ln(P_{ij})，其中 k = \frac{1}{\ln(m)} \tag{2-5}$$

（5）计算第 j 项指标的差异系数。对第 j 项指标，指标值的差异越大，g_j 越大指标越重要。

$$g_j = 1 - e_j \tag{2-6}$$

（6）计算评级指标的权重。

$$W_j = \frac{g_j}{\sum_{j=1}^{n} g_j} \tag{2-7}$$

（7）计算指标的综和得分。

$$S = \sum_{1}^{j} W_j \times P_j \tag{2-8}$$

S 为最终得分，其中，S 值越大，代表营商环境越良好，通过比较辽宁省沿海经济带六座城市的总体得分可以观察营商环境在各项指标下的排名情况。

三、辽宁沿海经济带营商环境评价

（一）政策政务环境

政策政务环境主要包括政府的行政性事件处理和实施的法务性政策两个方面，前者注重对政府行政能力和效率的考核和评价，后者关注政策实施的友好性程度。这里从政企关系、廉政建设和税收水平三个角度衡量营商环境的状况，具体选取的指标如下：

政府关心：是表明地方政府对区域内企业发展的重视程度的指标，政府有了关心，企业才能增强信心。一个地区的政府对企业的关心程度是企业在落户选址过程中必然会考虑的因素，也是政企关系情况的直接体现。

政府服务：是对政府根据法律法规，为社会团体、企事业单位和个人提供许可、确认、裁决、奖励、处罚等行政服务的总称。同时，行政服务包含政府处理事务的行政效率，随着信息化趋势的不断推进，电子政务效率在政府服务水平的衡量上显得愈发重要。

政府廉洁度：是评价廉政建设水平的重要指标。政府的廉洁状况能够影响企业的发展方向以及发展战略的制定，是营商环境不可或缺的组成部分。

政府透明度：是指政府对政务信息的开放性程度，也可以由公众通过各种渠道获得政府信息，与行政主体联系沟通的简易程度来反映。

企业税负：是指区域内各种税收法律制度对企业征收税款使企业背负税务状况的概述。现行的税法体系中，存在部分税种的征收由各级地方政府在一定的范围内自行决定，地区的税收强度能够直接影响企业的利润水平，是企业经营过程中不容忽视的因素，对企业有着吸引或排斥的两极作用。

企业所得税占税收总额的比例，反映在整个区域内企业所得税在总体税收方面的贡献程度，也是企业在企业所得税方面负担水平的直观体现。

综上所述，辽宁沿海经济带内主要城市政策政务环境排名见表 2 -2：

表 2 -2　　辽宁沿海经济带内主要城市政策政务环境排名

城市	政策政务环境排名	政府关心	政府服务	政府廉洁度	政府透明度	企业税负	企业所得税占税收总额的比重（%）
大连	2	28.69	32.98	8.65	45.38	32.14	20.40
营口	6	24.96	25.76	63.71	44.11	11.44	14.49
锦州	4	25.40	12.76	45.70	47.51	14.77	11.37
丹东	1	25.40	21.39	45.22	24.96	100.00	12.81
盘锦	5	25.40	27.43	44.87	50.62	2.27	16.65
葫芦岛	3	11.01	18.78	24.02	59.88	11.42	8.71

资料来源：《2020 年中国城市政商关系排行榜》《辽宁统计年鉴 2020》。

（二）经济环境

经济环境能够直接或者间接地对企业的战略、人力资源、财务和销售方面产生广泛和深刻的影响，企业在充分注重对经济环境进行研究和分析的基础上，同时考虑自身能力，试求与经济环境相适配，才能制定更加适应经济环境和自身发展的对策。这也清晰的展示出经济环境在评价一个地区营商环境过程中的必要性。

在经济环境准则层内，构建以经济实力、市场规模、金融环境和对外贸易为一级指标，人均GDP、GDP增长率、城镇人均可支配收入、人均社会消费品零售额、金融机构资产总额、金融放贷总额、进出口商品总额为二级指标的评级体系，以此来评价辽宁省沿海经济带六座城市在经济环境方面的营商环境状况。

综上所述，辽宁沿海经济带内主要城市经济环境排名见表2－3：

表2－3　辽宁沿海经济带内主要城市经济环境排名

城市	经济环境排名	人均GDP（元）	GDP增长率（%）	城镇人均可支配收入（元）	人均社会消费品零售额（元）	金融机构资产总额（亿元）	金融放贷总额（亿元）	进出口商品总额（亿元）
大连	1	94700	0.9	47380	30385.64	16003.80	12952.40	3854.20
营口	3	56800	1.6	39793	17356.02	3916.80	2643.20	472.00
锦州	4	39300	0.1	35216	10936.74	3969.00	3282.90	142.20
丹东	5	35400	0.4	32346	11313.39	2640.80	1335.60	117.80
盘锦	2	93500	3.1	42788	27107.50	2461.00	1280.40	204.00
葫芦岛	6	31500	0.0	32756	10315.71	2357.40	1467.10	97.30

资料来源：《辽宁统计年鉴2020》、2020年各市国民经济与社会发展公报。

（三）创新环境

科技创新发展指数，反映城市在科学技术创新方面的发展水平，科学技术的提升是提高区域生产效率，促进产业升级的强有力的保障。

科学技术支出是指社会各类组织在科技创新方面的资金投入总额，也是转化科技成果不可或缺的物质基础。加大全社会科技经费投入是促进技术进步、实现创新驱动、推动高质量发展的必然要求。

高新技术企业是地区创新源泉的重要组成部分。高新技术企业往往具有较强的科研能力，掌握先进的科学技术，能够提高对资源的利用效率，从而减少浪费，实现社会资源的高效利用，同时较高的科技水平也能提高产品的生产率，促进社会生产力的进步。高新技术企业的数量越多，对社会的发展越有利。

每万人拥有授权发明专利数量是一个地区创新水平的直接表现。专利发明将创新想法转化为实际创新成果，进而为实现更高层次的科技成果奠定基础，条件每万人拥有授权发明专利数量越大表明该地区的创新氛围越良好，科技创新水平越高。

R&D 人员是指报告期 R&D 活动单位中从事基础研究、应用研究和实验发展活动的人员。科学技术的发展离不开科研技术人员的贡献，R&D 人员又是创新人员群体中富有代表性的一类，地区中 R&D 人员的存在数量是评价其创新水平的有效指标。

每十万人口高校在校生人数，这里高校在校生包括普通本专科学生，人口使用的是城市常住人口数。高校学生作为一个地区的储备人才资源，能够对企业发展和技术进步赋能，从而推动经济水平的提高。

综上所述，辽宁沿海经济带内主要城市创新环境排名见表 2-4：

表 2-4　　辽宁沿海经济带内主要城市创新环境排名

城市	创新环境排名	科技创新发展指数	科学技术支出（亿元）	高新技术企业数量（家）	每万人拥有授权发明专利数量（件）	R&D 人员数量（人）	每十万人口高校在校生人数（人）
大连	1	0.576	23.02	2475	24.30	71099	5415
营口	3	0.134	0.77	272	2.90	5033	1292
锦州	2	0.244	0.95	151	3.20	1410	3087
丹东	4	0.139	0.32	205	3.83	2659	1453
盘锦	5	0.123	1.98	158	5.20	304	663
葫芦岛	6	0.150	0.14	86	1.84	2150	767

资料来源：《辽宁统计年鉴 2020》《2020 年中国城市科技创新发展报告》。

（四）公共基础服务

在公共基础服务准则层内，选择交通运输、医疗服务和生活设施三个一级指标。交通运输服务用来衡量交通的便捷程度，考虑到六座城市作为沿海城市的特点，在其下设人均城市道路面积和人均港口货物吞吐量两个二级指标；医疗服务方面，选择每千人医疗床位数和每千人口执业（助理）医师数作为二级指标；

生活设施方面，选择人均供水量和人均园林绿化面积作为二级指标，辽宁沿海经济带内主要城市公共基础服务排名见表2－5。

表2－5　　辽宁沿海经济带内主要城市公共基础服务排名

城市	公共基础服务排名	人均城市道路面积（平方米）	人均港口货物吞吐量（吨）	每千人医疗床位数（张）	每千人口执业医师数（人）	人均供水量（吨）	人均园林绿化面积（平方米）
大连	1	15.86	54.85	6.59	3.23	130.78	68.77
营口	3	21.07	103.93	6.97	2.70	109.64	38.79
锦州	6	11.76	36.78	6.88	2.26	86.20	19.18
丹东	4	14.84	19.15	8.44	2.86	97.74	21.09
盘锦	2	25.16	44.47	7.27	3.05	155.07	36.45
葫芦岛	5	18.84	14.59	7.07	2.20	114.01	20.04

资料来源：《辽宁统计年鉴2020》。

（五）营商环境总体排名

通过熵值法的计算，四个准则层被赋予的权重分别为：政策政务环境占比8.54%，经济环境占比35.75%，创新环境占比39.08%，公共基础服务占比16.63%。辽宁省沿海经济带六座城市营商环境整体排名和各准则层排名汇总结果见表2－6。

表2－6　　辽宁沿海经济带城市营商环境排名

城市	营商环境排名	政策政务环境排名	经济环境排名	创新环境排名	公共基础服务排名
大连	1	2	1	1	1
营口	3	6	3	3	3
锦州	4	4	4	2	6
丹东	5	1	5	4	4
盘锦	2	5	2	5	2
葫芦岛	6	3	6	6	5

四、辽宁沿海经济带营商环境分析

从总体排名来看，辽宁沿海经济带内城市营商环境排名顺序为大连、盘锦、营口、锦州、丹东、葫芦岛。从分项指标来看，大连市在经济环境、创新环境和公共基础服务环境方面排名均居于经济带内的首位；丹东在政策政务环境方面排名居于经济带内的首位。综合分析，辽宁沿海经济带内城市发展不均衡，大连在辽宁沿海经济带内的中心地位突出，但对其他城市的辐射带动效果不明显。

（一）政策政务环境分析

丹东的分项指标具体排名：政府关心并列 2、政府服务 4、政府廉洁度 3、政府透明度 6、企业税负 1，其政府透明度位列最后，仅为 24.96，但企业税负达到 100.00，远远领先其他城市，核算后导致总排名位列第一。

大连的分项指标具体排名：政府关心 1、政府服务 1、政府廉洁度 6、政府透明度 4、企业税负 2，其政府廉洁度 8.65，远远落后于其他城市，同其中心地位并不一致，还需进一步深入、细致地解析其原因所在。

葫芦岛的分项指标具体排名：政府关心 6、政府服务 5、政府廉洁度 5、政府透明度 1、企业税负 5，除政府透明度排名领先外，其余指标均较为落后，反映其发展滞后。

锦州的分项指标具体排名：政府关心并列 2、政府服务 6、政府廉洁度 2、政府透明度 3、企业税负 3，除政府服务位列最后，其余指标均属于中上游。

盘锦的分项指标具体排名：政府关心并列 2、政府服务 2、政府廉洁度 4、政府透明度 2、企业税负 6，其企业税负位列最后，政府关心、政府服务、政府透明度均属于第一梯队。

营口的分项指标具体排名：政府关心并列 5、政府服务 3、政府廉洁度 1、政府透明度 5、企业税负 4，除政府廉洁度排名领先外，其余指标均较为落后。

（二）经济环境分析

大连的分项指标具体排名：人均 GDP 1、GDP 增长率 3、城镇人均可支配收入 1、人均社会消费品零售额 1、金融机构资产总额 1、金融放贷总额 1、进出口商品总额 1，其除 GDP 增长率外，其余指标均位列第一，而且金融机构资产总额、金融放贷总额、进出口商品总额指标远远领先于其他城市，可见其区域金融中心城市的地位。

盘锦的分项指标具体排名：人均 GDP 2、GDP 增长率 1、城镇人均可支配收入 2、人均社会消费品零售额 2、金融机构资产总额 5、金融放贷总额 6、进出口商品总额 3，其 GDP 增长率位列榜首，人均 GDP、城镇人均可支配收入、人均社会消费品零售额、进出口商品总额排名靠前，但金融机构资产、金融放贷总额排名落后，反映其金融活力不足。

营口的分项指标具体排名：人均 GDP 3、GDP 增长率 2、城镇人均可支配收入 3、人均社会消费品零售额 3、金融机构资产总额 3、金融放贷总额 3、进出口商品总额 2，各项指标较为均衡，都处于中上游。

锦州的分项指标具体排名：人均 GDP 4、GDP 增长率 5、城镇人均可支配收入 4、人均社会消费品零售额 5、金融机构资产总额 2、金融放贷总额 2、进出口商品总额 4，其大部分指标处于中下游，但金融机构资产总额、金融放贷总额排名靠前，反映其金融市场较为活跃。

丹东的分项指标具体排名：人均 GDP 5、GDP 增长率 4、城镇人均可支配收入 6、人均社会消费品零售额 4、金融机构资产总额 4、金融放贷总额 5、进出口商品总额 5，其大部分指标处于中下游，尤其是城镇人均可支配收入位列最后，反映消费力不足。

葫芦岛的分项指标具体排名：人均 GDP 6、GDP 增长率 6、城镇人均可支配收入 5、人均社会消费品零售额 6、金融机构资产总额 6、金融放贷总额 4、进出口商品总额 6，其大部分指标处于下游，尤其是 GDP 增长率为 0，值得重点关注。

（三）创新环境分析

大连的分项指标具体排名：科技创新发展指数 1、科学技术支出 1、高新技术企业数量 1、每万人拥有授权发明专利数量 1、R&D 人员数量 1、每十万人口高校在校生人数 1，其正在全部指标上均远超其他城市，可见其区域创新中心城市的地位。

锦州的分项指标具体排名：科技创新发展指数 2、科学技术支出 3、高新技术企业数量 5、每万人拥有授权发明专利数量 4、R&D 人员数量 5、每十万人口高校在校生人数 2，其科技创新发展指数、科学技术支出、每十万人口高校在校生人数处于中上游，高新技术企业数量、每万人拥有授权发明专利数量、R&D 人员数量处于中下游。

营口的分项指标具体排名：科技创新发展指数 5、科学技术支出 4、高新技术企业数量 2、每万人拥有授权发明专利数量 5、R&D 人员数量 2、每十万人口高校在校生人数 4，其高新技术企业数量、R&D 人员数量较多，其余指标均处于中下游。

丹东的分项指标具体排名：科技创新发展指数 4、科学技术支出 5、高新技术企业数量 3、每万人拥有授权发明专利数量 3、R&D 人员数量 3、每十万人口高校在校生人数 3，其大部分指标处于中游，但科学技术支出较少。

盘锦的分项指标具体排名：科技创新发展指数 6、科学技术支出 2、高新技术企业数量 4、每万人拥有授权发明专利数量 3、R&D 人员数量 6、每十万人口高校在校生人数 6，其科学技术支出较多，而科技创新发展指数、R&D 人员数量、每十万人口高校在校生人数位列最后，反映其在人力资源方面存在缺口。

葫芦岛的分项指标具体排名：科技创新发展指数 3、科学技术支出 6、高新技术企业数量 6、每万人拥有授权发明专利数量 6、R&D 人员数量 4、每十万人口高校在校生人数 5，其指标大部分处于下游，需要奋力追赶。

（四）公共基础服务分析

大连的分项指标具体排名：人均城市道路面积 4、人均港口货物吞吐量 2、每千人医疗床位数 6、每千人口执业（助理）医师数 1、人均供水量 2、人均园林绿化面积 1，其每千人口执业（助理）医师数、人均园林绿化面积位列第一，其中人均园林绿化面积远超其他城市，人均港口货物吞吐量、人均供水量处于上游，但每千人医疗床位数位列最后，主要受制于其人口规模。

盘锦的分项指标具体排名：人均城市道路面积 1、人均港口货物吞吐量 3、每千人医疗床位数 2、每千人口执业（助理）医师数 2、人均供水量 1、人均园林绿化面积 3，其人均城市道路面积、人均供水量位列榜首，其余指标处于中上游。

营口的分项指标具体排名：人均城市道路面积 2、人均港口货物吞吐量 1、每千人医疗床位数 4、每千人口执业（助理）医师数 4、人均供水量 4、人均园林绿化面积2，其人均港口货物吞吐量远超其他城市，人均城市道路面积、人均园林绿化面积处于上游，其余指标处于中下游。

丹东的分项指标具体排名：人均城市道路面积5、人均港口货物吞吐量5、每千人医疗床位数1、每千人口执业（助理）医师数3、人均供水量5、人均园林绿化面积4，其每千人医疗床位数位列第一，其余指标处于中下游。

葫芦岛的分项指标具体排名：人均城市道路面积4、人均港口货物吞吐量6、每千人医疗床位数3、每千人口执业（助理）医师数6、人均供水量3、人均园林绿化面积3，其人均港口货物吞吐量、每千人口执业（助理）医师数位列最后，其余指标处于中游。

锦州的分项指标具体排名：人均城市道路面积6、人均港口货物吞吐量4、每千人医疗床位数5、每千人口执业（助理）医师数5、人均供水量5、人均园林绿化面积6，其大部分指标位于下游，尤其是人均城市道路面积、人均园林绿化面积位列最后，反映其基础设施建设存在欠账。

五、进一步优化辽宁沿海经济带营商环境的举措

（一）主要原则

营商环境反映着一个地区的政治生态和社会生态，是衡量城市“软实力”的重要指标，是实现高质量发展的基础之一。优化营商环境是《辽宁沿海经济带高质量发展规划》中的重要内容，也是辽宁沿海经济带组成城市的共识决策和共同需求。其行动的主要原则可归纳为“双核”原则：一核是合，即合作、整合，实现跨区、市域合作，跨平台整合；另一核是和，即和谐、和睦，区域、行业内的和谐，明确各主体的地位和作用，强化主体间的协同，理顺利益分配机制，以公开、透明保障公平、合理，筑牢维护和睦的制度基础。

（二）基本思路

围绕“同一片海洋，同一条海岸”，追求“富、复”的双重效益。面向同一片海洋，深化海洋经济的内涵，熔铸开放的海洋胸怀，拓展合作、协同的形式。身处同一条海岸，立足自身实际，挖掘潜力和增长点，从辽宁沿海经济带组成城

市的点出发，由海洋中心城市带动海洋区域城市发展，将虚线变成实线，将个体联成整体，最终打造海洋城市带。优化营商环境的结果，不仅要富，增强经济实力，还要复，追求环境和社会的综合效益。不仅要金杯银杯，更要老百姓的口碑，全面增加群众的获得感，提升社会的满意度。

以“强筋骨”为重点，以“美皮肉”为展现。强筋骨，强调包容性思维，认识到优化营商环境，不仅是为经营主体送东风，更是让经营主体带动发展，给所在地区送东风。从关键领域和行业入手，完善标准，明确程序，打造过硬的筋骨，科学有为、高效作为，严惩不作为、乱作为。美皮肉，塑造廉洁、高效的政府形象，以人为本、换位思考、容错纠错、急经营主体之所急。全面、深入调研经营主体制所需，优化服务清单、材料清单等，借助一体化政务平台，开展跨地区、跨部门、跨层级数据共享和业务协同，优化服务界面，提升服务效能，消除因沟通不畅造成非必要矛盾，真正让信息跑起来，而不是让经营主体跑起来。

进一步细化“放管服”工作，简政放权、放管结合、营造便利。精简准入审批手续，降低非必要的准入门槛，消除不合理的干扰因素，创新监管，优化服务。通过法治化、信息化确保跨区、市的高频政务服务事项“一网通办”“区域通办”成为工作常态。贯彻“一核引领、两翼协同、多点支撑”的高质量发展总体布局，实现一体化协同联动，提升资源利用与开发效率。

（三）具体举措

结合评价指标体系和评价结果，优化辽宁沿海经济带营商环境的举措应覆盖市场准入、投资建设、融资信贷、生产运营、退出市场等全过程，工作重点应放在：

1. 政策政务环境方面

构建辽宁沿海经济带系统性整合型城市政务信息交流机制，具体涉及宏观决策、政策规划和行政办公三个层面。

首先，统筹辽宁沿海经济带区域内各城市的政府关注的焦点。合理设定发展战略和侧重点，避免出现焦点重合和交叉，防止非必要竞争和资源浪费。在省级政府指引下，各城市加强顶层设计，建立区域内长效沟通的联席会议，及时交流规划思路，合作制定辽宁沿海经济带一体化行动纲要和辽宁沿海经济带营商环境标准体系。定期推出辽宁沿海经济带政务简报，并利用媒体、网络等向社会主体广泛传播，进一步提升政策稳定性、政策公平性、政策透明度。

其次，针对辽宁沿海经济带内同类产业、领域的发展加强统筹和衔接。强化辽宁沿海经济带组成城市的良性互动，采用区域内一致的考评标准和统计口径，实施市域交接、临近园区合作共建项目，调动资源的合理分配。理顺机制后，各城市可以更好地协同行动，推动产业协作，围绕数字产业、海洋产业等新兴增长点，合力共建跨市域的产业链、产业带。

最后，推动营商环境一体化和政策执行的一体化。扫除政策盲区，梳理已发布的政务服务目录，随社会需求变化加以更新，并加大力宣传推广。加大扩展“好差评”的覆盖范围，实施岗位失德“一票否决”，通过强化内外监督，着力提高政府服务效率和官员廉洁程度。借助5G、云计算等信息技术的最新成果，共享区域内必要信息，推动跨区、市域“一网通办”，实现业务异地办理和结果互认。重点完善税收、社保、医疗、教育等民生事项的通办，提高行政规范性，缩短办理时间，节省群众的成本支出。切实落实疫情以来减税降负的优惠政策，尤其是助力小微企业发展，坚决稳定社会基本面。

2. 经济环境方面

打造亲清政商关系，以公平竞争保障良好的市场秩序。突破城市空间的限制，向省外、国外拓展市场规模，提升区域整体的经济实力。降低企业设立和退出的难度，简化土地获取、环保手续、破产手续等的办理。细化市场监管工作，建设快速反应机制，畅通便民渠道，及时解决投诉和举报。基于本城市的社会信用系统，促进社会信用在区域内的流动，并作为政府采购、市场准入的重要参考。规范社会信用信息的征信、更新、公示工作，切实奖励守信、惩戒失信，督促社会主体知信、用信、守信。

携手开放合作，拓展共赢发展空间。在积极参与国内循环基础上，把握参与国外循环的机遇，协同谋划对外开放新机制，联合加强开放载体建设，合作共建东北陆海新通道。把握需求变化，改进口岸服务，涉及货物通关、检验检疫、人员出入境等，大力促进基于国内市场的国内国际双循环。

深化治理成效，推动要素市场共建。加强治理能力，打破地区垄断，赋能辽宁沿海经济带高质量发展。优化金融服务环境，建设区域级的金融市场，提高融资便利性和融资渠道多元化，鼓励企业在跨市域融资，弥补资金缺口，提高资金使用效率。

创造良好的知识产权保护环境，鼓励技术创新。组建辽宁沿海经济带知识产品交易平台，对接供需双方，推动发明专利、专有技术的应用转化。提升涉及知识产权的公共服务水平，加强知识产权行政执法、知识产权司法保护，提高知识产权案件办结率，降低知识产权维权成本。探索企业和高校、研究机构在知识产权方面的合作，推出定制化、个性化的技术研究项目和人才定向培养项目，促进产教融合。

3. 创新环境方面

秉承战略思维和全球视野，预测科技发展趋势及其对经济和社会的影响，为各类企业，尤其是高新技术企业发展提供政策指引、信息共享和危机预警。加大对区域发展具有战略意义的技术研发的抵扣力度，便利知识产权抵押，鼓励企业增加研发投入的比例。探索产学研结合的新形式，培育跨区域数据市场，灵活提供创业孵化服务，降低创新资源获取的难度。引导高校实践创新创业人才培养的新模式，适当增加技术教育内容的比重，紧跟社会需求培养应用型复合人才，支撑区域可持续发展。

整合各城市创新平台，构建区域创新体系，开展协同创新。合理利用各城市的科研优势，组建跨市域的专业团队，联合开展基础研究，共建数字信息、海洋、石化及精细化工、装备制造、冶金、汽车等产业创新大平台，着力协同推进科技成果转移转化，缩短商业化周期。集中区域优势资源，合力打造海洋生物医药、海水养殖与食品加工、海洋旅游与养老、海洋与冰雪休闲体育、海洋环保与新材料等特色产业，构建完整的产业链，实现城市间的协作和互补。

建设沿海人才大市场，探索人才使用的多元模式。优化人才吸引、使用政策，逐步改善人力资源环境，提高熟练劳动力的可获得性、中高层管理人员的可获得性、外向型人才的可获得性、创新创业人才资源可获得性等。消除人才发展的后顾之忧，畅通人才长期晋升的通道，在维持好现有人才队伍的基础上，通过多种形式吸引外部人才参与辽宁沿海经济带城市的发展建设中。

4. 公共基础服务方面

基于数字孪生技术，进一步推进智慧城市建设。实现辽宁沿海经济带区域内各城市一体化政务服务平台、数据共享平台的对接，不仅要实现与国家、省平台的互联互通，还要实现辽宁沿海经济带城市的高效互联互通，真正打破数据壁垒。在确保数据安全的前提下，加速各类材料的电子化流转，实现“一件事一次办”“一网通办”“掌上办”“就近办”，让数据多跑路，群众少跑腿。深度开展数据挖掘和分析，开展通用和特殊数据共享应用，提供个性化数据应用服务，实现数据增值。协同建设新一代信息基础设施，推广智能制造，加速升级工业互联网。

大力发展涉及交通运输、医疗服务和生活设施等的城市物联网，强化区域资源的互联互通。改善城市内部和城市之间的交通条件，加速流动和共享，进而促进教育公平，优化医疗卫生和人居环境。逐步更新基础设施环境，包括交通运输、水电气供应、网络通信、环保设施、城市规划和建设等。综合规划区域交通网络，推动港口整合向纵深推进，降低收费标准，减轻企业物流成本负担。

共谋共享社会服务，全面升级生活服务环境，建设和谐宜居城市带。加强环保联防联治，共筑生态安全屏障。实现对辽宁沿海经济带区域内山林河海等立体的生态环保协调和补偿，共筑绿色发展屏障，协同推进产业绿色转型。加强医疗卫生领域合作，推动教育资源共享，推进社保领域一体化，消除人员在区域内流动时生活方面的后顾之忧。优化医疗卫生、文体设施、教育资源的配置，改善居住条件、环境保护、社会治安等，使人民群众切身体验社会发展带来的进步成果。

专题报告三

辽宁港口群融入“一带一路”建设的现状、问题和对策研究

辽宁地处我国北方，海岸线较长，是我国最早对外开放的沿海省份之一。2021 年 9 月 26 日，经国务院同意批复，由国家发展改革委印发的《辽宁沿海经济带高质量发展规划》中指出，辽宁港口资源整合实现突破，辽港集团挂牌运营，其中心港口为大连港、营口港作为骨干支撑、其他港口共同发展，港口集疏运体系建设不断加强。

近年来，作为我国向北开放的重要节点，辽宁不断提升其对外开放的内在动力，从而形成了全面开放的新格局。因此，全面深入研究辽宁港口群融入“一带一路”建设的现状、问题和对策，有利于发现制约东北振兴发展的问题和矛盾，从而进行有效的破解和解除，进而全面提升东北亚国际合作和竞争优势，是十分必要的。本报告的主要目的是研究和探讨在“一带一路”倡议背景下，辽宁港口群如何融入“一带一路”建设，在充分利用政策优势、港口群基础条件和设施建设、对外开放载体、港口群物流集疏运体系等基础上，发现港口群融入“一带一路”的问题，从而为辽宁港口群未来发展和创新提供一些新思路、新建议。本报告不仅有利于扩大对外开放广度和深度，充分发挥辽宁省各港口群在“一带一路”建设中的重要地位和作用，更有利于实现辽宁及东北地区未来发展战略，有利于实现经济发展方式的转变，有利于打造新的区域经济增长极，有利于实现跨越式发展，有利于积累发展经验，具有一定的现实意义。

一、辽宁港口群融入“一带一路”建设现状

近年来，辽宁省在对外开放的发展建设中已经取得了巨大成果，辽宁省挥出全面对外开放的旗帜，为开放合作提供了源源不断的动力保障，辽宁省的对外开放稳步走上更高的台阶。“十四五”规划的全面出台明确了我省的发展目标及重要任务，加深辽宁省同日本、韩国、俄罗斯、欧盟的“一带一路”的建设，把焦点放在推动东北亚深度合作上，不断扩大辽宁省的全球经济合作圈，成为中国向北开放的重要门户城市。辽宁省下一步战略是深度加入共同建设“一带一路”，打造全面开放格局，围绕“五通”高质高效建设“一带一路”，为国内国际双循环打造良好的基础环境，加速建设国家开放与创新前沿，全方位取得丰硕成果。

（一）国家规划和政策

辽宁省人民政府印发《辽宁省“十四五”综合交通运输发展规划》中指出，辽宁需要为构建东北海陆大通道提供动能，打造辽宁省新型对外开放格局，迈向开放合作领域的更高阶梯。辽宁省力求融入更深层次的“一带一路”，建设连通日韩、东南亚和东南沿海与蒙俄、中亚、欧洲等地区的海陆运输大通道，巩固提升“辽满欧”通道运营成果。优化通道及枢纽布局，完善以大连港、沈阳铁路枢纽为核心，以营口港、盘锦港为重要节点，辐射日韩、东南沿海、哈长城市群等腹地，由满洲里出入我国，途径俄罗斯最终到达欧洲的贸易通路，维持中欧班列（沈阳）稳定运营，建设中欧班列在大连的沿海聚集点。

建设完善锡赤朝锦综合运输通道，依托锦州港加快多式联运枢纽建设，加快提升锦州湾机场货运服务功能，形成以锦州港为支点的中蒙俄经济走廊新通道。建设长白通丹综合运输通道，以丹东口岸设施为依托，强化公路、铁路、水运等货运设施集中布设、一体衔接，形成口岸型综合货运枢纽，开辟丹东经通化、长春至蒙古国、俄罗斯及欧洲的跨境运输通道。作为辽宁港口群的重要支柱企业，辽港集团及招商局一直同辽宁港口城市各地政府保持着紧密的合作，开展了一系列的战略合作项目，正在建设的大连国际航运中心大厦就是为了聚集国内外航运要素的资源整合政府规划项目。

2018 年 8 月的《辽宁“一带一路”综合试验区建设总体方案》中提出，要推动辽宁沿海经济带建设成为服务辽宁省、辐射全东北、影响东北亚的“海上丝路”重要“港口经济圈”。2021 年，为了深入贯彻习近平总书记关于东北、辽宁振兴发展的重要讲话和指示精神，全面落实党中央、国务院关于“一带一路”建设重大决策部署，省政府围绕“五通”高质量推动“一带一路”建设，积极畅通国内国际双循环，加快打造对外开放新前沿。辽宁省商务厅领导表示，未来辽宁重点推动东北亚的深度合作，融入共建“一带一路”，向东主要联动日本和韩国，向西主要与新欧亚大陆桥对接，向南主要对东南亚国家进行市场扩展，从而推动辽宁成为我国向北开放的重要窗口，进而成为东北亚经贸合作的中心枢纽。在 2021 年 11 月《区域全面经济伙伴关系协定》成功签署，辽宁开辟了东北亚商品车陆海联运新模式。

2022 年 1 月 31 日，辽宁省政府印发的《辽宁省推进“一圈一带两区”区域协调发展三年行动方案的通知》中指出，要推进辽宁沿海经济带开发开放，做大做强海洋经济、临港经济，高水平参与东北亚区域合作，打造引领东北开放合作的新高地，提出了畅通海陆大通道、建设高质量对外开放平台、加强关键核心技术攻关等重点任务。

在 2022 年 2 月 25 日辽宁沿海经济带工作推进会议上，辽宁沿海六市共签署了 7 个相关战略协议，其中辽宁沿海六市与辽港集团缔结了合作框架协议，进一步优化辽宁省六个港口的要素整合，优化资源配置，开展临港产业领域合作，统筹辽宁各港口之间的业务协同和信息数据共享，激活辽宁港口群的时代活力，辽宁港口群致力于推进东北陆海大通道建设，加快融入“一带一路”。同时各个港口从国家下达的文件出发，根据自身发展情况制定了相应的发展规划，六个港口之间互联互通，在辽宁港口群协调统一发展的同时，各个港口寻求自身优势实现特色化发展，努力打造各具特色、协同发展的辽宁港口群。

（二）区域条件及设施建设情况

1. 港口地理位置情况

辽宁省坐落于中国的东北部，环山围海，拥有全国 12% 的海岸线。大连、营口、丹东、盘锦、锦州、葫芦岛都是辽宁省的重要港口城市。辽宁沿海经济带各口岸是我国对外开放的战略要地，因此，了解辽宁港口群的地理位置对辽宁港口群融入“一带一路”建设十分必要。

大连港位于辽东半岛，在大连湾的南端，是中国最核心的贸易口岸之一，同时也是东北亚经济圈的重要组成部分。营口港位于渤海的辽东湾东北岸，西临渤海，其东北部是辽宁省南部沿海的辽河河口，濒临辽东湾的东北侧，处于东北经济区与环渤海经济圈的交互位置，总部位于鲅鱼圈区，是中国东北地区最便捷的出海口岸之一。丹东港是辽宁省最北端的港口，位于辽东半岛东北部，是连接朝鲜、韩国、日本最便利的商贸通道，与韩国日本的极近距离是其发展的良好优势。盘锦港位于辽东湾东北部，西临辽河入海口，港口背依盘锦市和辽河油田，东面紧临营口。锦州港位于渤海湾的西北部，是东北地区、内蒙古以及俄罗斯等远东内陆地区距离出海口最近的港口。葫芦岛港地处渤海辽东湾西北岸，夏天无风浪，冬天不冻不淤，是可以365天通航的现代化港口。

地理位置是影响区域发展的重要因素之一，“一带一路”的建设就需要以各个城市及其港口的地理位置为出发点对路线、航线进行统筹规划，因此若辽宁港口群想要进一步融入“一带一路”建设中去，不仅要了解自己所在的地理位置，更是要将辽宁港口群的区位优势融合到更多“一带一路”具体的项目中去，见表3－1。

表3－1　　港口位置及经营种类

港口	位置	经济腹地	主要经营的货物种类
大连港	辽东半岛南端、大连湾内	大连市、黑吉辽三省、内蒙古东北部	石油、粮食、金属矿石、钢铁、煤炭等
营口港	辽西南部、辽河入海口处	沈阳经济圈、黑吉辽三省、内蒙古东北部	金属矿、钢铁、煤炭、粮食、化肥、油品等
锦州港	锦州南部滨海、面临锦州湾北岸	辽西地区、黑吉辽三省、内蒙古东北部	原油和成品油、煤炭、粮食、矿石等
盘锦港	鸭绿江入海口西岸	沈阳经济圈、黑吉辽三省	石油及液体化工品、粮食、钢铁、木材等
丹东港	松辽平原南部、辽河入海口	沈阳经济圈、黑吉辽三省、内蒙古东北部	粮食、煤炭、矿石、钢材等
葫芦岛港	辽东湾西北部葫芦岛半岛	辽西地区、黑吉辽三省、内蒙古东北部	原油、金属矿石、煤炭等

2. 港口设施建设情况

港口设施的建设是辽宁港口群融入“一带一路”建设的基础，在过去的“一带一路”建设阶段，各个国家地区与辽宁省的互联互通也带动了辽宁港口群的基础设施建设和设施联通等方面取得了丰硕成果。但是，部分港口的基础设施建设水平仍落后于辽宁港口群基础设施建设的平均水平。不同港区的设施建设情况差距较大，部分港区建设发展缓慢，缺少技术先进、综合性好、效益高的基础设施项目。以下是对辽宁港口群的各个港口的设施建设情况进行了汇总并且对比不同港口的设施建设情况。

大连港在地理位置、经济发展等方面拥有着先天的优势，一直在北方国际港口市场中拥有着得天独厚的市场地位。据辽宁港口集团官网数据，大窑湾港区拥有集装箱泊位 8 个，其中 1 万吨级泊位两个、3.5 万吨级泊位一个、5 万吨级泊位一个、20 万吨级泊位四个，散杂货码头 40 万吨级铁矿石泊位一个。大连湾港区拥有杂滚码头四个，其中 3 万吨级泊位一个、2 万吨级泊位 3 个。大连港具有近 40 万吨的冷库规模，并且因其具备先进的冷链基础设施以及冷链业务模式，成为国内进口水果的重要口岸之一。2021 年 12 月 8 日 9 时 8 分，随着第一辆拖车入港指令发出，标志着辽港“智慧港口 2.0”CTOS 系统切换圆满成功，“智慧港口 2.0”项目建设取得阶段性重大进展。5G 移动技术也被充分运用到集装箱的卸船作业中，对生产作业提供了防疫安全保障，提升了作业质量和效率。

营口港的营口港区拥有生产性泊位 14 个，靠泊能力 4 万吨，吞吐能力 280 万吨/年，泊位长度 2597 米；鲅鱼圈港区拥有生产性泊位 55 个，靠泊能力 362.8 万吨，吞吐能力 12906 万吨/年，泊位长度 13042 米，其中散杂货泊位 7 个共 30 万吨、矿石泊位两个共 50 万吨、集装箱泊位 6 个共 56 万吨、钢杂泊位 6 个共 48 万吨；仙人岛港区有 7 个泊位共 55.5 万吨，吞吐能力 2563 万吨/年，泊位长度 1159 米。大连港和营口港整合之后的辽港集团，从资产配置、品牌优化、人才培养以及经营管理等各个方面都进行了深度地融合，拉紧了辽宁港口群对一带一路对外建设的共同纽带，如图 3－1、图 3－2 所示。

丹东港的大东海港拥有生产性泊位 8 个，靠泊能力 18.5 万吨；浪头河港则拥有 5 个生产性泊位，靠泊能力 0.7 万吨，一年可吞吐货物 711 万吨。丹东港立足辽港集团推动东北陆海新通道的发展规划，与吉林合作，为其建设出海通路及 100 万吨煤炭应急储备基地。丹东港也在同时探索 5G＋智慧港口基础建设，于今年1月22日丹东港已经实现了5G信号在码头、作业区及办公区域的覆盖，今后的工作重点将放在深化5G在生产作业等方面的融合，打造数字赋能的智慧港区。

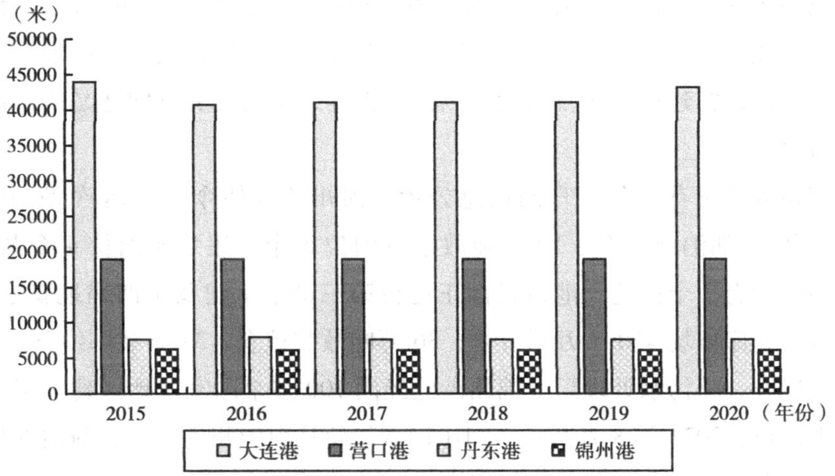

图3-1 港口码头长度

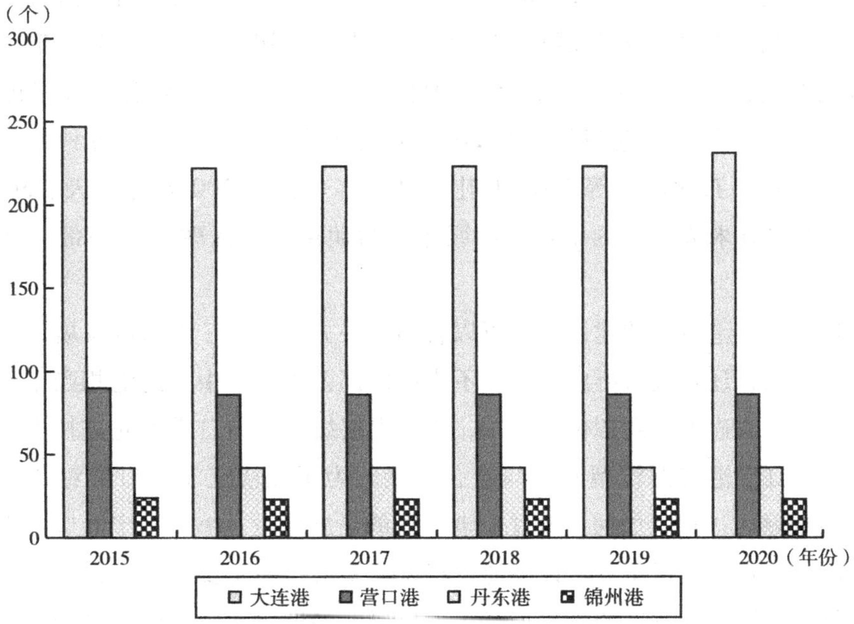

图3-2 港口码头泊位

资料来源：《辽宁统计年鉴》。

盘锦港是2013年由营口港集团投资成立。“天眼查”信息显示，营口港集团持有盘锦港80%的股权，因此，辽宁国资委也间接控股了盘锦港。盘锦港规划建设东港区40个生产性泊位，西港区50个泊位，吞吐量5000万吨/年。30万吨级原油码头正开工建设中，去年盘锦港集装箱吞吐量已经突破40万箱，盘锦港的货运吞吐能力以及服务功能都在不断进行升级完善。但是由于盘锦港发展时间过晚，导致其设施建设还比较落后，因此盘锦港未来的发展方向还是应该以继续加强港口设施为主。

由锦州港股份有限公司官网信息公示，锦州港现如今正在运营27个泊位，拥有30万吨级油泊位一个、10万吨散杂货泊位5个、集装箱泊位4个共40万吨。锦州港设有3个锚地，港口目前正进行第三锚地扩建及第四锚地新建工作。港区内设有仓库堆场310.7万平方米，36万吨散装粮仓，31条装卸线路，6艘作业船舶，以及一座污水处理厂。锦州港已经同100多个国家及地区建立了贸易往来的海上通道，2021年8月9日，“HUI FA”轮从由锦州港出发，航线的最终目的地是俄罗斯的东方港，此航线的成功开通标志着锦州港融入“一带一路”的战略目标更上一层楼。

葫芦岛港由民企开发，2018年9月19日，才获海关批准正式对外开放，现如今葫芦岛港总体规划陆域面积7平方千米，水域面积10万平方千米。规划建设两个港池，七大作业区，26个泊位。港口全面建成后总吞吐量能力将达到1.5亿吨。葫芦岛港现具备日20万吨接卸能力，可年理货各种件货、散杂货、集装箱、石化产品等5000万吨。可为客户提供200万吨露天、50万吨库房、2万立方米成品油的中转仓储服务，为葫芦岛港区融入“一带一路”建设赋能。

从以上辽宁港口群的建设情况可以看出，一方面，辽宁港口群发展不平衡且资源分配不均，辽宁港口群内部存在不小的内部差距，其中大连港相当于辽宁港口群领头羊，大连港应发挥带头作用，带动发展缓慢的港口学习先进技术和管理方式，实现辽宁港口群转型升级与整合发展。为了加快辽宁港口群对“一带一路”建设地融入进程，如何提升辽宁港口群的设施建设，缩小辽宁港口群内不同港口之间的差距成为辽宁港口设施建设将来需要解决的主要问题。另一方面，港口的发展落后于经济发展的需要，辽宁港口群的各港口基础设施建设仍需加强力度，需要多争取政府部门投资和吸引外部资金进港，提高港口的综合服务能力和水平，以满足辽宁港口群融入“一带一路”建设发展的需要。

（三）港口货物、集装箱吞吐量

党的十九大报告提出，中国要加快建设“一带一路”，构建全面开放的新格局，不断增强对外开放能力，借助多年联运经验和资源优势协同周边港口推动区域一体化，很大程度上提高了辽宁港口与各国之间在经济和文化等各领域上的合作。港口发展建设包含了港口货物的吞吐量、集装箱吞吐量、外贸吞吐量、交通运输费用[1]，以及国家政策扶植下的“一带一路”新通道等。

当前各港口间吞吐量差距悬殊，大连港和营口港货物的吞吐量占七成以上，而其他四个港吞吐量不到三成。2015～2021年，辽宁省港口吞吐量普遍下降，港口优势尚未形成。辽宁港口的多式联运体系不断完善，港口物流运输效率不断提高。

1. 港口货物吞吐量

由于集团内部经营管理不善且各港口之间发展不平衡，导致辽宁港口货物吞吐量萎缩，港口资源优势尚未充分发挥。由于联接丹东港和俄罗斯的陆路和海陆以及通往朝鲜半岛腹地的新路线未实施，导致货物吞吐量急剧下降。2019年港口整合，大连港和营口港的吞吐量分别减少了21.68%和35.63%。不断提升区域合作能力，牢牢把握“辽满欧”“辽蒙欧”“辽新欧”等通道，积极规划“日辽欧”“韩辽欧”通道，是当前辽宁港口建设的机遇，见表3－2、图3－3。

表3－2　辽宁沿海港口货物吞吐量（规模以上）　单位：万吨

年份＼地区	大连	丹东	锦州	营口	盘锦	葫芦岛
2015	41482	15041	9192	33849	3444	1870
2016	43660	15788	8949	35217	2994	2457
2017	45517	14221	10511	36267	3448	2594
2018	46784	10066	10960	37001	4091	3274
2019	36641	5669	11340	23818	4757	3899
2020	33401	4418	10641	23821	5750	3974
2021	31553	4161	10384	22997	5592	4081
合计	279037	69364	71978	212970	30076	22148

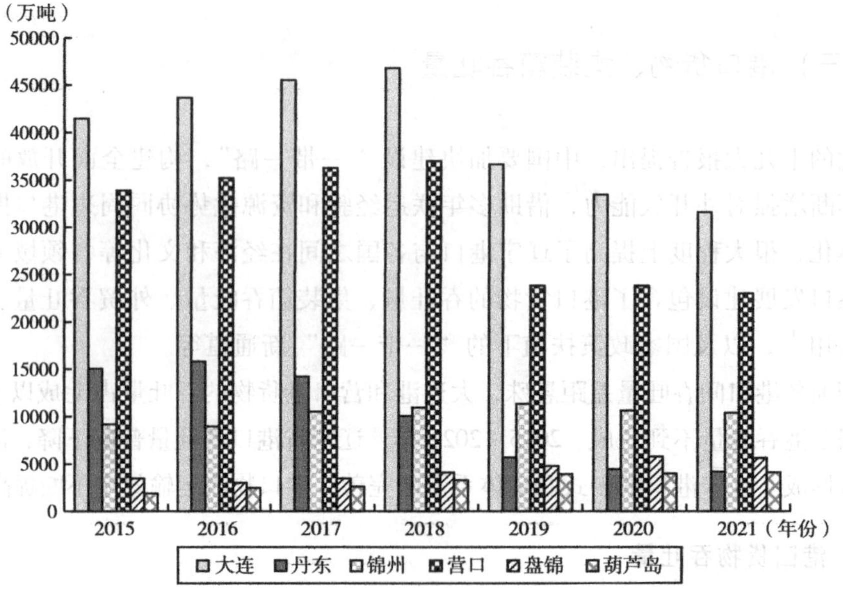

图 3－3　辽宁沿海港口货物吞吐量（规模以上）

资料来源：辽宁统计年鉴。

图 3－4 是辽宁港口吞吐量与沿海港口和全国港口吞吐量占比，沿海和全国港口总吞吐量整体呈上升趋势，大连港全国排第 11 名，2016～2021 年，辽宁港

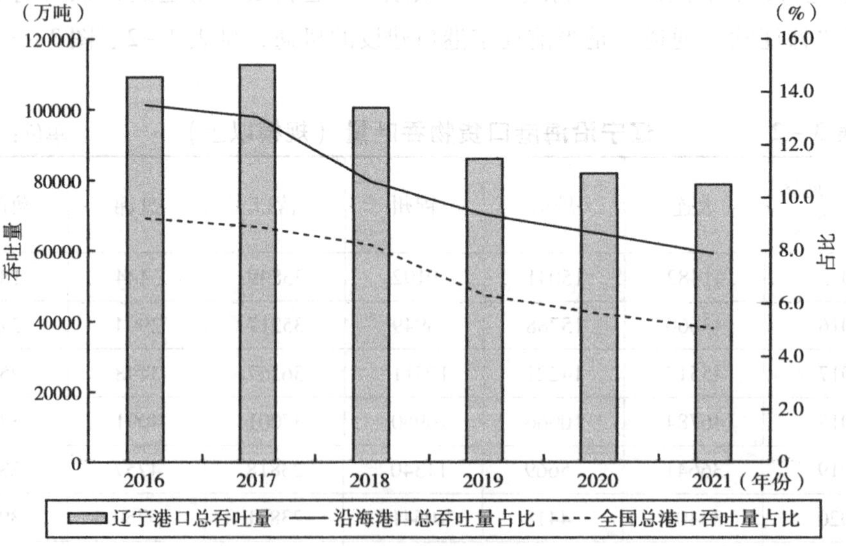

图 3－4　辽宁港口总吞吐量占比

资料来源：中国统计年鉴。

口总吞吐量占沿海港口总吞吐量从13.5%下降到7.9%，在全国港口总吞吐量上从9.2%下降到5.1%，见表3-3。

表3-3　　辽宁港口总吞吐量占比

	2016年	2017年	2018年	2019年	2020年	2021年
辽宁港口总吞吐量(万吨)	109081	112558	100530	86124	82004	78768
辽宁占沿海港口比（%）	13.5	13.0	10.6	9.4	8.7	7.9
辽宁占全国港口比（%）	9.2	8.9	8.2	6.3	5.6	5.1

2. 港口外贸货物吞吐量

2017~2020年，大连港外贸货物吞吐量上涨7.76%，在2021年出现8.64%负增长。2020年，大连港开通了中国第一条面向东亚和中亚的商品车多式联运通道，实现了过境商品车运输项目的稳定运行。同时，"大连—别类拉斯特"商品车中欧班列也开通运营[2]，进一步发挥了外贸发展的积极作用，见表3-4、图3-5。

表3-4　　辽宁港口群外贸货物吞吐量　　单位：万吨

港口 年份	大连港	锦州港	丹东港	营口港	盘锦港	葫芦岛港
2017	15172	1170	1529	7661	/	/
2018	8019	870	944	4426	/	/
2019	16511	1837	1783	8264	443	77
2020	16350	2004	2063	9053	1187	206
2021	13861	2068	1924	8041	1264	96

营口港外贸货物吞吐量5年间整体呈上升趋势，上涨4.96%，2020年，营口自贸区加快"一带一路"建设。营口成为中国东北地区唯一的港口型国家物流中心城市，并正式成立了别雷拉斯特物流中心。7月开始，努力打造"开放引领区"，深化"区域与港口对接"，加强与日本、韩国、俄罗斯的对接与合作，积极打造中欧铁路回程枢纽配送中心、韩国—日本产品加工商业区和跨境新鲜国际供应链中心，加快经济发展。

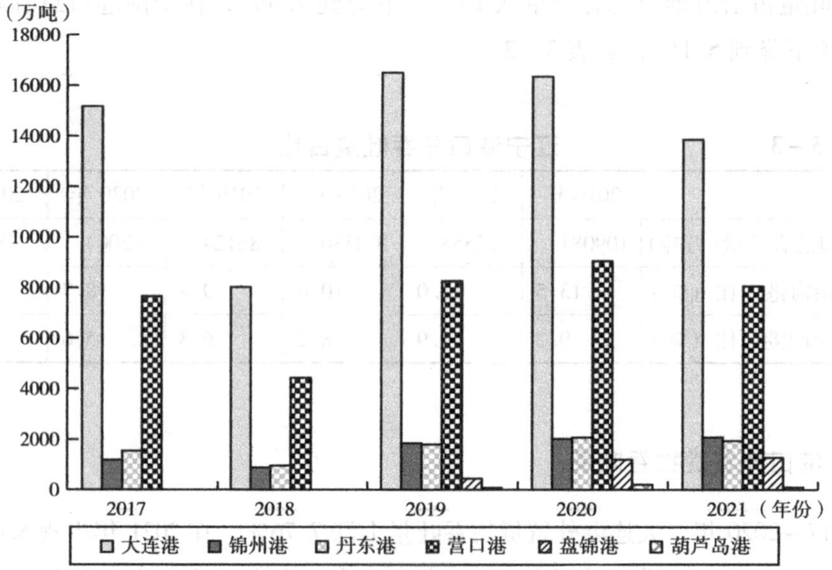

图 3-5　辽宁港口群外贸货物吞吐量

资料来源：《辽宁统计年鉴》《中国统计年鉴》。

丹东港是中国东北部通往韩国、朝鲜和日本最便捷的海港之一，共建“一带一路”新通道，丹东港已形成了较为完善的立体运输网络，与日本、韩国、俄罗斯、美国等30多个国家和地区的70多个港口开通了海上散货、集装箱和客运航线。其中，集装箱开通了8条通往韩国、日本等国家和地区的定期航线。在2017~2021年，丹东港外贸货物吞吐量上涨了25.83%。

从2020年至今，“锦州港—俄罗斯东港”对外直接贸易航线首航成功实现，从辽宁省锦州港到内蒙古自治区珠恩嘎达布其口岸的线路设计是一条新的东北陆海通道，激活了中蒙俄经济走廊的潜力，“锦州—莫斯科别雷拉斯特”中欧列车在锦州港站发车，该列车的开通将为“新海陆东北通道”沿线的地方政府创造一条便捷高效的多式联运出口通道。锦州港外贸货物吞吐量从2017~2021年上涨了76.75%，锦州至海南的国内外贸易航线已经开通。新通道在很大程度上将改善东北至海南的进出口服务，加快东北内陆货物运输。

锦州港是东北亚海运的重要结点，具备大规模发展综合性港口的良好条件，“两港一航”战略合作序幕拉开，在国家“一带一路”倡议的推进下，锦州与厦门港口形成了密切合作，进一步与其他“一带一路”地区合作，如蒙古国、俄罗斯和东盟等，为在两个港口之间建立粮食购物中心奠定了基础。

在东北首班“辽蒙欧”中欧班列开通运行后，盘锦在建设“一带一路”国际通道（东北、蒙东地区）中起重要作用，盘锦港凭借其地理位置和功能，融入“一带一路”发展格局，成为中国东北和内蒙古东部最便捷的进出口沿海。到2021年后，盘锦港已采取精确措施来稳定外资，为盘锦建设中等发达城市提供了强有力的保障。

葫芦岛港借助港口建设和平台快速融入“一带一路”，提高了葫芦岛对外开放的水平，以公路为主，把外贸开放作为重点，为港口提供绿色通道发展。

3. 集装箱吞吐量

大连港是欧亚大陆桥的起点，连接着朝鲜和俄罗斯。交通便利，大连港开通了通往烟台、天津和长海县等国内航线，以及通往韩国、日本、东南亚等国际航线。大连口岸外贸集装箱航线总数达88条，是东北重要的集装箱枢纽港。

随着共建“一带一路”新通道，2020年“大连—泉州”集装箱内贸航线开通，主要用来运转防疫物资；2021年3月辽宁港口集团单月开通两条外贸集装箱航线，分别为“大连—越南”和“大连—新加坡—马来西亚”这两条东南亚直航航线，在进港外贸中以水果为主，大连已成为中国北方主要水果进口地。

营口港地理位置优越，交通便利，设备齐全。不仅与中国沿海港口通航，还与世界50多个国家和地区的上百个港口通航。近几年在共建“一带一路”新通道中，开辟了“营口—厦门”内贸航线，并且深化“双关合作”，参与“组合港”建设。2015年起，三方共建的内贸航线“锦州—营口—厦门”将正式开通，助力建设“一带一路”和厦门东南国际交通中心。由于新冠疫情影响，营口港集装箱货物吞吐量出现16.91%负增长。

丹东港集装箱吞吐量从2017~2021年出现78.66%负增长，丹东港积极开展开放合作，深化“一带一路”的共同建设，共同推进长白通走廊建设和图们江、鸭绿江开发建设。

盘锦港地势平坦，交通便利，是地方综合性开放港口，在共建“一带一路”新通道中，辽港集团首条“盘锦—山东滨州”集装箱内贸航线正式开通。该航线将进一步完善辽港集团集装箱航线布局，为东北、山东东部地区提供更加环保的化工、建材运输方式，盘锦港集装箱货物吞吐量上涨3.12%。

葫芦岛港是东北和华北的重要通道，结合港口的资源，将葫芦岛港规划为“一港四区”，葫芦岛坚持以港兴市，不断推进港口建设，见表3-5、图3-6。

表 3-5　辽宁港口群集装箱吞吐量　　单位：万 TEU

年份＼港口	大连港	锦州港	丹东港	营口港	盘锦港	葫芦岛港
2017	970.0	121.8	93.7	627.0	41.7	1.5
2018	569.0	162.1	86.0	590.0	32.0	6.0
2019	876.0	187.9	40.0	548.0	32.0	6.0
2020	511.0	164.3	21.0	565.0	40.0	10.0
2021	367.0	183.2	20.0	521.0	43.0	0.0
合计	3293.0	819.3	260.7	2851.0	188.7	23.5

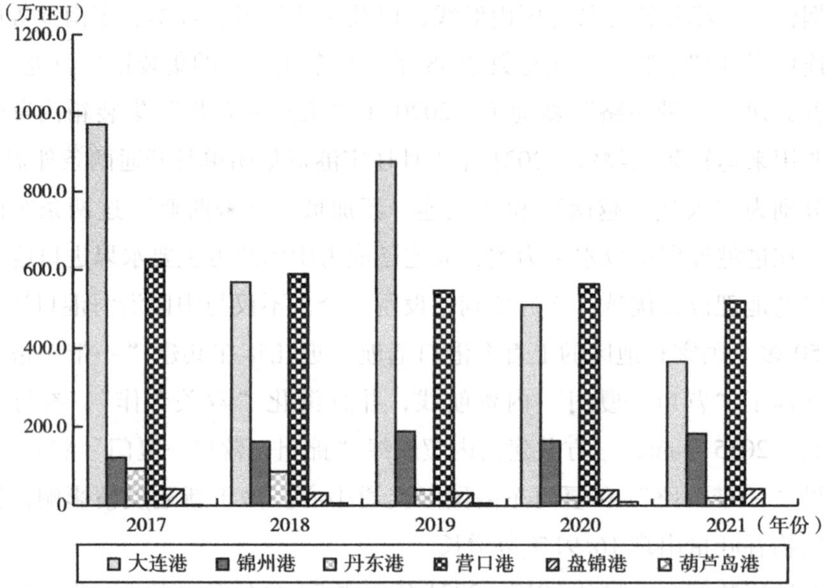

图 3-6　辽宁港口群集装箱吞吐量

资料来源：《辽宁统计年鉴》《中国统计年鉴》。

4. 港口交通运输

国家提出“一带一路”发展倡议以来，辽宁港实施了相关政策及措施。交通运输体系是辽宁港口群发展和建设“一带一路”倡议的基础和保障。辽宁凭借自身的区位优势和完善的产业体系，与日、韩、俄等建立了紧密合作关系，与全球 100 多个国家和地区建立了经贸关系。辽宁港口群对外运输的主要方式有陆路运输、水陆运输、航空运输，这些运输对辽宁发展起了关键支撑作用，辽宁以“一带一路”建设为契机，积极参与中蒙俄经济走廊建设和辽宁口岸国际海铁联运运输通道建设。

辽宁与东北亚共同推动日本积极参与“一带一路”建设，建设连接欧洲和东北亚的国际“海陆丝绸之路”。2019 年辽宁港口整体的交通运输费用比 2018 年低，侧面反映了辽宁港口的多式联运体系不断完善，港口物流运输效率进一步提高，可以吸引更多的货物转运业务，见表 3 -6、图 3 -7。

表 3 -6　　辽宁港口交通运输费用　　单位：万元

年份＼地区	大连港	丹东港	锦州港	营口港	盘锦港	葫芦岛港
2015	529307	299471	68970	43259	30632	51788
2016	217301	49643	54747	178807	22375	70132
2017	394316	69026	79364	62499	47380	60912
2018	481723	77820	74924	54750	40651	94697
2019	339358	59491	109352	63013	89507	73775
2020	263631	79487	96766	87067	95757	70526

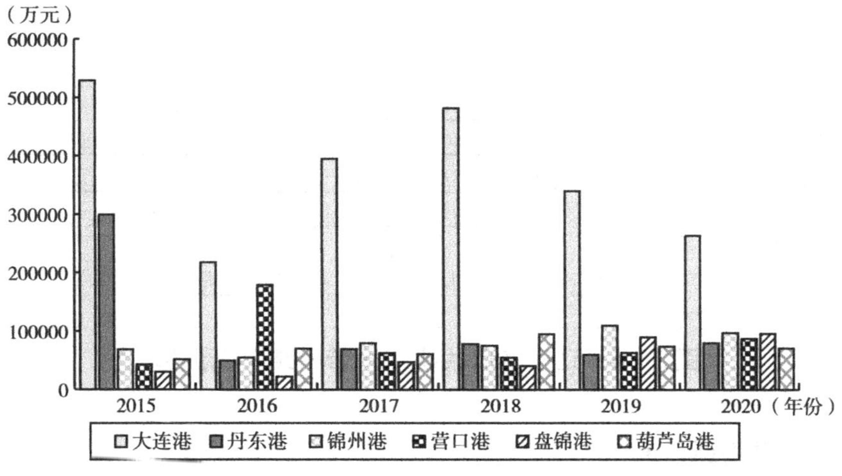

图 3 -7　辽宁港口交通运输费用

资料来源：《辽宁统计年鉴》。

（四）港口通道及航线开通情况

作为对外开放的沿海港口省份之一，目前，辽宁省不断加强融入“一带一路”建设，向东连接日本和韩国，向西连接新亚欧大陆，北部参与中蒙俄走廊建设的发展，南部拓展东南亚各地，全方位打造一个对外开放的平台，并且不断推进东北亚经贸合作中心这个中心枢纽。此外，辽宁省加强一体化开放通道建设，提升“辽满欧”“辽蒙欧”“辽海欧”通道建设水平，进一步激发中欧班列市场活力，力争在新时代下的对外开放上实现新突破，如图 3－8 所示。

图 3－8 辽宁港口共建“一带一路”新通道

1. 东北陆海新通道

2021 年 7 月 19 日，东北陆海新通道锦盘两港连接工程正式开工建设，把锦州港当作海陆交汇的枢纽，有利于推进东北陆海新通道的发展新格局。横向牵引辽宁沿海经济带整体发展，畅通盘锦、锦州、葫芦岛的经济联系，并与京津冀经济圈紧密互动。向西延伸建设出一条快速通达欧洲的铁路运输通道，该铁路通道沿线途经辽宁省多个城市，包括锦州、朝阳以及阜新，另外还途径赤峰、通辽、内蒙古自治区锡林郭勒盟珠恩嘎达布口岸，该通道的最终目的地为欧洲各地。向北连接松原、呼伦贝尔、兴安盟、白城、大庆、齐齐哈尔、满洲里等重要城市，搭建整个东北地区立体交通网络的对外开放平台。

航线情况：

2020 年 3 月 17 日，“通辽—摩尔曼斯克”的中欧班列运载着 1450 吨货物朝着摩尔曼斯克和莫斯科等多个地区前进。这标志着辽宁省口岸物流迈出了实质性步伐，在促进东北地区经济发展方面给予了重要支撑。目前，辽宁省积极实施开放战略，不断优化营商环境，加快融入东北亚经济圈建设。3 月 5 日，该班列驶离通辽内陆港，耗时 12 天到达摩尔曼斯克，全程一共 9000 多千米，该班列的运行成为辽港集团第一个到达摩尔曼斯克的中欧班列。

2020 年 6 月 23 日，锦州—海南（洋浦）的外贸航线开通，它有力的推动了东北腹地的发展，提高了东北地区的经济发展水平。与此同时，开通集装箱海运通道可进一步促进东北到海南的出口贸易服务，有效带动当地的经济发展水平。截至目前，锦州港已陆陆续续开展 11 艘同船货轮以供贸易的运行，港口的发展可进一步对接海南自贸区建设，增强贸易双方在融入“一带一路”建设上的合作与交流。

2021 年 5 月 28 日，“锦州港—莫斯科别雷拉斯特港”的中欧货运班列正式投入运营，该货运班列从满洲里口岸直达出境，全程一共耗时 15～20 天，全长 8200 千米。该航线的运行促进了锦州港与俄罗斯的密切交流，而且对锦州自身的对外开放发展也起到了重要的推动作用，更重要的是，它对东北陆海新通道建设的发展有着里程碑的意义。

2021 年 8 月 9 日，“锦州港—俄罗斯东方港”的国际外贸航线正式首航飞行测试完成，耗时 4 天，全程 1200 千米，该航线途径渤海和黄海。该航线的开通有利于构建一条连接多个地区的海上纽带，辐射范围广泛，其中主要包括东南沿海港口、环渤海地区、韩国和俄罗斯东部地区。

2. 辽海欧通道

“辽海欧”于 2013 年 8 月正式启用。该通道是一条规模巨大的海上运输大通道，该通道从大连港出发，向西途经白令海峡，跨越欧洲许多地方，如德朗海峡、楚科奇海、新西伯利亚岛、拉普捷夫海、维利基茨基海、喀拉海、东西伯利亚海、新地岛和巴伦支海等地，并靠近挪威北角，最后抵达欧洲的所有海港。

航线情况：

2013 年 8 月 9 日，“永盛”轮航线正式投入运营，该航线从大连港出发，途经白令海峡，在摩尔曼斯克转驶进入各个欧洲航线。9 月 11 日，我国的商业船在北部及东部水域上进行远洋航行，耗时达 33 天，该航线期与苏伊士航线相比缩短了 12 ~15 天。

2018 年 6 月 30 日，“辽海欧”的第二条航线“天堂号”开通。装满了 8600 吨钢板的“天堂”号以日本海为起点，途经白令海峡、白令海以及北极东部航线，全部航行时间共 32 天，最后抵达了三个地点，分别是圣彼得堡、荷兰阿姆斯特丹和瑞典海纳桑德，比常规航程缩短 14 天。

3. 辽满欧通道

2008 年名为“辽满欧”的国际运输大通道开通，该通道的开通，进一步推进我国综合交通的发展，对融入“一带一路”有重要的意义。该通道以大连港和营口港为起点，经过满洲里口岸，穿过俄罗斯远东、新西伯利亚，最后到达欧洲。

航线情况：

大连港中欧班列和众多公司都有着密切的合作伙伴联系，如德铁、中铁等众多公司。该班列目前已发展了三个通道，依次是东、中、西通道，该班列的运行，有利于实现与阿拉山口、绥芬河、二连浩特、满洲国和霍尔果斯五口岸共同发展的新业态。有利于打造以大连港为核心的公共服务平台，从 2013 年开始，大连港先后开通 6 条中欧线路，成功打造“辽满欧”国际物流大通道。

2015 年 6 月，哈欧国际货运班列正式投入运营，其中大连港在物流贸易方面起到了重要的连接作用，大连港将中国、日本、韩国、俄罗斯和欧洲其他国家等新的贸易物流网络贯穿在一起。大连港为进一步开展中国和欧洲的物流通道合作，2017 年 5 月参与黑龙江—比利时沃尔沃项目，该项目为促进“一带一路”的发展有重要的影响意义。

大连港于 2017 年 11 月开始积极开拓新的物流路线，从俄罗斯经由满洲里到穆棱港，并与俄铁下诺夫哥罗德站签署了一项与俄罗斯北欧林业公司的合作协议，并最终实现了中欧班列在大连港的穆棱港正式运营。

大连—美洲航线于 2017 年 4 月正式开通，始于大连港，并与连云港、上海港、宁波港、美国长滩、美国西雅图等港口进行对接。大连港于 2017 年 7 月 31 日与中远公司合作，在 4 月新开通的美西—大连航线上，建成了西雅图—大连快线。

2018 年 5 月 16 日，穆棱内陆口岸中欧班列正式启用，中欧班列将由俄罗斯的下诺夫哥罗德州启程，经过欧亚铁路、满洲里，在 19 天后到达穆棱市的穆棱港，该中欧班列为园区企业提供原木和板材，并将其运输至大连港和欧美等其他地区。

2021 年 6 月 30 日，“大连—阿拉山口—德国”中欧班列正式投入运营，预计行程约 18 天，从新疆阿拉山口出发到杜伊斯堡和德国汉堡。辽港公司于 2021 年 10 月 25 日开通了第一条以大连汽车站为起点，到美国港口的美洲轮船。全程约 18 天。辽港集团于 2021 年 10 月 25 日正式开通了第一条以大连汽车码头为起点，并最终到达美国的航线。

辽宁第一个集装箱码头将于 2022 年正式启用澳洲直航。该项目填补了辽宁地区港澳直航的空白，为各成员国建立了便利的海上运输物流通道，对加快辽宁沿海地区经济发展、促进国内、国际双循环具有重要意义。在上述路线上，共有 7 条货轮，直通悉尼、墨尔本、布里斯班等澳洲重要港口，包括新西兰等地区，目的是在周边地区建立一条“海上高速公路”，将区域港口与悉尼的运输时间缩短到 20 天，为旅客提供便捷、快捷的服务，并一定程度上降低了转运费用。

4. 辽蒙欧通道

2017 年 5 月，“辽蒙欧”通道完成首发。该通道的三个起点分别为丹东、锦州和盘锦港，穿过俄罗斯和蒙古国并途径二连浩特，最后目的地是欧洲各个地区。“辽蒙欧”国际通道的正式运营，一定程度上可以缓解满洲里铁路的交通运输压力。另外，该通道的运行有效减少了中蒙俄间的运输距离，提高了海铁联运的综合经济效益。

盘锦港至白俄罗斯明斯克投入运营。该航线的起点是盘锦港金帛湾站，途经二连浩特，穿过多个地区，如蒙古国、俄罗斯等国家和地区，最后到达科里亚季奇。

5. 营满欧通道

营口港目前开通了 6 条航线，均服务于莫斯科和华沙，其中营口港作为枢纽，是“营满欧”的主要运输航线，途经满洲里口岸，最终到达欧洲。“潍营”轮船由潍坊港向营口港鲅鱼圈进发，途经满洲里口岸，最后抵达俄罗斯。“潍营”轮的运行标志着该航线第一次实现了海上的综合运输，为推进“一带一路”建设有重要的影响作用。

航线情况：

“营口港—俄罗斯卡卢加”，该线路全程约 8400 千米，从营口港开始启程，途经以下几个地方，依次是：赤塔、后加贝尔、莫斯科、叶卡捷琳堡、伊尔库茨克和新西伯利亚，一共耗时 13 天左右最终到达卡卢加州。

“营口港—莫斯科”，该线路主要经过的几个地方，依次是叶卡捷琳堡、满洲里赤塔、后加贝尔、新西伯利亚和乌兰乌德，最后到达莫斯科。

“营口港—华沙”，该航线耗时 14 天左右，全程一共 10500 多千米，从营口港启程，该航线途经过许多地方，包括后贝加尔、满洲里、叶卡捷琳堡、赤塔、莫斯科、新西伯利亚、伊尔库茨克、布利斯特和马瓦谢维切，最终抵达波兰的华沙。

“营口港—白俄罗斯”，该航线以鲅鱼圈北站作为集结的起点，发往满洲里口岸，目的地为白俄罗斯，总里程约 8300 千米，预计 8 天后抵达目的地。

（五）港口外贸进出口情况

辽宁港在油品方面，新的客户增加，油化品吞吐量增长，原油贸易业务得到了开展，国际航行船舶燃料油也弥补了空白。不仅如此，全球最大石油公司沙特阿美在盘锦进行了投资。在散杂货业务方面，散杂货的种类不断增加，散杂货的运输水平也在不断提高。商品车有着同比增幅远超 220% 的记录，是辽宁港商品车历史最高纪录，商品车出口量上升。国内最先进的 3 万吨级大型客滚船“吉龙岛”轮上线运营，“渤海恒达”轮投入“旅顺—龙口”航线运营，滚装业务发展质量得到提升。除此之外，辽宁港口在创新方面也不断推陈出新，为了能够给客户带来更好的服务和增强自己的品牌效应，辽宁港不断尝试使用新的业务模式，从而实现货物品种和顾客的增加。辽宁港口在外贸出口方面，有着不断增加的业务水平，不断提高的运输能力，也有着不断创新的业务模式，为融入“一带一路”的建设做好了充足的准备。

1. 在油化品业务方面

在油化品业务上，2021 年大连港多了 5 家客户，油化品吞吐量因此增长超过 120 万吨；稀释沥青货源争揽力度加大，吞吐量同比增加 300 余万吨。托克辽港与托克新加坡公司、宝来新加坡公司携手在大连港油品码头开启了首单原油贸易合作。与此同时，托克辽港在招商局集团内部协作、争取客户准入、获取政府政策支持、争取银行授信额度等方面也取得了进展，已获得宝来集团、振华石油的市场准入，并即将在近期获得中国石油的市场准入，首单 LNG 离岸贸易也在推进中。该笔业务将会给辽港带来不小的收益。营口港通过开发燃料油仓储、沥青直取等新业务，实现货源增量大约 40 万吨。营口港首票注入了 2752 吨低硫燃料油，填补了其加注国际航行船舶燃料油的空白，有效提升了外向型经济服务能力。不仅如此，营口港完成了 25.5 万吨“阿曼原油”卸载作业，是首次空载 VLCC 型原油船夜航。全球最大石油公司沙特阿美将会在 2024 年在盘锦市进行投资。作为主要的能源，原油的运输业务增加，促进了辽宁港的经济发展，使辽宁有资本去进行科技发展，有足够的资本、技术融入“一带一路”的建设。

2. 在散杂货业务方面

散杂货业务方面，在 2020 年与大连市港口合作开始国际肉类保税仓的第一个尝试，从荷兰鹿特丹港口发出全国抵抗运动组织至大连港大窑湾集装箱码头。大连港采用“集改散”方法，率先实现了外贸进口非转基因大豆的运输作业，并开创了与大连市港口联合外进大豆运输作业的全新模式。2021 年，辽港股份进一步发挥营口港区位和物流成本优势，着力打造“北粮南运”基本港，内贸玉米在东北口岸市场份额上升了 5 个百分点以上；营口港的钢铁货种数量再次超过了 2000 万吨，其中，出口钢材年增加了超二成。营口港一公司年初成功揽取纯碱新货种，装载了 3.4 万吨纯碱的“墨尔本精神”轮靠泊于鲅鱼圈港口群。在大连市长兴岛港区完成了首艘加拿大制原木船的卸船作业，进一步丰富了与大连市港口合作的入港原木种类[4]；大连港的散粮港口企业成功争揽了海盐、碎石等新货种，从而更加丰富了货源构成，并提高了港口供应链的综合管理水平[5]。如 2022 年，盘锦港口装运 3.14 万吨进口有机挥发物氧化铝陶瓷的“潘神”轮在盘锦港进行了首次卸船作业，使港口的功能变得更为完善。10000 多吨从外贸进口钠硼解石的“天星十二号”轮也成功抵丹东港口作业，使丹东港的非金属矿石货种获得了丰富。丹东港以市场为导向，大力开展客户走访工作，成功争揽氧化铝、风电法兰、小麦、化肥、白云石等新货种。盘锦港首次作业吨袋非金属矿石、进口散装氧化铝，货源开发不断取得新突破，港口功能也得到进一步完善。散杂货的业务不断扩张，使辽宁港在运输方面有更多的业务选择，拓宽了业务服务层面，在“一带一路”中有更多的业务选择，促进“一带一路”的建设。

3. 在商品车业务方面

商品车业务佳绩频传，2021 年，陆续拓展了多种项目，如华晨宝马出口，VOLVO 出口，日本丰田过境运输，三菱平行进口等，促进了外贸商品车 200% 以上[6]。当前，以腹地为主要出口汽车，辽港股份已经基本达成完整。持续创新经营模式，促进了商品车吞吐量的不断提高，使辽港集团的外贸商品车市场开发更加突出。辽港集团 1 ~10 月中旬外贸产品车吞吐量同比增长 220% 以上，同比增幅创历史同期最高水平。在外销业务上，外贸产品班轮航线工作正常，BMWIX3 出口量增大。辽港集团成功争揽的外贸商品车新货源——中国吉利品牌 SUV 商品车经由中欧班列（大连）出口俄罗斯。首批出口俄罗斯的 150 台中国吉利品牌 SUV 商品车从大连集装箱铁路中心站发出，成为大连港中欧班列整车出口定制化班列产品。由于华晨 BMWIX3 纯电动车型外贸出口工程的全球招标工作，这一工程的唯一出口口岸已经被宝马在大连设立。经辽港集团商品车陆海联运通道出口国外的又一次汽车品牌，是 150 辆奇瑞品牌“瑞虎”商品车，在大连汽车的码头正式开始集装箱装箱[7]。在 10 月 17 日 140 辆进口氢燃料电池车全部完成，大连辆进口丰田氢燃料电池车全 AI 的卸载工作在大连汽车码头公司完成[8]。随着汽车业务不断地丰富，辽宁港使用更多的滚装运输，进一步加强滚装运输能力，就有更好的技术来融入“一带一路”，开辟新的航道。

4. 在滚装业务方面

在滚装业务上，2022 年，在大连港大连湾边缘安装的“中华富强”公司豪华客滚船，将拥有全亚洲的最高载重，并开始投放在大连—威海客滚航道中[9]。到目前为止，三个万吨级客滚港口泊位已经开始在青岛港通航。由于制造成本低，制造环节较小，投资回报率高，从事于滚装航运港口建设，为滚装航运企业创造了很大的利润。2021 年，国内最先进的三万吨级超大型客滚船“吉龙岛”轮上线运营；引入“渤海恒达”轮，国内最大的使用货滚船投入“旅顺龙口”

航线，使之具备了良好的发展质量。在辽港公司的大连汽车码头进行了659辆进口三菱帕杰罗商品汽车的装支承车工作，大连口岸首次大量量滚装平行进口车，同时，也创造了平行进口车在大连汽车码头单批次业务量的最高纪录[10]。随着辽宁港滚装业务的发展，使辽宁港在“一带一路”中能节省陆地运输工具的运输成本。

5. 在创新方面

在做强做优港口主营业务的同时，辽港股份推陈出新，加大业务模式创新力度，持续提升服务能级和品牌影响力，从而实现多货种的开源增量。2021以后，辽港股份有限公司建大连为中心，成功地开创了中国第一个东亚—中亚大客车联运的大通道。利用这个渠道，日本小商品车在途时减少到30天左右，提高了日本小商品车在中亚市场的竞争力，顾客的综合物流成本也得到了减少。辽港股份与力拓集团进行了深入的改造，采取“保税筛分+国际中转”业务，是力拓集团第一次将铁矿石产品通过中国港口销到韩国钢厂，成为力拓集团进入“保税混矿”后的铁矿石经营模式。推出我国第一个“铁路敞顶箱甩挂滚装多式联运工程”，为腹地企业提供新的跨海货运。此项工程使用了敞顶箱“班列+班轮”甩挂滚装运输方式，从20天压缩至7天的时间，将东北和华东地区物流运输通道扩大，拓展了东北及华东地区的货物海运渠道。而大窑湾口岸首票跨境电子商务公司则以“9710”模式为基石，顺利地打造了大窑湾口岸的首票跨境电子商务公司。营口港六企业运用工程翻斗车大批量装船，弥补了工程车等大型机械设备运输来源空缺。2022年，盘锦港口启动了“保税一日游”业务，该业务是本国生产制造，采用保税区的“入区退税”政策，针对加工贸易深加工结转的手续复杂、深加工增值部分不予退税的难题，采取“先出口，再进口”的方式处理问题[11]。为保证该服务顺利开展，盘锦港口保税物流配送中心将进一步了解客户服务具体要求，并提出合理的配送业务方案设计，为了能使顾客节省物流成本，减少货物在路上周转的时间，盘锦港使用了以货物“一日游”取代“境外游”。“保税一日游”业务的开展，进一步丰富了盘锦港保税物流中心的业务形态，增强了市场竞争力，为新货种的引进带来新机遇。同时提升了场地利用率，提高了赢利能力，为盘锦港保税物流中心业务多元化发展开辟了新道路。随着越来越多货种的开源增量，将使辽宁港口在“一带一路”的政策下得到更多外贸往来，使辽宁港口能更好地融入“一带一路”。

二、辽宁港口群融入“一带一路”建设的问题分析

（一）观念落后，政府支持力度有待提升

1. 港口经营环境的扶持政策有待加强

辽宁港口群建设缺乏配套的经济政策扶持，比如现在实行的国际上的海上运输法规、外贸结汇以及退税的政策都不利于辽宁港口群的发展，难以有效保证港口的规范化建设和标准化运行。并且为了支撑“一带一路”建设发展，需要有相应完善的政策来扶持，但是现在由于政策缺位、基础设施建设落后、产业创新能力不足等因素，辽宁港口发展速度远落后于其他港口。在港口发展中政策没有大力引进高新技术、装备制造等照顾政策，导致港口发展与转型缓慢，政府应相应优惠的政策不能为港口提供坚实保障。

2. 传统理念有待转变

传统的发展理念和思维模式下沿海开放意识不强，体制机制运行低效，缺乏正确的沿海意识和现代海洋经济发展理念的引领。辽宁港口群需要有高水平的开放政策才能对接“一带一路”沿线国家和地区的相关政策，才能符合发展外向型的“一带一路”基本思路。在政策引导方面，缺乏相关沿海开放意识，在理念引导上需要转变。

3. 管理体制未实现标准化

任何行业和领域标准化的管理体制，会促进该行业的良性发展。但目前的辽宁港口群来讲，就存在多样的管理体制。例如大连港、营口港、丹东港和锦州港这四个港口就有着不同的管理体制模式，这种模式下的多元化的管理体制就导致了港口和港口之间的矛盾日益突出化。另外，管理的不标准化不利于辽宁港口群的宏观调控，不利于港口的发展。由于政策、规则都未能与国际的规则接轨，因此限制了目前已经建设完的港口的经营范围，进而导致了各港口之间不能形成合理的分工与协作。

由于政策落实不到位，导致目前的各种运输方式和运输企业都没有形成统一

的价值观念，以及现有的管理体制还不能完全满足海铁联运的需求，导致集装箱海铁联运发展规模较小，面对物流的快速增长原有的设施已经不再能支撑大量的货物，给港口群融入“一带一路”造成影响。在管理体制的整合上由于各个港口的产权结构较为复杂，政策难以实行，并且复杂的产权结构使得辽宁港口群的资源整合困难，很难实现多方主体的利益平衡，导致整合进程一拖再拖，难以落实[12]。

（二）港口发展滞后，同质化竞争严重

1. 港口建设方面

（1）港口缺乏统一规划，导致空间竞争激烈。

港口的目的应该是带动经济的发展，通过港口的自身功能来整合区域资源，拓展城市的功能空间，从而实现经济的一个增长。但是在距离衰减规律的影响下，港口和港口之间的竞争在相近地区更为激烈。例如丹东港、葫芦岛港则分别受制于大连港、锦州港，港口的空间作用受到了分化。同时港口的区域作用方向还表现为沿辽中港口群方向及朝阳方向。锦州港、葫芦岛港的作用方向是朝阳方向，但是其核心作用载体铁路、公路，特别是承载了大规模集装箱运输的高速公路的布局却为平行于海岸线的“东北—西南”走向，这又一定程度上分化了港口对于内蒙古东部地区的一个空间作用，不利于扩大深化对外开放和推进“一带一路”建设。

辽宁六个港口空间布局分散，港口之间相对独立且分工与协作性差。辽宁的六大港口以大连港为核心，丹东、营口、锦州港为三足来支撑，盘锦、葫芦岛港为辅助的“一心、三足、双辅”职能格局，这也体现了港口的地域分工现状。但是，随着经济发展、港口的重视依赖性的增强，港口自身产业发展呈现出了趋同现象。同时，伴随着每个港口功能向东北腹地的延伸，新一轮港口与港口之间的竞争在增强，所以从客观上来看，港口的职能分工是正在被弱化的，港口之间的合力也呈减弱趋势。这种均衡、分散的港口分布现状，从事物的长远方向来看是有利于区域的自身平衡、同步发展的，有助于打造均衡化、层次化的中心网络。但是，目前辽宁的六个港口职能构成过于相似、发展战略不断趋同、产业构成互补性较差，不利于港口与港口之间的联系与协作，不利于港口共同发展及融入“一带一路”政策。

辽宁港口群的六个港口所属于六个城市，各港口直接划归了各市来管理，港口间各自独立，缺乏统一有效的整体效应和相互协调作用，这必然带来产业的同构化，重复建设率高等问题，是无法有效发挥辽宁港口群的总体作用的。因此由于没有设立统一完善的管理机构，在融入“一带一路”的过程中，由于行政区的界限以及交通运输部门的管理职能分散，难以形成一个利益主体，影响辽宁港口群的合作发展，进而不利于“一带一路”的统筹化。

（2）港口发展水平较低。

辽宁省各港口现状虽然已经具备一定的整合基础，并逐渐显示出了一体化，呈现出了成熟港口群的趋势，形成港口城市地带。但放眼全国，与其他地区的大形势相比，港口的发展速度仍是显保守状态。六个港口的综合实力水平较低，空间组织结构也不明确，同时发展相对独立，港口和港口之间的横向联系是较弱的。政策驱动之下，虽表现出整体性和一体化的趋势，但港口间相对独立且空间管理水平差，例如大连、营口港发展较为迅猛，但是辽宁的其他港口发展速度较慢。目前对于辽宁省港口地带的空间管理是仅限于区域的政策的，或者是规划的宏观调控引导，还没有一个统筹协调各港口关系的专门权责机构。因此，这会让各个港口倾向于站在自身的利益角度，去被动的适应而非主动去融入区域整体发展，这种情况容易出现利益的争夺、责任互相推脱、风险的转移等现象，从而造成地带整体的非正常发展，甚至会造成区域宏观调控的失调[13]，因此对于辽宁港口群来说，港口空间的演进道路还是尚不明朗。且随着时代发展进步，辽宁港口群却并没有形成一个整体的自组织运行体系。因此，辽宁省港口发展方向一直不甚明朗，并没有跟上共建“一带一路”的道路。

2. 港口功能相似，同质化严重，导致港口竞争激烈

（1）港口功能过度相似。

辽宁港口群由六大港口共同发展，由于这六大港口位置基本都处于环渤海地区，各个港口的地理位置上相对过近，所以各港口之间免不了会拥有相同的经济腹地辐射作用。辽宁港口群的六大港口功能相近、业务上有雷同、腹地交叉，且六大港口都将油、粮食、煤炭、矿石等视为其最主要的经营货种，各港口的经营范围是高度一致的，这就导致了港口的产能增速与货源自身的增长幅度是不匹配的。且辽宁各个港口发展并不迅速，很多港口已经出现货运量明显不足，但却在盲目扩建港口，港口之间的服务模式、内容雷同。而且由于经营方向一致会产生竞争，降低辽宁沿海港口的整体利益。

另外假设经济腹地的经济水平都处于一个平稳发展的时期的状况时，就容易导致辽宁港口群之间产生竞争关系。辽宁各港口经营的主要业务也产生了大部分重合现象，导致了港口功能过度相似，因此就更加深了辽宁港口经济腹地的高度重合，进而导致了辽宁港口群之间的过度竞争，缺乏了有效的合作机制。

（2）各港口无序竞争导致港口群整体竞争力弱。

辽宁省的海岸线资源是非常丰富的，但资源分布很不均衡，受自然条件、开发条件等因素的共同影响，各港口的发展水平是不平衡的。大连港是辽宁港口群中的最大港，对比其他五个港口，自身便拥有辽宁省80%以上的宜港岸线，因此大连港的泊位数一直在全省总泊位数的50%以上。同时营口港和大连港一样也列入了超亿吨大港，两者货物吞吐量占全省港口总货物吞吐量的近80%。辽宁沿海的其他几个港口虽然也在不断发展进步，但地理位置上的港口岸线资源分布较少，规模发展不上去，因此并没有形成较强的整体竞争力。

同时，这种辽宁港口群的整体发展极为均衡，也会影响整体的竞争力。这样也会让港口之间的恶性竞争成为更加普遍的存在。各港口从自身的利益出发展开的不合理竞争主要围绕着两个方面：投资领域和市场领域。其中投资领域的相互竞争会形成重复规划、重复投资、重复建设等问题。同时又因为港口的投资需要投入大量的资金，而重复资金的投入一旦失败就会损失惨重。例如港口群的大连港、营口港本身居于共同腹地，却都作为枢纽港布局了相应建设，这不仅造成了低水平的重复投资，也诱发了两个港口之间的竞争和内耗[14]，港口之间的内耗阻碍了大连港的进一步发展，从而辽宁港口群错过了建设国际大港的机会。

3. 信息技术落后，服务质量不理想

融进“一带一路”建设，应提高辽宁港口群的智能化水平，由于发展的水平受到限制，辽宁港口群智能化程度一般。以港口群的葫芦岛港为例，葫芦岛有六个地方适宜建港，而因为基础设施和技术原因，导致建设力度不够。所以对于葫芦岛市来而言，葫芦岛港的吞吐能力相对较小，与吞吐能力已经达到亿吨以上的秦皇岛港、大连港等港口相比较，是没有竞争力的。目前，仅葫芦岛市的每年进出口总量就达到了300万吨，再加上腹地在中国内蒙古自治区以东和辽、吉、黑三省以西，每年进出口超过3000万吨货量，因此急需进一步扩充和完善既有口岸，并设置若干新的口岸。同时，葫芦岛港口现状主要以航运功能为主，而海港的经济功能比较单一，因此海港的工业、外贸等功能发展均存在不足。但海港吞吐的货物却以过境货物为主，很少涉及储存问题和加工问题。若要发挥港口带

动经济的作用，储存和加工是一个很重要的环节，因此葫芦岛港口还应该提升技术能力促进储存防止物料物品变质。同时，葫芦岛港的基础设备老化很严重，因此迫切需要去实现港口设施的现代化、信息化[15]。

辽宁港口群想要跟随“一带一路”倡议发展脚步，就要加强科技水平，将信息化的技术运用在港口物流上去帮助港口物流的发展。因为港口发展不只是需要一定的自然环境优势，还需要不断地完善信息化技术，进而来构建高效率的供应链网络，从而切实地提高港口运输水平。但很明显辽宁港口群的港口物流就缺少相应的信息技术。例如，辽宁港口群中的部分单位部门只注意去建立自己部门的数据信息库，却没有考虑到物流作业各个环节的有效衔接[16]。这样的情况下，提供的物流服务范围是有限的，客户们往往得不到满意的结果，从而影响了物流服务的质量。

（三）融资途径与方式单一

1. 企业过于依赖传统融资

“一带一路”建设要求发展创新金融，深化与金融方面领域的合作，建立可以维持“一带一路”建设长期的、稳定的、可持续发展的、风险可控的金融保障体系。在港口发展的众多因素中，融资问题成为企业发展的关键因素，企业的融资能力关系着企业的资金能否顺利完成运营的需要。而在辽宁省近些年来的产业结构调整中，由于采取持续调整产业结构、化解过剩产能的措施，影响着港口城市的发展，港口经营主体的重组也影响着港口的融资问题以及资金的调配问题。另外，辽宁港口群也面临着双重压力，辽宁港口群发展不仅面临着环渤海的省外港口的竞争，也有省内港口之间激烈的竞争。同时，辽宁港口群为了获得市场的竞争优势，需要拥有一定的经济实力与竞争力，所以辽宁港口有关的企业要解决的首要问题就是融资问题，以此来确保港口企业日常资金的需要和实现港口的可持续发展。目前辽宁港口群各港口融资形式以政府资助为主，由于港口建设的难度大、投入多、回收期漫长、完全依靠政府资助，难以保证资金的正常运转，所以传统的融资方式必将导致港口企业的流动资金紧缺，出现经营负担过重的现象，给后期港口公司的资金流转带来了不可估量的挑战。

2. 民营资本参与度不够

一方面，由于特有的政府管控形式，使得民营企业难以参与到其中，并且国有企业在辽宁省大部分港口企业中占据了主导地位；另一方面，由于辽宁企业缺少相关制度保障，使得民营企业投资较少，而港口项目的投资是重资产投资，因此就会使得民营企业投资将可能会面临着巨大的资金回收风险。另外，由于政府与民营企业之间也没有形成相对规范的合作体系，进而也影响了港口企业的融资能力。

（四）交通基础设施不完善

1. 港口基础设施薄弱

“一带一路”背景下，辽宁省虽然在港口建设方面做出了重大改变和调整，已经取得了一些成就，但就目前的辽宁港口群基础建设水平来讲，很多方面还仍不完善，还达不到现代化港口水平。从辽宁港口的现实情况来看，由于资金缺乏、所处环境等因素的影响，辽宁省沿海港口城市的铁路、公路无法较好的配合港口运输，实现完美的多式联运输模式。以营口港为例，运输系统的不发达，使得营口港处于一个劣势地位，其中，海路运输目前来说还是作为集装箱的主要运输方式，在此背景下，公路运输所占比重被压缩，面临着市场空间的压力，这也就造成营口港公路运输发展遇到相当大的瓶颈，从而直接阻碍营口港的物流的平稳较快进步。另外，营口港的集装运输方式分配比例失调，也成为营口港发展的阻碍。与之相似的锦州港，随着社会的发展，港口吞吐量呈现出较快的发展速度。与港口长久的发展要求相比，现阶段的运行现状和运输能力均存在不足，这也客观上阻碍了港口的进一步发展。从营口港和锦州港的例子就可以看出物流设施“设备的系统性”兼容性相对较差，港口内外部集疏运通道能力亟须提高[17]。

除此之外，位于辽宁省的中小型港口的企业规模较小，缺乏资金支持，各企业之间竞争呈现出白热化的阶段，从而造成企业效益普遍偏低，由此带来的后果是各中小型企业装备设施无法随着时代的发展进行专业化和现代化的更新换代，而电子信息水平也比较落后，影响着企业之间的有效交流，影响运营效率。

2. 港湾岸线资源利用布局不均匀，利用空间不合理

辽宁省的港岸线资源充足，但利用空间分布却很不均匀。首先，辽宁沿海

宜港海岸线资源80%以上都集中于大连，而其余区域的港口岸线资源分布则相应较小。其次，通过近几年的建设，除大连港以外的辽宁其余区域已形成规模的未开发利用深水岸线资源都已十分稀少，对沿海港口的协调与可持续发展面临着巨大的资源制约。而近年来，部分单位和个人在缺乏法规约束的情形下，违反了海港布局计划，任意侵占海岸线资源建造、运营小海港，水深浅用，使海岸线资源受到了损害。辽宁省也面临着发展和产业转型的双重压力，其优势在于产能转移的产业基础比较雄厚。而周边国家和地区的各类资源主要集中于矿产等基础产业，这些领域恰恰为辽宁的城市与港口发展提供了契机，依托装备制造业的发展，辽宁省形成与周边国家和地区的优势互补[18]。但辽宁港口并未好好把握“一带一路”所带来的资源利用机会，资源利用很不合理。

3. 港口的交通运输薄弱

具体来说，我国港口物流蓬勃发展的基础设施一般可划分为硬件和软件两个层次。首先，以丹东港为例，在物流配送交通运输及基础设施的建立，包括物流配送仓储与货物集装箱的调度等方面还存在着比较落后的问题。因此，对于丹东港口来说，除了港口物流建设的重要作业装置数量不够并且设备较为陈旧之外，一项最重要的不足之处还表现在软件技术领域方面。港口物流蓬勃发展的软件技术，一般是指其在实现港口物流蓬勃发展所必需的人才和技术层面上的支持，而丹东港在这方面还较为欠缺。人才技术支持问题在今天的中国港航物流的发展中有着巨大的现实意义，同时也是丹东港口物流事业在今后的发展中所必须正视的重点问题和提升的重点方面。由于辽宁港口群在基础设施建设上都较为薄弱，很多航运需求无法得到满足。其次，大连港虽然在我国辽宁六大海港中起中心带头作用，但与其他相邻港口比较，环渤海区域的天津港、青岛港已后来居上，其卸船机械、门机、堆取料机械等主要作业装置及其相配套的流动机械已基本适应了大散货船的作业能力要求。且随着中国青岛港、天津港的自动化港口设备开始投入运营使用，吞吐能力日益增加，货运吞吐量也在逐渐递增，从而产生了货物贸易分流的情况。同时，就邻近的海外口岸来说，全球第六大集装箱港口韩国釜山港，设施完善、与海外联络和陆上交通运输都十分便利。经济实力雄厚的日本神户港，科学技术含量水平高、航运地区多。这三座港口都对大连港口的发展形成了一定程度上的威胁，并成为其重要竞争对手。因此大连港后续基础设施的建设对大连港口发展极为重要。但大连港在现代海运基础设施建设方面也相对薄弱，无法适应部分大宗商品的航运需求，从而不利于大连港后续发展。

4. 中小港口集装箱运输水平发展缓慢

国际上一个统一的共识是：一个国家和地区的开放程度及经济发展水平可以由集装箱运量的规模大小来反映[19]。在“一带一路”的背景下，辽宁港口群所取得的进步是有目共睹的，但也应意识到，与国内处于领先地位的深圳港与上海港相比，依旧存在较大的发展空间。辽宁港口群主要涉及地区为东北三省和内蒙古东部地区，而这些地区的经济发展水平存在不足，这也反过来影响了集装箱运输吞吐量的发展速度。目前东北地区正在进行的老工业基地改造工程在一定程度上有利于产业结构的升级，但也客观上造成了货物箱量生成率的下降。港口之间竞争激烈，在外向转移产业的过程中，货源存在被其他港口分流的风险。截至目前，大连港是辽宁省内唯一一个稳步推进国际集装箱运输发展进程的港口，而省内的其他港口还有很大的发展空间，与东北临近的日本和韩国，其港口的发展速度较快，这也客观上给了辽宁港口群更多的竞争压力。

（五）经贸未实现同步化发展、科技资源利用率低

1. 对外贸易

我国作为世界第二大经济体和最大贸易国，面对全球经济格局重组的过程中，积极参与对外贸易。其中港口的对外贸易在我国对外开放中起着重要作用，港口在经济全球化上需要保持并发展对外贸易，为在经济环境中保持竞争力需要进行国际化经营的转型升级。

在“一带一路”倡议稳步推进的新常态下，各港口需要充分发挥优势，加快构建开放型经济新格局构成未来我国港口群发展的常态化战略路径。港口以往实现吞吐量增长的模式受到制约，各港口亟须转型，港口的转型需要依靠市场支持。“一带一路”倡议对中国沿海港口的发展、经济贸易的往来以及港口吞吐量的提升方面有着显著的提升作用。

近年来，辽宁省港口群的对外贸易快速发展，在与“一带一路”沿线国家经贸合作方面，发展趋势显著。其快速发展受到更多的国家和企业的关注，更多的投资者选择到辽宁投资建厂，促进了辽宁的经济发展，同时辽宁省各港口也进一步利用其各自沿海的地理优势，把握在“一带一路”所占的优势主动融入东

北亚区域经济的合作之中，立足于长远发展。然而，针对目前情况经过分析可以得出，辽宁港口群的对外贸易水平较低，竞争力也较弱。具体而言，辽宁省的对外贸易发展存在以下几大问题：

（1）各个港口间的对外贸易发展不均衡。

大连港作为辽宁港口群的贸易大港，其对外贸易额占比非常大，通过对辽宁省港口群对外贸易的分析中可以发现，辽宁省其他的港口相对于大连港来说，对外贸易发展水平较差，由于各港口之间的贸易发展不均衡，难以形成互通互联的协作模式。而由于大连港得天独厚的地理位置，其在对外贸易上的优势不能给其他港口提供借鉴作用。因此，大连港的对外贸易发展不能对辽宁省的其他港口产生带动效应，客观来讲，这也影响了辽宁省港口群融入“一带一路”发展的广度与深度。

（2）外贸企业不够专业，技术无法达到要求。

与港口产业相关的外贸企业，在辽宁省的企业分布中主要集中在沈阳和大连两个城市[20]，其他城市的外贸企业较少，且企业规模较小。在除大连、沈阳以外的城市中，各城市的外贸企业多为中小企业，企业面临着外贸专业人才的缺乏，相关的管理人员在经营管理中，缺乏相关经验，所获得的行业信息滞后，这些因素限制着辽宁省港口外贸企业的发展。加之中小企业对科技创新的匮乏，导致外贸企业的发展缓慢，影响企业的融资，使辽宁省港口群拓展业务，扩大规模受到影响。

（3）港口城市基础设施不完备。

港口的一大职能就是运输，完善的设施可以大幅度的提高运输的效率，高效率的运输能够促进对外贸易的经济发展。辽宁省港口城市的基础设施较为落后，影响着港口的发展。例如，辽宁港口群的丹东港，丹东港位于丹东市，城市的经济发展情况相对于其他港口城市来说较为落后，城市的信息、设施和技术也较为落后，丹东港口专业化运输设施较为不完善，这些因素导致城口的发展缓慢，这与“一带一路”的发展要求存在一定差距。

（4）对外贸易受国际形势影响较大。

近年来，我国对外开放受到国际形势的影响，面临挑战。中美的贸易摩擦战等因素使辽宁省港口群的对外贸易受到阻碍，并制约了港口群的发展速度，投资力度急剧下降。总的来说，面对国际形势的影响，辽宁省的对外贸易发展缓慢。

（5）软环境实力较弱。

软环境是指物质条件以外的诸如政策、文化、制度、观念等外部因素和条件的总和[21]。在“一带一路”的发展路线中，港口的发展会增加一定量的国际业务，而国际航运业除了对港口的基础建设有一定的要求之外，还会涉及经济、金融、政治、法律等其他各个方面，因此航运行业的发展受到外部环境的影响要远远大于其他行业。例如，大连港作为东北亚国际航运中心，它在建设的过程中虽然取得了一定的成果，但在软环境方面距离其他国际性港口还是有着一定的差距。虽然大连港从开始实施“一站式”智慧口岸至今，信息港的建设在不断推断，但是还有很多的不足之处。不公平的市场竞争环境、相关服务配套设施低下、政策法规系统不完善、管理服务的人员意识缺乏、国际化水准不高等软环境因素都使大连港较其他现金国际港口有一定之间的距离。从大连港的例子就可以看出辽宁港口群要在“一带一路”发挥出港口作用，就要增加软环境建设实力。

2. 科技资源建设

目前，辽宁科技发展水平与各港口发展的需要之间存在较大矛盾，具体表现如下：

（1）科技创新的环境欠缺。

“一带一路”在新形势与新发展中应运而生，对其发展研究的创新性提出了新要求。辽宁港口群存在资源型企业，资源型企业的由于过度资源开发，带来了经济和生态环境发展的双重压力，资源的有限性给企业和港口带来了难以遏制的亏损，从而引发了难以转型、效率低下的问题。辽宁港口群的产业结构使科技创新受到限制，因此，辽宁港口群需要提升科技创新软环境。

（2）科研人才流失严重，人才结构不合理。

科技创新需要创新性人才。然而，在辽宁港口的科技创新中，科技人才严重缺失，缺乏相关的拔尖创新人才，港口方面的科技人才与人才总量相比，所占比例较小。另外，科技人才结构不尽合理，科技人才主要集中在教育、科研两大领域，真正深入港口运行与发展的比例较少。科技人才的地区分布失调，绝大部分人才与科技资源积聚在大连港，人才分布的点聚集效应明显，科技人才的分布不均衡，直接制约着辽宁各港口的产业建设。

（3）港口企业自主研发能力不强。

“一带一路”倡议是由中国发起并作为主要引领者推动的，因此必须坚持以自主研发为核心作为发展基础。在目前互联网、数字化的快速发展下，各港口需快速改变其发展模式，数字化发展对港口的影响主要表现为港口的投资、建设和运营等。适应数字化发展需要港口具备较强的自主研发能力，但辽宁各港口企业的自主研发能力不强，限制着港口的数字化发展。

（4）港口企业科技产出质量与价值不高。

“一带一路”倡议稳步推进必定伴随着科技成果的不断产出。在港口的相关科技产出中，主要包括两个方面：一方面，是科技直接产出，其中主要涵盖了学术论文等；另一方面，是科技间接产出，其中主要涵盖了科技成果转化的结果等。辽宁港口群科技发展存在研发机制不够健全、研发投入针对性不强、理论与实践结合程度欠缺，产业链条较短等诸多现实困境，导致研发成果的效益转化率较低。

三、辽宁港口群融入“一带一路”建设的策略研究

为充分把握“一带一路”建设契机，加快辽宁地区海洋经济的发展，对辽宁港口融入“一带一路”进行对策分析。

（一）政策宏观政策引领

政府的宏观政策的可行性将对辽宁港口群融入“一带一路”起到关键作用。政府可以采取以下措施促进辽宁港口群的融合发展。

第一，是制定加快辽宁港口群融入“一带一路”的优惠政策。可参考唐山港出台的融入国家“一带一路”的政策保障，其在《关于主动融入国家“一带一路”战略的实施意见》中提出三项政策保障：首先，在财税政策方面，对参与“一带一路”的企业提供更加优惠的税收政策与更加优化的服务。其次，在审批政策方面，对各个部门的审批权限进行整合，形成对“一带一路”产业发展协同推进机制，全面打造规范、高效、勤政、连接的行政审批机制。最后，在招商政策方面，通过引进新技术、新装备、新型旅游等产业项目，扩大产业规模。辽宁省大连市为了促进港口的发展与转型，提出加快向“五个港口”转型升级的政策。《辽宁省政府工作报告》（以下简称《报告》）指出：“加快航运中心建设，推动大连港向质量效益港、商务便利港、物流枢纽港、绿色低碳港、平安和谐港转型升级。”优惠政策的提出是当前辽宁港口群发展的迫切需求，不仅能助力港口企业向自由经营模式转型，还能进一步完善港口物流系统。获得的物流资源不断增加，也能够推进辽宁港口群融入“一带一路”的建设。目前，为加

速构建物流网络体系，我国地方交通部门和港口企业也在申请退税等优惠政策，大力发展港口贸易和金融。为促进辽宁港口群融入“一带一路”建设，辽宁省政府应提出相应优惠政策为其提供坚实保障。例如，加大港口群的基础投入、优先引入物流服务等行业以及补贴集装箱国际铁路运输等港口扶持政策，提出新的财税政策为港口企业提供更多经济支持等。

第二，是更高水平扩开放，打造开放合作新高地。“一带一路”倡议明确了发展外向型经济的基本思路，为区域经济转型升级和沿海地区经济发展指定了重要战略方向[22]。因此，政府应当根据“一带一路”倡议所提出的发展方向，积极对接“一带一路”沿线国家和地区的开放政策。一方面，需要推进海陆大通道的畅通。根据国家战略布局，省内政府应积极推进东北陆海新通道建设，打通东北地区与其他国家的运输陆海联运通道，以锦州港为起点，在辽宁省内开辟一条最便捷的通往欧洲的新通道，促进海上陆地的双向开放。另一方面，辽宁省政府应加大区域合作力度。可通过建设全省统一的港口合作平台与多式联运运营服务平台，加快构建沿海开放新高地，强化与港口之间的航线与贸易往来，促进多式联运业务的开展与合作，实现航线与贸易的有效联通。再由于新冠肺炎疫情的全面暴发，港口发展受到一定冲击，辽宁省政府应出台相关政策促进我省与京津冀等国家重大区域深化合作，助力港口设备升级、产业协同发展、共建经济园区。

第三，增强辽宁港口与城市的战略联盟。沿海节点地区在“一带一路”倡议中被定位为加强沿海城市港口建设，以扩大开放倒逼深层次改革[23]。根据《辽宁沿海经济带高质量发展规划》提出的发展战略，辽宁沿海经济带的高质量发展需要围绕东北地区产业结构的发展定位。因此，辽宁省政府首先需加强港口群的城市间的经济政策协调，加强港口与城市产业的战略联盟。发挥大连的示范作用，促进两翼协同发展，形成“一核引领、两翼协同、多点支撑”的高质量发展总体布局。加强港城之间的联系，推进辽宁港口群融入“一带一路”建设。

第四，是完善管理机制，设立统一管理机构。2018 年 11 月 29 日，辽宁省成立了“辽宁港口集团有限公司”，辽宁港口群进入了一体化发展的新时期，需要对港口群的管理模式进行更新。必须在管理机构中突破原有管理模式，设立统一的管理标准。可以考虑以下两个方面：一是设立相对拥有实权的管理机构，可以参考长三角港口管理局，将上海组合港的协调机制从务虚变务实，防止出现“只协调不解决”的现象[24]。辽宁省政府可以将管理机构交由交通部垂直管理，以确保不同区域港口有效的开展协调与合作。二是更新协调一体化发展的监督机制。除了要加强港口协调发展，还要不断对过程进行监督、对成果进行评估，以确保协调发展的稳定推进与资源的有效利用。对此，辽宁省政府可根据自身情况设立专门监督机构，也可以中国港口协会等中立的组织作为监督机构。

（二）深化港口建设，规避同质化竞争

第一，在港口建设方面，应追求辽宁港口群特色化发展，明确“一带一路”沿线港口定位，做到港口分工协作、错位发展，使港口与港口之间形成良好的合作关系。一是应根据辽宁省经济和港口发展情况对港口进行合理定位，明确各港口的功能定位、货源种类及未来发展方向；二是在港口管理经营上应追寻差异化、特色化发展，根据港口区位条件、腹地货源种类、经济发展情况及港口与腹地的交通状况等制定不同的经营管理办法，在政策上做到“一企一策”，港口分类整合；三是既要明确港口的货物流向又要重视腹地货源的选择，合理划分腹地区域范围，以腹地经济开放程度为基准，科学准确地对腹地进行划分，形成区域协作互补的港口群，来增强港口总体的竞争优势；四是随着“一带一路”贸易范围的扩大，可以开通与其他国家的新航线，开发新的贸易市场，根据货源地的货物种类、腹地辐射区域、腹地承载能力以及货物接受地的需求状况，合理拓展运输航线和增加运输班轮，加强与其他国家的外贸交易，建立多元化的海洋运输网络。

第二，提升港口综合服务功能，推进港口治理体系现代化，更好的服务“一带一路”建设。首先，应提高辽宁省港口群运营智能化水平，加强港口集团数据信息处理效率，建立信息管控系统，增强物流信息整合及处理速度，以最快速度将信息传递到港口供应链上的企业内部；其次，加快大数据、区块链等新技术在辽宁省重点发展港口试点工作，通过先进技术完成港口升级，带动周边区域货物流动，推进港口与港口间的资源互通共享，实现辽宁省沿海港口群之间一体化发展；再次，积极推广“区块链电子放货平台”等信息平台，增强港口信息化平台建设，增强港口对内、对外的影响力度，特别是要构建以大连港为枢纽、营口港为骨干的“一主两翼”的复合型物流体系，并为其他四港提供有力支撑，实现辽宁六个沿海港口和城市协同发展；最后，要进一步打造东北亚国际航运中心，积极建设大连保税港区，创新以保税港区和自由贸易港相结合的经营管理模式，进一步优化货物海关申报流程，率先在大连港进行试点，随后逐步推广至辽宁省内其他五个港口。

第三，发挥大连港龙头作用，以点带面，增强辽宁港口群现代化与信息化建

设。首先，示范推进智能、绿色物流业建设，推动辽宁港口群智慧化发展。港口群也应从实际出发，完成港口现代化与信息化建设的相关任务，持续升级改造大连港的码头、泊位和设施，并逐步推进港口基础设施现代化进程，争取达到国际化标准，其余港口也应加快现代化保证辽宁港口群的协同发展。其次，为了解决港口现代化的资金问题，应当在增加自我积累的基金同时，积极利用外资，以确保有充足的资金保障港口现代化与信息化的建设。最后，推动先进装卸技术，加快港口技术的进步。一方面可以通过港口自身资金情况，引进新技术的途径，将国内外先进设备直接引进；另一方面，可以对港口自身设备进行改造。鉴于辽宁港口群发展参差不齐的状况，能够以示范从而推进港口智慧物流的发展。可以以大连为突破口，进行辽宁港口群的智慧物流建设。

（三）深度加强金融合作

第一，强化“一带一路”沿线国家资金互动[25]。资金投入与基础设施建设、产业与贸易发展等各个方面息息相关，在“一带一路”建设中发挥着重要作用。由于沿线部分不发达国家的金融体系建设相对落后，“一带一路”区域内产生了较少的金融合作以及较低的资金融通水平，极大地限制了沿线各国的金融发展[26]。加快沿线各国与地区之间在金融发展理念、法律法规、金融监管等各个方面达成共识，努力打造公开透明、高效和谐的“一带一路”融资机制。鼓励社会资本参加，积极解放企业及个人的思想，主动对直接融资渠道进行开拓，借助资本市场的发展壮大实现各个产业与金融业的共生共荣。通过加强亚投行、丝路基金等多边融资合作机制的发展，加快推进辽宁省丝绸之路沿线经济带产业发展基金的设立，以便为辽宁沿海港口群的基础建设以及生产协作发展等提供资金支持。进一步加强贸易数字化、跨境融资等领域合作。加大招商引资的政策支持，通过吸引外资来进一步提升辽宁沿海港口群的发展。

第二，对现有的金融服务体系进行创新。为促进辽宁沿海经济带高质量地融入“一带一路”，金融业需要加强创新意识，紧密结合经济主体的金融服务需求，不断改革创新，建立起一个能使贸易投资更加便利的金融服务体系。进一步加强与金融机构之间的合作，统筹各类金融机构的资源，拓展金融保险、金融服务的覆盖范围，充分发挥金融机构的信息资源优势[27]，适应辽宁沿海企业对境外金融的需求，对金融服务机制不断创新。金融机构应该加强合作，不断探索辽宁跨国集团跨境人民币资金集中运营管理的新模式，探索制定符合辽宁各个自贸区实际情况的外汇管理、人民币跨境使用等重点领域的改革创新措施，对接辽宁沿海港口群，满足各港口城市跨境金融业务需求，在贸易融资、跨境资金管理等方面提供更为全面的资金支持，解决辽宁沿海港口群融入“一带一路”建设中所遇到的各种资金融通问题。

第三，搭建金融国际合作平台。为加快辽宁沿海经济带与同“一带一路”沿线各国以及各地区的金融合作与交流，满足多样化的资金需求，要引导金融机构调剂资金需求，与《辽宁“一带一路”综合试验区建设总体方案》相结合，搭建金融国际合作平台，建设金融市场规则标准、跨境结算清算等体系，推动跨境金融风险防范机制建设，与知名的金融机构积极开展业务合作，提供各种优质服务，例如：融资、资产管理等服务，营造稳定、可持续的金融环境，成为一个互利共赢和专业高效的金融平台。依法形成一个信息资源共享、政策创新、风险咨询、智慧金融等为一体的外向型金融综合服务平台，这将帮助辽宁沿海地区的企业将中非发展基金、南南基金、中国—欧亚经济合作基金等机构的优势充分利用。为实现金融对“一带一路”经济合作的积极作用能够充分发挥，提升试验区贸易经济发展的能力和层级，推动经济转型发展，助力辽宁成为“一带一路”区域性金融中心、东北亚贸易核心枢纽。充分利用资本市场进行多种方式进行融资，特别是“一带一路”倡议机遇所提供的国际资本市场这一重要投融资平台，在融资的同时将辽宁资本推向沿线其他国家，从而进一步使该融资平台成为一个良好便利的国际金融合作平台。

第四，完善贸易合作风险防范体系。“一带一路”合作项目由于经济发展、政治因素恐怖主义、货币变动等各种原因，将带来各种各样的未知风险[28]。通过与“一带一路”沿线各个国家进一步加强金融风险监管合作，以降低贸易合作时所面临的各种风险，应健全贸易风险预警机制创建一个针对“一带一路”实际情况的金融监管体系。一是充分调动“一带一路”沿线国家金融机构相互合作的积极作用；通过积极创新金融投资的方式，解决各国基础设施建设不完善的问题，进一步拓展金融机构的业务规模和应用领域，进一步增强沿线各个国家之间的金融机构的合作范围，在增强协调互动能力的同时，探索出一套最佳的监管方法。二是完善金融贸易风险预警系统，加快建设进出口贸易纠纷协调机制，有效处理贸易往来中的纠纷，尽可能降低辽宁沿海港口融入“一带一路”的金融风险。三是鉴于“一带一路”沿线国家人文历史、风俗习惯、政治体制等方面的差异，需要进一步研究沿途各个国家的法律法规和融资环境，制定差异性银行风险监管防范体系和金融安全管理体系。

（四）加强东北亚通道建设，优化陆海贸易通道集疏运体系

一方面，建设既包括交通设施等硬件建设，还包括国际营商“软环境”建设。硬件建设上，加强辽宁省重点产业链建设，推进数字化产业发展，加快智能工厂、数字化车间建设；完善公路、铁路、港口之间的周转线路和中转中心建设，强化不同运输方式的有机融合。在辽宁省内形成综合立体交通网，以沈阳都市圈为核心，带动辽东与辽西地区交流互动，提升客货综合运输枢纽设施和功能；继续完善港口与城市之间的交通线路建设，推进海铁联运、公铁联运及滚装运输等多式联运通道的有效连接[29]，充分发挥联动效应；高质量建立大连国际枢纽港，营口、丹东、锦州等港口多层级协同发展，推动多港联动一体化发展[30]；完善航空枢纽建设，打造以沈阳、大连经济圈为核心的区域航空枢纽。加快推进辽宁省陆海新通道相关配套设施建设，建立一套统一的执行规定，明确运输、中转过程中的不同运输方式的转换匹配程序，科学规划中转节点，减少流通环节的时间、人力、物力的浪费，实现货物的单一式服务，提高货物流通过程中装卸转运速度。在“软通道”建设方面，一是继续实行“放管服”政策，简化审批、报批程序，明确港口企业各部门间的工作内容，合理安排并衔接部门工作[31]。二是鼓励外商在辽宁境内投资，优化外商投资政策，在金融投资和科技建设等方面，适当给予补偿措施，引导外商进入辽宁省积极发展营商活动。三是优化港口企业法治环境、市场环境及政策等营商环境，以满足中国不断增长的对外经贸合作和社会人文活动。

另一方面，加强临港产业园区建设，以产业园区为连接港口与城市的纽带，充分挖掘港口优势，发挥港口集散货能力，带动临港产业和城市经济联动发展，完善港口、产业及城市间的公路、铁路运输通道，提高综合物流服务水平；同时构建海铁、公铁等多种方式组合运输，进一步完善陆海联动的集疏运体系[32]，推动海运、港口、储存、城市运输等节点的一体化作业。

（五）加强辽宁港口群与腹地的经济建设

港口经济发展与区域的经济发展以产业为依托，二者关系密切、相辅相成。参与“一带一路”项目的国家和地区众多，世界地区内的重大疾病传播、局部政治事件频发等多种经济社会风险因素交织，给全球经济发展带来极大的不确定

性[33]。辽宁沿海港口群要想参与更高水平和更高质量的共赢发展，就必须与“一带一路”深度融合，统筹经济贸易平台建设，加快东北亚经贸合作中心枢纽建设。

第一，保障贸易的畅通。“一带一路”的建设和发展为沿线国家和地区提供了一个贸易投资和交易自由度更大的平台，这其中辽宁港口群为其降低交易成本和营商成本提供了助力，释放了发展潜能，促进了经济全球化。同时，这也为辽宁省港口群对外贸易发展提供了更多的机遇，对于对外贸易的结构和与“一带一路”沿线国家的经贸合作都起稳步向前作用。通过国际的经济文化交流、与其他国家的外来，使得对外贸易的活力进一步被激发。自“一带一路”政策推行以来，越来越多的国家和企业都看到了盈利机遇，选择在辽宁省投资建厂。基于此，辽宁省各区市形成了对外贸易的科学系统和运行机制，并且利用各港口的地理优势，主动融入东北亚区域经济合作圈，为振兴辽宁省经济贡献力量。

第二，建设供应链协同机制。供应链运作模式是在现代物流运作模式上的创新，它的产生与发展有利于企业在全球一体化的背景下能够更加快速准确的实现贸易畅通、资金融通、信息沟通。供应链协调机制的产业布局特点表现为向生产者和消费者靠近，这就使得港口成为全球供应链一体化上的重要节点。因此，辽宁沿海港口群为了发挥在“一带一路”中的渠道作用，应整合并优化现有的物流功能资源，通过协同运作建立供应链协同机制。一方面，为了协调辽宁港口群之间的物流业务，应积极借助科技协调能力，促进港口腹地的产业结构调整和升级，依托跨境电商业务，带动第一、第二、第三产业共同发展。以冷链物流等新兴产业为主导，在巩固散货、食品等传统产品物流渠道的同时，还应该积极抢占特货、快件等新型物流渠道。另一方面，还应保证港口原有的粮食、化石能源等大宗货物的吞吐量稳步增长。应加大农产品深加工力度，开发附加价值高、竞争力强的适箱运输产品，还应利用高新技术对传统制造业进行改造，提升辽宁沿海港口“一带一路”的制造业技术含量。最后，辽宁沿海港口群应重视腹地在“一带一路”货物传输中的纽带地位，基于供应链的视角，合理定位腹地的功能。从地理位置上看，港口的经济腹地能够使整个供应链更大程度贴近生产地和消费地，更容易实现“门到门”服务，提高供应链中的物流服务水平。因此，基于供应链的视角合理定位港口腹地的功能，通过腹地提高与海港的联系程度，加强互动，提高整个供应链效率，才能真正发挥对“一带一路”发展的促进作用。

第三，加强科技资源建设。发展离不开创新，辽宁沿海港口群应紧跟“一带一路”科技创新步伐，看准创新载体、机制和人才三大要素，建设科技创新型省份。针对沈阳建设创新改革试验区，各相关部门形成合力，释放改革试验区创新创业动能，集聚创新创业要素。为科技创新成果孵化、转化提供良好环境，建立健全科技市场，搭建对接平台，铺设转化通道，规范化建设“双创”基地。根据产业发展需求，优化配套的创新创业平台构建布局，围绕产业链、部署创新链、配置资金链、强化人才链，全力营造“政产学研金介”协同发力、完善高效的创新生态系统[34]。积极推进与东北亚国家的合作，在电子信息、航空航天、工程技术制造等领域开展技术研发和合作。积极发挥辽宁省科技创新孵化联盟作业。鼓励企业设立一批服务于科技型产业的海外研发中心、创新孵化中心和科创服务综合体。运用科技创新技术，抓住创新环境，改造传统产业。重点提升核能、材料、芯片、节能环保等新兴产业，加强生产性产业开发建设。构建人才培育体系，打造“一带一路”智库系统。开展省内科研所、高等院校间的人才交流活动，推进与东北亚国家如俄罗斯、日本等国家的智库机构之间的合作。逐步建成辽宁省智库体系，大力引进和培育熟悉国内外经济产业环境、精通国际业务的复合型人才。

参考文献

[1] 吴心意．“一带一路”背景下连云港港口物流现状分析及对策研究［D］．北京：中国矿业大学，2020.

[2] 光明网．辽宁港口集团开通“大连—别雷拉斯特”商品车中欧班列［EB/OL］．https：//m. gmw. cn/baijia/2021 -04/09/1302219652. html.

[3] 武月琦，马坤．辽宁省吸引“一带一路”沿线国家直接投资潜力的实证分析——基于扩展的引力模型［J］．商业经济，2021（7）：69 -73.

[4] 邹丽丽．首艘加拿大原木船靠泊长兴岛港，进口木材 1.2 万立方米［N］．半岛晨报，2021 -04 -20.

[5] 辽港集团．辽港集团四月份生产多点开花、稳中向好［N］．辽港集团，2021 -05 -12.

[6] 臧永亮．辽港集团外贸商品车吞吐量创历史新高［N］．大连日报，2021 -11 -04.

[7] 臧永亮．辽港集团商品车陆海联运通道出口海外汽［N］．半岛晨报，2021 -06 -16.

[8] 齐媛媛．助力冬奥会！我国首批进口氢燃料电池车在大连港装车发运

[N]. 半岛晨报，2021-12-20.

[9] 杨毅. 大连港3万吨级客滚泊位正式通航 [N/OL]. 中国新闻网，2020-09-28.

[10] 齐媛媛. 大连港首次批量接卸平行进口车 [N]. 半岛晨报，2021-04-27.

[11] 董小曼. “保税一日游”业务落地盘锦港 [N]. 辽宁港口集团新闻中心，2022-03-11.

[12] 孙泽华. 辽宁沿海港口群协调发展的模式选择及对策研究 [J]. 辽东学院学报（社会科学版），2015，17（4）：32-36.

[13] 姜丽丽. 辽宁省港口城市空间格局及整合发展研究 [D]. 长春：东北师范大学，2011.

[14] 罗海涛. 辽宁港口群建设与发展中存在的问题及对策 [J]. 辽宁工程技术大学学报（社会科学版），2008（4）：369-371.

[15] 张晓彤. 对葫芦岛市港口发展问题的思考 [J]. 科技创新导报，2010（16）：246-247.

[16] 王宇. 营口港口物流的发展现状分析及改进策略 [J]. 商业经济，2016（11）：73-74.

[17] 张丽凤，吕赞，聂铁柱. 辽宁省中小港口发展问题研究 [J]. 经济研究参考，2013（27）：45-49.

[18] 李大庆. “一带一路”环境下辽宁港口物流与城市协同发展探讨 [J]. 商业经济研究，2017（22）：163-165.

[19] 杨华龙，任超，王清斌，等. 基于数据包络分析的集装箱港口绩效评价 [J]. 大连海事大学学报，2005（1）：51-54.

[20] 刘海潮. 多维视角的组织变革空间次序模式的探索性研究 [J]. 软科学 2011（2）：67-71.

[21] 刘学璞，朱孔来，陈文慧. 霍尔三维结构模型与切克兰德方法论应用——以山东蓝黄“两区”软环境建设为例 [J]. 中外企业家，2014（31）：12-15.

[22] 李志伟. “一带一路”视域下河北省沿海经济转型发展对策研究 [J]. 唐山师范学院学报，2019，41（6）：135-138.

[23] 鲁渤，邱伟权，邢戬，等. 基于“一带一路”倡议评估的中国沿海节点港口与港城发展策略研究 [J]. 系统工程理论与实践，2020，40（6）：1627-

1639.

［24］王瑶静．“一带一路”背景下长三角港口群协调发展研究［D］．上海：上海大学，2021.

［25］张诏友．新型国际关系视域下“一带一路”合作机制研究［J］．中国外资，2021（2）：5－6.

［26］王满仓，马芬芬，纪喆．中国离岸金融与“一带一路”协同发展研究［J］．西安财经大学学报，2020，33（2）：68－75.

［27］裴丽娟．金融支持服务业发展的路径探析——以陕西省为例［J］．现代经济信息，2011（10）：176.

［28］春梅，李画，王春黎．“一带一路”建设与金融服务创新［J］．北方经贸，2021（8）：42－44.

［29］魏梦豪．国际陆海贸易新通道建设研究［D］．南京：广西民族大学，2020.

［30］肇丽颖，宋春兰．基于“一带一路”的辽宁沿海经济带港口城市发展对策［J］．沈阳工程学院学报（社会科学版），2021，17（3）：42－47.

［31］许晓冬，刘金晶．“一带一路”下辽宁面向东北亚区域合作共生机制与开放路径［J］．经济论坛，2020（6）：86－95.

［32］兰筱琳，兰国政．“一带一路”陆海贸易通道耦合协调性评价研究［J］．中国科学院院刊，2021，36（11）.

［33］陈爱贞．构筑一带一路高质量发展的共建之路［N］．中国社会科学报，2022－02－16（003）．2022.000542.

［34］中共辽宁省委辽宁省人民政府关于印发《辽宁“一带一路”综合试验区建设总体方案》的通知［J］．辽宁省人民政府公报，2018（SB）：1－33.

专题报告四

辽宁沿海经济带城乡融合发展研究

一、辽宁沿海经济带城乡融合发展现状与主要问题

（一）辽宁沿海经济带城乡发展现状

1. 城乡经济水平存在差距

（1）城乡收入差距。

辽宁省城镇化的发展对城乡居民收入的增长起到了促进作用，同时城镇化发展也扩大了城乡居民间收入的差距。改革开放以来，城乡居民收入差距经历了一个先缩小后扩大、再缩小再扩大的过程。从可支配收入来看，2020 年辽宁沿海经济带除大连、盘锦外，其余城市城镇人均可支配收入均低于全省及全国平均水平，而农村人均可支配收入方面，大连、丹东、锦州、营口、盘锦均高于全省及全国平均水平（图 4 –1）。

辽宁沿海经济带城乡居民收入差距可用城乡居民收入差和城乡居民收入比来衡量。城乡居民人均可支配收入差方面（图 4 –2），2014 ~2020 年辽宁沿海经济带各市均呈现出差距逐年扩大的趋势，2020 年差距略有缩小，其中大连城乡居民收入差最大，达到 25822 元，丹东城乡居民收入差最小，为 13907 元。丹东、锦州、营口、盘锦、葫芦岛城乡收入差均低于全省及全国平均水平，2020 年大

连城乡收入差也缩小至全国平均水平以下，但仍高于全省水平。城乡居民人均可支配收入比方面（图 4 －3），2014 ~2020 年辽宁沿海经济带各市及辽宁省乃至全国平均值均呈现持续减小的趋势，2020 年比值减小最为明显，意味着近几年沿海经济带城乡居民收入相对差距逐年缩小。根据国际标准，当城乡居民收入比在 2 ~2. 5 之间，存在较大的风险。2020 年大连、盘锦、葫芦岛城乡居民收入比在 2 ~2. 5 之间，城镇居民人均可支配收入是农村居民的两倍以上，差距较大；锦州及营口城乡居民收入比首次降至 2 以下，应加以警惕；丹东在六市中城乡居民收入相对差距最小。

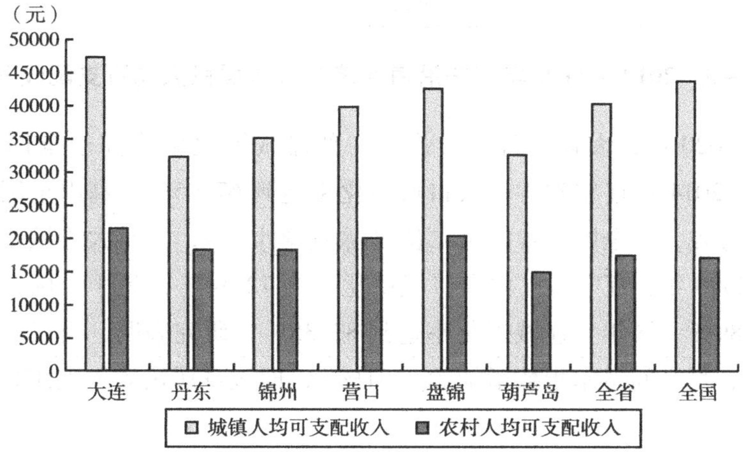

图 4 －1　2020 年辽宁沿海经济带城乡居民人均可支配收入

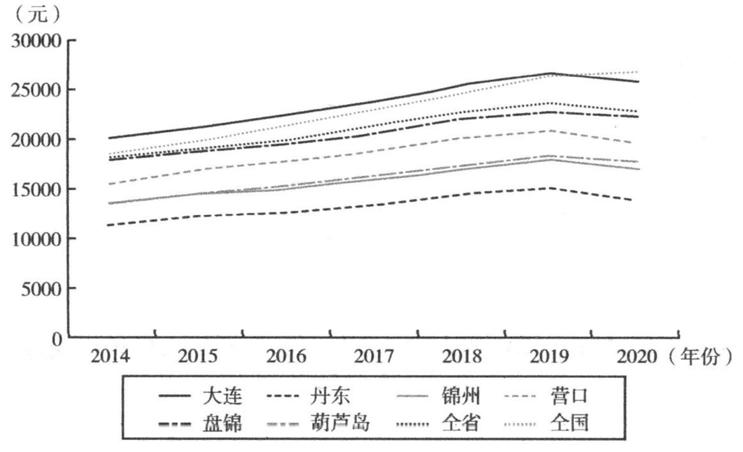

图 4 －2　2014 ~2020 年辽宁沿海经济带城乡居民人均可支配收入差

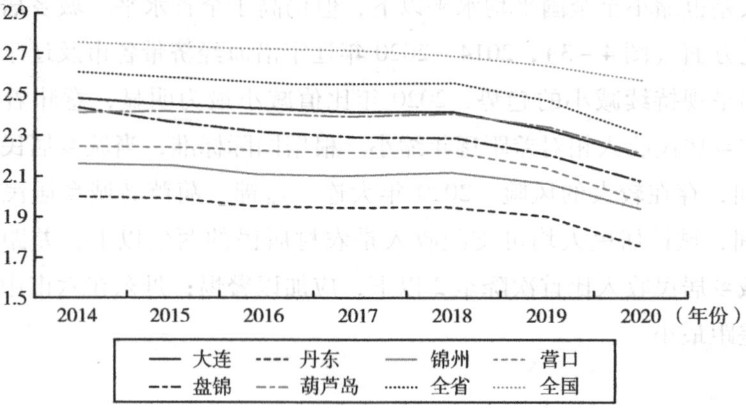

图 4-3　2014～2020 年辽宁沿海经济带城乡居民人均可支配收入比

2014～2020 年，大连、丹东、营口、盘锦城镇化率均高于全国平均水平（图 4-4）。2014 年辽宁省常住人口城镇化率达到 67.05%，高出全国平均水平 12.28 个百分点，居全国各省区第二位（除直辖市外），同年大连城镇化率达到 78.08%。2020 年，辽宁省常住人口城镇化率为 72.14%，高于全国常住人口城镇化率 63.89%，同年大连城镇化率达到 82.35%。研究表明，当辽宁省城镇化率上升 1%，城乡间泰尔指数增加约 0.31%①，即城乡居民收入差距扩大。但从

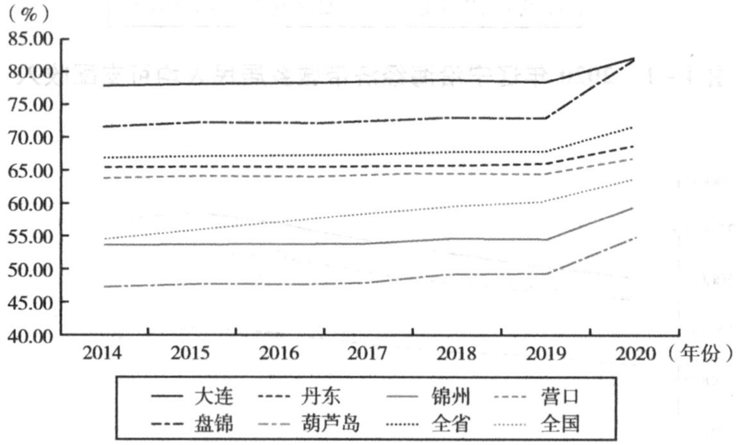

图 4-4　2014～2020 年辽宁沿海经济带常住人口城镇化率

① 曲岩．城乡收入差距与新型城镇化发展的动态关联分析——基于辽宁省 1990～2015 年时间序列数据的实证分析［J］．农业经济，2017（4）：82-84.

2014～2020年辽宁沿海经济带城乡居民可支配收入的差值来看，除大连以外，各市城乡收入差距均小于全国平均水平。从城乡收入比值来看，六市收入差距全部小于全国平均水平。

（2）城乡消费差距。

自2003年东北振兴战略提出以来，由于经济发展政策重心在于城市经济和工业经济，辽宁沿海经济带城镇居民人均可支配收入水平和增幅都大于农民家庭人均纯收入，使二者之间差距不断扩大，由此带动了城乡实际消费支出水平差距的不断扩大[①]。因此，抓住农村居民增收问题也就相当于抓住了通过提高农村居民消费水平以调整城乡消费差距的关键。针对全国12个省份的研究表明，城镇消费对农村消费的示范作用发挥力度受限于农村居民持久性收入水平，使农村居民对城镇居民消费“望尘莫及”；河北和辽宁两地城乡居民相对暂时性收入变量负向影响显著；农村居民收入不确定性变量对城乡消费差距有正向影响[②]。

（3）城乡就业差距。

城乡二元型就业模式的城乡收入势差向来是影响城乡之间劳动力流动的根本原因。由于辽宁的工业基础很强，很多农村地区都受到新中国成立以来的国家工业化战略的影响，乡乡村村都有一定的工业，主要是以乡镇企业为代表，从而使辽宁的城乡收入差距在全国来看，处于较低的水平[③]。农村居民通过比较城乡收入及生活成本，在条件合适的前提下，受到城市中便利的生活条件、优越的环境和景观吸引，愿意进入城市寻找机会就业[④]。随着城市化的发展，辽宁省政府已经取消了农业与非农业的户籍区别，只要符合在城市居住的条件，符合城市政府的相关规定，农民可以到城市向政府申请成为市民。

在实施老工业基地振兴战略的过程中，辽宁沿海经济带持续引进高新技术产业、扶持大公司的发展，引起了大量高校毕业生和其他地区人们的关注。大连在实施全域城市化战略后，四大组团式的城区发展，带来了大量新产业的落户，也创造了大量的就业机会。近几年大连进一步落实以开放包容为基本理念的人口政

---

① 潘志，赵晔，魏亚男．城乡居民消费差距及调整思路——以辽宁为例分析［J］．党政干部学刊，2011（2）：41－43.

② 秦晓娟．城乡居民收入性质对城乡消费差距的影响研究［J］．西部论坛，2016，26（4）：19－29.

③ 齐昕．辽宁省就业模式的利益势差分析［J］．石家庄经济学院学报，2012，35（3）：40－44.

④ 曲岩．城乡收入差距与新型城镇化发展的动态关联分析——基于辽宁省1990～2015年时间序列数据的实证分析［J］．农业经济，2017（4）：82－84.

策导向，深化户籍制度改革，落户条件逐渐放宽，吸引外来人口来大连就业和定居，提高人口机械增长水平，促进产业与经济协调发展。

2. 城乡公共服务一体化有待推进

（1）城乡教育差距。

2020 年全国教育经费总投入为 53033.87 亿元，比上年增长 5.69%，国家财政性教育经费为 42908.15 亿元，比上年增长 7.15%，占 GDP 比例为 4.22%。2012～2020 年，国家财政性教育经费占 GDP 比例连续九年“不低于 4%”[①]，有力地保障了教育事业的发展。从近十几年的发展情况来看，由于财政投入不均、供给模式单一、缺乏制度保障等原因，辽宁省城乡基本公共服务水平依然存在很大差距。在教育投入上，辽宁省城乡差距依然比较明显。2010 年，辽宁省地方财政的教育支出为 343.4 亿元，其中，城市教育支出为 198.2 亿元，农村为 145.2 亿元；城市人均教育支出为 1054.39 元，农村为 612.04 元，城市人均教育支出是农村的 1.72 倍。辽宁沿海经济带城市也存在相应的问题。在师资配备上，城市和农村的中小学师生比基本持平，教师的学历达标率也十分接近，城乡师资差距不太明显[②]。

在九年义务教育阶段，农村学生辍学、流失现象也比较严重。东北师范大学农村教育研究所曾对辽宁、吉林、黑龙江、河南、山东、湖北等省的 14 个县进行跟踪调查，结果显示，当前，农村初中生的辍学状况比较严重。经济发展水平较低的区域辍学率相对较高，在某些经济发展水平较高的区域，个别学校的辍学率也相当高[③]。

（2）城乡医疗差距。

辽宁省自 2000 年 5 月开始启动城镇职工医疗保险制度，2004 年 7 月启动新型农村合作医疗保险制度，2007 年启动城镇居民基本医疗保险制度，截至 2014 年底，辽宁省在三项基本医疗保险制度的基础上完成了覆盖全省城乡的基本医疗保险体系的建设。该阶段建立起全民基本医疗保险模式，基本形成人

① 教育部，国家统计局，财政部．2020 年全国教育经费执行情况统计公告［EB/OL］．http：//www.moe.gov.cn/srcsite/A05/s3040/202111/t20211130_583343.html，2021－11－22/2022－5－6.

② 谭志．辽宁省城乡基本公共服务均等化的现状、问题与对策［J］．辽宁教育行政学院学报，2013，30（3）：15－20.

③ 普及九年义务教育为什么没完全解决农村辍学难题［EB/OL］．辽宁省基础教育资源网 http：//www.lnjcjy.com/yiwu/2018/0228/4097.html.

人有医保的格局，但辽宁沿海经济带乃至全省基本医疗保险存在城乡二元化特征，城乡基本医疗保险统筹层次偏低，城市与农村基本医疗保险在筹资运营、覆盖范围、资源分配以及运行效果上表现出较大差异[①]，存在三项基本医疗保险差距较大、各项基本医疗保险内部统筹层次较低、三项基本医疗保险经办机构多头管理等问题。

2019年，辽宁省贯彻落实《国务院关于整合城乡居民基本医疗保险制度的意见》（国发〔2016〕3号）精神，印发《辽宁省人民政府关于整合城乡居民医疗保险制度的实施意见》（辽政发〔2019〕12号），辽宁省政府决定整合城镇居民医疗保险和新型农村合作医疗制度，建立完善统一的城乡居民基本医疗保险和大病保险制度，保障城乡居民公平享有基本医疗保险权益，促进城乡经济社会协调发展。2020年1月1日起，辽宁省全面实施统一的城乡居民医保制度，在市级行政区域内实现覆盖范围、筹资政策、保障待遇、医保目录、定点管理和基金管理统一。目前辽宁沿海经济带各市已全面实施统一的城乡居民医保制度，着力解决医疗保障发展不平衡、不充分的问题。

（3）城乡文化差距。

从文化融合的差异来看，辽宁沿海经济带文化事业资金投入长期向城市倾斜，图书馆、展览馆、博物馆、文化宫等公共文化设施及相应各类专业文化发展人才主要集中在城市地区，广大农村地区文化资源十分缺乏[②]。城乡文化发展资源的差距还体现在人才分配不均，具有较高文化水平的文化建设人才主要集中在城市地区，而农村地区文化建设队伍的水平较低且观念陈旧落后。

辽宁沿海经济带经济社会的发展使得城乡间的社会流动频繁，但是城市居民与农村居民在长时间的接触中，仍然处于彼此“难融”的状态。主要体现在：在文化休闲领域中，城市居民文化消费水平较高，休闲内容多样，结构合理；而农村居民的文化休闲比较单一，看电视、唱歌、打台球、打麻将、打扑克等成为农村居民主要的休闲手段。一方面是城市文化的热闹非凡，另一方面是农村文化休闲生活的严重贫乏，这造成了城乡居民在思想行为领域的差异。

在文化消费水平上，城市居民远高于农村。城市居民在恩格尔系数的测算中，文化消费的比重远高于农村居民。由于现代思想在城市中的影响更为明显，

① 王建聪．城乡基本医疗保险制度比较及统筹建设——以辽宁省为例［J］．财会月刊，2015（26）：107－110.

② 邓朦，杜广强，张鹏．辽宁城乡文化统筹发展的问题与解决路径［J］．经济师，2013（4）：224－225.

城市居民普遍重视文化消费，文化消费的水平相比较高，在消费内容和消费结构上，表现出丰富化、多样化的特点。而在农村地区，文化供给比较单一。

（二）辽宁沿海经济带城乡融合发展存在问题

1. 资金短缺

（1）资金短缺伴随城镇化过程。

根据国际城镇化一般经验，辽宁沿海经济带城镇化进入了缓慢增长阶段，城镇化重点转向提升城市服务水平、改善人居环境等城市发展质量上。但是，目前辽宁沿海经济带城镇化质量不高，城镇化土地规模的扩张速度快于人口增长速度，城市人口密度与全国平均水平逐年拉大，农民“被市民化”现象较为严重，一些地方政府甚至将“征地拆迁”和“农民上楼”简单等同于城镇化，忽视了新建城镇基础设施和公共服务的投入，以及对失地农民的后续保障。

目前，受全国经济环境的影响，辽宁省经济下行趋势明显，从 2014 年开始的多项指标增速排名始终在全国靠后甚至垫底。辽宁沿海经济带工业发展仍然面临结构单一、重化工业比重高、工业品初级产品较多、产能过剩较为严重、规上企业主要产品的产能利用率低以及企业科技创新能力不强、市场竞争力较弱等问题。而县域经济的发展也难以推动城乡融合。辽宁沿海经济带县域经济的财政支持能力有限，政府财力弱、政府债务负担重。大部分县只能是维持吃饭，根本无力支持经济发展。大石桥市 2017 年财政支出 37 亿元，其中三保刚性支出达到 30 亿元，而其自身的财政收入仅 16 亿元，加上上级转移支付一共才 27 亿元左右，缺口达 10 亿元。

城镇化融资主体多元化已经成为城镇化过程中绕不过去的坎儿，面对未来辽宁沿海经济带城镇化资金需求压力，吸引社会和市场等多元可持续的融资主体是摆在政府面前的首要任务①，仅仅依靠地方财政融资促进新型城镇化建设的局面难以为继。辽宁沿海经济带城镇化融资的重点是基础设施和公共事业，基本可以划分为经营性项目、准经营性项目和非经营性项目三种类型。经营性项目能够获取丰厚利润，属于市场能够发挥作用的领域，主要包括城市公共设施、电力生产、收费公路、铁路、航空运输、信息产业、健康医疗、养老产业等公共产品。

① 宋刚，赵述．辽宁省新型城镇化融资问题研究［J］．经济师，2014（3）：174－175.

通常融资主体以市场的民间资本为主，允许社会资本通过特许经营、股权投资、公私合营等方式参与城市基础设施投资和运营，为民营资本介入经营性项目打开通道。由于城镇的非经营性项目属于市场失效的领域，包括公园、广场、城市道路、城市绿化等，一般不能通过向消费者收费来获取资金，所以其融资主体应该是政府，资金来源应以财政投融资为主。对于企业不能左右的交通网络规划与实施、公共交通工具的价格等一些公共产品与服务，必须明确由政府抉择。辽宁沿海经济带城镇化融资渠道相对单一，不能适应新型城镇化巨大资金需求。

（2）城镇化资金来自土地财政。

土地财政收入是辽宁沿海经济带地方财政收入的重要组成部分，为城镇化的顺利推进提供了一定的经济保障①。新型城镇化所需资金不可能完全来源于第二、三产业及城镇居民，因此，还需土地财政发挥正向历史功效，但所需土地不可能继续来源于农用地（耕地）资源。现行土地财政模式较好地为城镇化解决了“钱”与“地”的来源问题，新型城镇化战略实施过程中，“路径依赖”作用还会驱动地方政府继续依靠土地财政提供土地资源及资金支撑。由于辽宁沿海经济带城镇化建设主要表现为城市规模的盲目扩大、城镇空间的外延式扩张，这就造成了土地城镇化速度超过了人口城镇化速度。通过土地财政模式加快了城市化进程，城市规模稳步扩大，但是城市人口却没有相应地增加起来，这就造成部分城市出现空城现象，土地低效和粗放利用问题严重，土地财政模式无法为继②。

土地财政推动了辽宁沿海经济带房地产价格上升。新型城镇化更加重视城镇化的质量和内涵，而土地财政模式导致地价和房价不断提高，拉高了CPI增速，相对减少了居民可支配收入，一定程度上降低了城镇化的质量。土地出让价格的上升，必然引起房价的走高。与此同时，新型城镇化建设要求拓宽融资渠道，创新融资模式，而目前的土地财政模式加剧了地方财政金融风险。

2. 劳动力不足

人口流动是衡量区域（城乡一体化）发展水平的重要指标。在十多年前，城市劳动力就业供过于求，大量职工面临下岗、分流、提前退休，使城市中一部分技术含量低的苦、脏、累的原本由流动农民承担的工作转由城市下岗人员逐步替代，使本身很窄的农村劳动力就业渠道变得更窄。如今，由于经济发展呈现多

①② 杨志安，邢文妍．新型城镇化背景下辽宁土地财政转型分析［J］．农业经济，2016（10）：83－85.

元化的特征，就业岗位也出现了多样化的变化，新型岗位不断涌现，使劳动力的就业岗位发生较大的变化。由于除了大连外，辽宁沿海经济带缺少具有区域活力的沿海开放城市，所以造成了劳动力资源向东南地区转移，没有了劳动力资源，自然导致劳动力人口比重减少。辽宁沿海经济带流动人口呈现以下特征：流动范围以跨省流动为主，户籍地主要以辽宁、黑龙江、吉林、内蒙古、山东、河南等地为主，并且以农业人口为主①。

随着改革开放的深入，辽宁沿海经济带人口总体素质水平稳步提高，劳动力资源曾经很充足，经济水平也随之逐渐提高。但劳动力资源增加的同时，老年人口比重也不断上涨。近些年人口老龄化水平持续提高，0～14 岁人口比重低于全国平均水平，人口自然增长率下降，出现劳动力人口不足、劳动力抚养负担过重等社会问题。与此同时，劳动力素质水平与工资水平不匹配。劳动力素质是决定社会经济生产活动效率的主要因素，较高的劳动力素质水平可直接促进一个地区生产能力的提高和产业结构的创新。辽宁沿海经济带就业人员受教育程度较高，但就业人员平均工资与国内其他区域相比较低，劳动力素质水平与就业人员平均工资水平不相匹配，促使较高素质的劳动力向其他地区流动。

人口结构趋于老龄化，老年抚养比高于全国平均水平。人口老龄化、极低的人口自然增长率、不充足的劳动供给、过重的抚养负担以及较低的社会福利保障形成城乡融合发展的阻碍因素。

3. 农业发展水平不高

农业产业化经营不仅是实现农业两个根本转变的重要途径，而且也是新型城镇化的重要产业基础。辽宁沿海经济带基本上已经形成了以经济作物及水产区为主的区域特色的产业化发展格局。但农业生产结构与布局还需要进一步调整与完善，进一步降低粮食作物的种植面积，增加蔬菜和经济作物的比例，以适应国际大市场的需求。同时，产业链龙头企业带动力不强②，对新型城镇化的带动作用有限。辽宁省现有的农业产业化龙头企业规模偏小，竞争实力不强，有的产业链龙头企业少，覆盖领域窄。加工企业数量众多，但各自为战，品牌不亮，难以形成“集团出击”的规模效应。

---

① 沈毅．养老保险制度城乡统筹影响因素及发展对策——以辽宁为例［J］．地方财政研究，2016（11）：40－47.

② 齐冬妍．辽宁省农业产业化龙头企业发展分析［J］．农业科技与装备，2011（9）：14－16.

如水果和蔬菜是辽宁沿海经济带农业主导产业之一，但浓缩果汁、果汁饮料、果酒及水果深加工产品还处于较低水平，蔬菜深加工产品处于起步阶段。从整体上看，辽宁沿海经济带缺乏能够带动一个地区经济发展、促进农民增收、实现产业经济良性循环的具有全国影响力的农业产业化龙头企业和响亮品牌。

4. 资源环境制约

(1) 资源限制。

辽宁沿海经济带农业经济已经摆脱“短缺型”进入“自给型”，并正在向“现代化”农业方向迈进。农业资源的分布具有严格的区域性，不同的资源结构适合于不同的农业生产，因地制宜发展农业生产，才能最有效地利用当地资源的优势。

当前辽宁农业资源仍显不足，主要体现在：一是人均耕地少，随着城镇的持续扩张和人口的不断增长，人均耕地面积逐年减少已成不可逆转的趋势，耕地对人口的承载力面临潜在危机；水资源分布不均且总量不足，辽宁省是全国水资源最紧缺的省份之一，辽宁沿海经济带严重缺水，制约了传统农业的发展，也促进了农业发展要走节约用水的精细化之路。二是针对城镇化的限制。速度式城镇化过程中，有限资源要素、特别是土地等资源消耗、浪费严重，城镇建设资金不足，城镇及区域间协作机制不完善，造成城镇化建设与运营效率低下，是辽宁沿海经济带城镇化实际推进中的最大问题①。由于产业部门之间及内部的不协调、发展方式粗放、科技含量较低等问题，产业的经济运行效率存在较大提升空间。城镇化效率不高增加了产业发展成本，政府经济负担加重，限制了产业空间布局合理性，削弱了产业经济效益。由于产业经济的综合效益不高，限制了城镇建设资金的来源，直接减缓了对基础设施、公共服务和人居环境改善的跟进投入，居民收入的减少抑制了消费量的增加和需求结构升级，削弱了产业对城镇化的内在推动力，使得城乡融合的综合效率难以得到质的提高。

(2) 环境制约。

水质污染严重。辽宁沿海经济带地处环渤海地区重要位置和东北亚经济圈关键地带，陆域面积 1.45 万平方千米，海域面积 4.13 万平方千米，拥有海岸线 2110 千米，其中宜港岸线约 1000 千米。经全力治理的大辽河、浑河、太子河三大干流水质明显改善，但辽河流域面宽点多，水污染防治形势依然严峻，水资源

① 曹珍. 辽宁省城镇化与产业结构协调发展道路研究 [J]. 辽宁经济，2014 (10): 70-72.

匮乏、污水处理能力不足、农田化肥农药退水污染等因素随时可能重新戴上辽河污染的“帽子”。

空间区位限制。2018 年辽宁沿海经济带海洋经济总量达到 5800 亿元，海洋经济主要集中在大连，但目前海洋产业体系“供给老化”，海洋捕捞业、海洋交通运输业、海盐业和滨海旅游业等传统产业占全省海洋经济总量 60% 以上，而增值型、高层次、深加工的海水利用、海洋电力及海洋生物医药等新兴海洋产业尚未形成规模发展。

虽然拥有漫长的海岸线，辽宁沿海经济带是中国北部地区海运、渔业的重要基地，但海洋经济效率略低于周边省份。辽宁沿海经济带海洋第一产业占比高，但纯技术效率低，规模效率处于增长状态但未达到最优，主要表现在投入冗余，资源优势发挥不明显。从某种程度上讲，辽宁沿海经济带对外开放程度驱动力和海洋结构驱动力较低，对海洋经济效率产生阻碍作用①。

（三）城乡差距的主要成因

1. 收入差距是造成城乡差距的主要原因

辽宁沿海经济带城乡收入差距的产生既有自然和历史因素的作用，也有体制和政策因素的作用。“城乡二元结构”的长期存在，农村人口和剩余劳动力的过度膨胀，城乡居民教育水平和人力资源投资差距是城乡贫富差距产生的根源；改革之后的市场化取向，“效率优先，兼顾公平”的分配政策以及城乡改革力度的不同，对城乡贫富差距起了一定的催化作用。城乡居民的家庭性经营的结构存在明显的差异性，农村居民家庭经营主要表现为基于土地耕种的第一产业经营。而城镇居民家庭经营主要表现为第二、第三产业特别是第三产业，存在大量的个体经营经济。

在 20 世纪 90 年代以前城镇居民收入来源主要是工资性收入，自谋职业和自主创业的经营性收入较少。20 世纪 90 年代末以来，随着国有企业、集体企业的改革深化，大量职工下岗、分流、内退，一部分人员开始自谋出路，尝试开店、办厂等，就业的压力和创业环境的改善，使不少城镇劳动人口走向自我雇佣、独立谋生之路。2000 年以来城镇居民的经营性收入增长较快，城乡间经营性收入

① 詹长根，王佳利，蔡春美．沿海地区海洋经济效率及驱动机理研究［J］．工业技术经济，2016，35（7）：51－58.

差距趋于缩小，随着城镇经济快速发展，带动了农村劳动力加速转移，工资性收入差距拉大了农村居民收入差距。自2004年中央政府连续出台“一号文件”扶持农村发展，农民的工资性收入逐渐成为主要收入，相应的就业机会和工资水平的差异对农村收入差距的影响越来越大。

2. 产业结构偏重和财产性收入不均衡

产业结构偏重导致分配不均衡。初次分配机制中重工业优先发展和财产性收入不均衡，再分配中城乡社会保障制度不平等、劳动市场存在制度障碍等共同造成城乡居民收入差距存在。近年来，辽宁沿海经济带农民收入一直保持着增长态势，农村居民人均可支配收入区域平均水平高于全国平均水平，但是财产性净收入绝对值低于全国平均水平，而且财产性净收入占收入的比重偏低。2010年之前，城乡居民人均财产性收入的数额基本保持在同等水平，但最近几年，城镇居民家庭人均财产性收入呈现激增趋势，而农村居民家庭人均财产性收入仍旧维持在原来的低水平，难有起色[①]。也就是说，从财产性净收入的城乡比较来看，农民财产性净收入的绝对值和相对值都明显低于城镇居民[②]。

二、一些地区城乡融合发展的经验借鉴

（一）外省市的经验和做法

1. 重庆城乡融合的经验

（1）发挥区域优势，促进“三变”。

①发挥区位优势。习近平总书记2019年4月中旬视察重庆，明确要求重庆加快推动城乡融合发展。他指出：“重庆集大城市、大农村、大山区、大库区于一体，协调发展任务繁重。重庆推动高质量发展，最艰巨最繁重的任务在农村，最大潜力和后劲也在农村。要统筹推进乡村振兴和城市提升，努力实现城市让生活更美好、乡村让人们更向往。”推动城乡融合发展，是破解新时代社会主要矛

① 黄英．辽宁省城乡居民收入分配差距制度成因研究［J］．沈阳农业大学学报（社会科学版），2016，18（3）：262－267.

② 邢文妍．浅析多渠道增加辽宁农民财产性收入［J］．农业经济，2015（8）：77－79.

盾的关键抓手，又是拓展发展空间的强大动力，具有重大而深远的意义[①]。

重庆作为西部大开发的重要战略支点，处于“一带一路”和“长江经济带”的连接点上（简称“两点”），在对外开放格局中发挥着重大作用。作为国家批准的全国统筹城乡综合配套改革试验区，重庆加快推进城乡一体化具有引领和实践的重要意义。与全国绝大部分地区不同，重庆城与乡的关系特殊：直辖之初，通过撤并行政区，取消中间管理层，拉升区县经济活力，形成了“多中心组团式”的发展格局。主城区以外，还分散着19个发展相对均衡的区县，能够有效发挥经济辐射效应。形象地看，重庆以城带乡并非“小马拉大车”，而是“群马拉大车”。这也构成了重庆统筹城乡协调发展的独特优势。

2003年以来，重庆城乡一体化程度基本上呈逐年上升态势[②]。尤其2006～2009年间，重庆城乡一体化程度明显加快。2009～2011年稍有降低，2012年又有所提高。2012年重庆城镇化率为56.98%，GDP达11459亿元，增速为16.4%，与天津并列成为全国经济增长最快的地区。同时，人均GDP为39256.59元，高于全国平均水平，城乡一体化的水平也在逐渐提高，城乡一体化正在向更高水平推进。

重庆通过建立“以城带乡”“以工促农”的长效机制、户籍制度改革、建立城乡统筹的土地利用制度等，为各地提供了经验。通过整体过程的设计优化、更为充分考虑依法、自愿、有偿的原则，从而取得较好成效。城乡融合发展背景下的城镇化最后阶段不是人口单向的流动，在城镇化和乡村振兴互促共生的道路上，小城镇连接城乡的纽带功能依然存在，在特定的领域、特定的层级上小城镇仍将扮演着一个非常重要的角色。

②促进城乡要素合理配置。一是建立城乡劳动力有序流动机制。探索“合理保护进城落户居民的农村既有权益，一次性赋予进城落户居民所有城市保障”，全面放开高校毕业生、技术工人、职业院校毕业生落户政策。坚持转移就业和返乡创业“两手抓”，大力引导农民工返乡就业创业。截至2018年底，全市累计回引农民工返乡就业创业130余万人次，农民工市内外就业比由2012年的46∶54转变为56∶44，实现由市外为主向市内为主的历史性转变。二是探索农村集体建设用地入市。创新地票交易制度，形成“自愿复垦、公开交易、收益归农、价款

① 重庆市发改委以要素合理配置为重点推进重庆市城乡融合发展［J］．中国经贸导刊，2019（15）：40－41.

② 郭俊华，盛梅，许佳瑜．国家统筹城乡试验区经济社会一体化发展经验探析——以重庆为例［J］．西北大学学报（哲学社会科学版），2015，45（6）：103－110.

直拨、依规使用”的制度体系，探索出了一条盘活农村闲置废弃建设用地、增加农民财产性收入、统筹城乡建设用地利用的路子。截至2019年4月，累计交易地票27.87万亩、544亿元，40余万户农户实现宅基地资产处置变现，每亩复垦收益12.1万元。三是建立农村基础金融服务机制。健全完善农村资产评估体系，完善风险分担补偿机制，以农村土地承包经营权、林权、宅基地使用权及其他资产抵押融资，激活农村沉睡资产。截至2018年底，全市累计实现农村产权抵押融资超1300亿元。

③促进乡村经济多元化发展。一是拓展农村产业融合发展空间。加强统筹规划，突出各区域资源禀赋和特色优势，通过“互联网+农业”、品牌带动提升、合作社产业升级、农业内部融合等多种形式，推进农牧结合、农林结合、农旅结合，实现循环发展。积极推进4个国家级一二三产业融合发展先导区、6个国家农村产业融合发展示范园建设。二是以农文旅深度融合为重点推动乡村旅游蓬勃发展。突出主导产业和主题元素，集中打造农文旅三位一体、生产生活生态同步改善、一二三产业深度融合的特色小镇、美丽宜居村庄、“一村一品”示范村镇、农村产业融合发展示范园，重点开发100条乡村旅游精品线路。2018年乡村旅游综合收入达677亿元。三是深化农村“三变”改革。坚持以村级集体经济组织为平台、以股权为纽带、以特色产业为支撑、以农民自愿为前提，推动农村“三变”改革试点，推动“资源变资产，资金变股金，农民变股东”，进一步激发农村的活力，让农村创造财富的源泉充分涌流，激发农民的创造性与积极性。38个试点村共盘活闲置土地9027亩、闲置房屋535套、集体经营性资产4965万元，3.8万亩土地入股，7万农民成为股东。

④健全城乡一体规划管理制度。一是切实加强城乡规划立法。颁布实施《重庆市城乡规划条例》，加强对城乡空间立体性、平面协调性、风貌整体性、文脉延续性等方面的规划和管控，将刚性约束要求通过立法加以固化。二是构建城乡规划体系。坚持规划引领，优化城镇体系和空间布局，加快构建特色鲜明的城乡形态。启动编制国土空间规划，“多规合一”平台上线运行。按照因地制宜、“多规合一”、注重乡村文化、“三生”融合、建设和保护并重的总体要求，推动建筑师、规划师、工程师“三师”下乡，逐步推进村庄建设规划全覆盖。三是创新建立区县首席规划师制度。根据政府与市场不同的发展主体带动、土地、资本、农业、生态等多种资源要素优化配置，将规划设计院专业规划师、重庆高校教授和骨干教师定期派驻基层，负责指导区县城乡规划工作，并对村庄规划的制定和实施进行指导和把关，有效解决远郊区县和乡村规划管理人才短缺、规划编

制水平不高等问题。

（2）公共资源配置与协调。

一是统筹推进城乡社会保险体系建设。在全国率先实现城乡、省级“两个统筹”，城乡养老保险覆盖全市16周岁以上人群，城乡医保覆盖所有人群，在筹资标准、参保补助、待遇水平上基本实现城乡均等，构建了“有档次之差、无身份之别、可自由转换”的城乡社会保险体系；城乡养老、城乡医保参保率均稳定在95%以上。

二是着力实施城乡基本公共服务供给改革。出台《推进城乡基本公共服务资源配置机制改革方案》，印发《重庆市“十三五”基本公共服务清单》，健全基本公共服务统筹规划和保障机制，将更多资源向农村地区倾斜。

三是建立城乡基础设施共建共享机制。加快公共交通等市政服务向农村延伸，全市行政村通畅率达到100%，供电可靠率达到99.77%，行政村4G网络全覆盖。启动实施农村人居环境整治三年行动计划，实现乡镇（含撤并乡镇）污水处理设施全覆盖，行政村生活垃圾有效治理率超过90%，农村污水处理率达到64%，农村卫生厕所普及率达到72.6%。

（3）特色小镇建设。

白沙镇位于重庆五大功能区域中的城市发展新区，交通便捷，是江津西部经济、文化、教育、商贸中心。白沙传统文化厚重，教育体系完善，是一座传承着千年文脉，创造新的教育辉煌的文化教育小镇。拥有国民党党史编纂委员会、鹤年堂、夏公馆等历史建筑200多处，抗战时期被誉为中国大后方抗战文化第一镇。白沙镇以文化教育为主导产业，符合重庆五大功能区域发展战略导向，主要以产业深度融合、风貌独具特色、功能复合多元的“文化教育”特色小城镇为导向。

①产业特色。职教、文创、特色农业三大产业融合发展。

职教产业：构建产学研为一体的白沙职教产业发展模式，让“白沙技工”成为重庆的一张技工名片，为市、区经济建设提供智力支持与人才保障。重庆工商学校组建首家中职教育集团，职教产业园已发展成为江津区第四大工业园，重庆市级特色工业园区。深化人才培养模式改革和专业群体建设，打造3~5个在国内有较大影响力的品牌专业，基本建成与区域经济和产业转型升级相匹配的专业体系，实现教育与产业的联动共进发展。

文创产业：实施“文化+”，将文化同各大产业深度融合，打造新兴影视产业集群，将文创应用于企业营销策划，再创销售佳绩，打造文化创意商业街，实现传统商业步行街的升级，打造白沙古镇文化旅游区，实现文旅结合。

特色农业：以富硒资源为核心，结合现代农业开发，引入知名企业大力发展特色农业。

②环境特色。镇区空间布局结构合理，土地利用集约节约。2017年新增建设用地0.4平方千米，2015~2017年内完成镇区污水改造、道路升级改造、鲁能美丽乡村、恒和村美丽乡村建设等主要的生态环境整治项目、综合环境整治项目、美丽乡村整治项目。生态环境治理：一是完成白沙老城区污水截流、宝珠村等5个村村庄环境连片整治污水处理站工程。二是综合环境整治。完成东华街古镇基础设施改造、朝天嘴—滨江路升级改造、古镇路沿线升级改造、滨江路美食街基础设施改造工程，包括道路、人行道、栏杆、通信管网、给排水管网、燃气、路灯、绿化等基础设施改造。三是美丽乡村建设：完成鲁能美丽乡村项目，总用地面积5.8万亩；恒和村美丽乡村建设项目，新农村民宿民俗示范村、乡创学院和基础设施建设；印象·白沙乡村旅游风情区，打造以抗战文化、休闲养老、富硒生态体验为主题的富硒生态产业园。

③文化特色。传统文化保护：保护抗战遗址群，修复保护古镇建筑，对古镇内的重要建筑进行保护，编制《重庆市江津区白沙古镇保护规划》，主要保护传统街区、书院、洋房、庙宇、抗战遗迹，核心保护区面积约14公顷。保护非物质文化遗产，包括2大市级非物质文化遗产、3大区级非物质文化遗产和4大文化活动。文化传承：筹办元宵民俗文化节、抗战文化节、新年群众文化活动周等大型活动，传播公共文化，近三年兴建文化活动场所11个，传承传统文化。

④设施服务。公共服务设施布局提升了白沙镇的设施服务水平。一是基础设施：完成杨家湾出城大道、106省道高屋段市政基础设施改造、古镇路改造工程；职教产业园市政道路续建二期、二期控规内刘棉路等4条道路、市政道路、临港大道等道路工程；职教产业园高压线路、开闭所及天然气管道建设项目；职教产业园平场工程。二是公共服务设施：完成移民活动广场、职教产业园农贸市场、江津区第二人民医院迁建工程（一期）等项目；重庆工商学校综合实训基地、聚奎中学教学楼及学生公寓、重庆航天职业技术学院学生宿舍、白沙中学迁建、三口小学改扩建、双槐树小学搬迁、聚奎小学迁建等工程。

2. 焦作市城乡融合的经验

（1）焦作市城乡一体化示范区。

南水北调水利工程因其区域性的特征，在焦作渠段通过3个县和4个城区中心，携手黄河、沁河、大沙河等丰富的水文线路，将诸多镇区有效连接在一起。

因生态文化旅游产业带的建设需要，周边乡镇陆续正式出台多种保护措施，确保城乡在环境问题方面相对平等，带动城乡在水资源体制建设上信息共享，促进城乡公共事业一体化发展。淳朴的乡村生态文化，加上焦作市遍布各地的生动神话故事和历史渊源，会把沿线的生态文化旅游特色资源串联在一起，带动各产业结构上的互补，缩小城乡差异，促使城乡经济、生态、资源、技术、空间上的相互融合，打破焦作市城乡区域协调发展的壁垒，改变城乡二元经济形成的长期结构，达到工农业、城乡建设和居民分布逐步实现城乡一体化的变化过程。

焦作市城乡一体化示范区紧邻焦作中心城区，辖 6 个乡镇（街道）104 个村，人口 25 万，面积 210 平方千米，是体现城乡一体、产业融合、统筹发展的复合型功能性区域。辖区内包含 1 个国家级高新技术产业开发区、1 个河南省二星级产业集聚区，是国家新型工业化产业示范基地、国家级科技企业孵化器、国家第二批科技服务业区域试点。

焦作示范区区位优势明显。郑焦晋、济焦新、焦温三条高速公路贯穿境内，郑焦铁路通车，高铁直达上海，太焦客运专线、焦济洛城际铁路加快推进，与周边城市、国家中心城市互联互通更加紧密。

产业基础较好。形成了以厦工、瑞庆、大江为龙头的装备制造业，以蒙牛、明仁为龙头的食品加工和以卓立、卓林、华晶为龙头的新材料三大主导产业，现有规模以上工业企业 95 家，年主营业务收入 440 亿元。着力发展高端制造、智能制造等战略新兴产业，加快实施河南正旭 3D 制造焦作基地、焦作洹河纳米光电科技产业园等重点项目，努力打造焦作智能制造中心。

创新能力较强。拥有焦作科技大市场、河南理工大学科技园等 6 个创新平台，现有国家级重点实验室 3 个、院士工作站 5 个，国家级高新技术企业 12 家，主持或参与制定国家行业标准的企业 21 家。

新业态加速聚集。规划建设智谷 · 焦作园区，重点发展电子商务、云计算、大数据、物联网等新业态，打造智慧产业承载平台，服务城市转型、推进产业创新。着力发展科技总部新城众创空间、河南理工大学学生创业园两个创客空间，促进大众创业、万众创新。

配套功能完善。建成区面积 31 平方千米，道路、管网等基础设施和公共服务设施实现全覆盖。汇聚了河南理工大学、北大附中、焦作一中、焦作职教中心、河南工程技术学校、焦作同仁医院等优质教育医疗资源，示范区医院、韩公教育园区正加快建设。

生态环境优美。践行海绵城市理念，规划实施总投资 65 亿元的生态水系工

的国家重大项目，从城市的发展质量、城镇化推进效率、城乡协调发展程度三个方面共 34 个指标研究提出了城镇化质量评价指标体系，2013 年，对 286 个地级以上城市 2010 年的城镇化质量进行了评价，评价结果显示，盘锦城镇化质量综合指数在全国排名 41 位，在全省排 3 位；城镇化率排名全国 47 位，在全省排在 6 位。从综合评价的结果来看，盘锦城镇化内在质量水平较高，城镇化质量与城镇化率相对协调。

（2）产业对城镇化的贡献突出。

第三产业快速发展，第三产业从业人员由 1994 年的 19.45 万人提高到 30.3 万人，其中主要是城镇第三产业从业人员增多，有力支撑城镇化率从 50.1% 上升到 60% 以上。从全省常住人口与户籍人口对比情况看，2015 年，盘锦常住人口比户籍人口多 14.3 万人，外来人口数量在全省排在第五位。中心城区是常住人口与户籍人口存在差距的主要地区，据人口普查资料，中心城区常住人口与户籍人口差额占盘锦常住人口与户籍人口差额的 80%。

2. 盘锦市城乡环卫一体化发展

（1）接受先进环保理念，建设运营垃圾卫生填埋场。

2009 年 6 月，盘锦市为了解决垃圾无害化处理问题，防止固体废弃物污染城市，接受北京环境卫生工程集团有限公司（以下简称“北京环卫集团”）先进环保理念，以 BOT 形式特许北京环卫集团经营盘锦市生活垃圾卫生填埋场。北京环卫集团积极克服盘锦市平均海拔只有 2 米、地下水位很高、开挖较浅即见水等困难，科学组织施工建设，年底接纳填埋垃圾，对盘锦市城市生活垃圾全部无害化填埋处理，结束了该市粗放处理垃圾的历史，创造了该市环卫设施建设当年招标、当年建设、当年运营的“盘锦速度”。

扩大范围道路扫保区域试点见成效。2016 年 3 月，盘锦市人民政府再度与北京环卫集团合作，将盘锦市辽东湾新区 613 万平方米的道路清扫保洁、冬季除雪铲冰、垃圾收运处理等全部环卫业务，交给北京环卫集团运营管理。尤其是在盘锦红海滩国际马拉松赛、金帛滩国际帆船赛、含章湖美食节、辽宁省第十三届全运会等系列重大活动中，北京环卫集团均保障有力，向世人充分展示了盘锦市优美的环境，打出了“北京环卫”靓丽的名片。北京环卫集团优质服务一次又一次地得到了盘锦市人民政府和全体市民的广泛赞誉。

（2）综合尝试处理污泥及清运农村垃圾。

2012 年 9 月，基于成功运行垃圾无害化处理设施的技术经验和管理优势，盘锦市将第一、第二污水处理厂产生的污泥，委托北京环卫集团进行无害化处理。北京环卫集团投资建设了污泥处理车间，设计日处理100吨，采用药剂改性+高压深度压滤干化处置工艺，对污泥进行无害化处理。该项目拓展了盘锦市固体危废处理之路，做到了全市污泥的无害化处理，为盘锦市固体危废处理做出了积极的贡献。

2016年5月，盘锦与北京环卫集团合作将盘锦市区全部环卫业务推向市场化，决定采取PPP合作模式，把环卫合作向纵深推进，一张“大环卫、全覆盖、一体化”的环卫服务网络正在快速形成。盘锦市特许北京环卫集团经营盘锦市城乡大环卫一体化服务项目，具体包括盘锦市各区县道路清扫保洁冬季除雪铲冰、垃圾清运处理、固废无害化清运处理、固废处理循环经济园区建设运营等内容，特许经营30年，2017年1月1日开始实施。该项目通过建设固废收运处理一体化运营管理体系，提供“大环卫、全覆盖、一体化”服务，全面推进盘锦市城乡协调一体发展，致力于解决盘锦市城乡环境卫生问题、改善盘锦市城乡环境卫生状况，是全国首个地级市城乡一体化大环卫项目。

盘锦市城乡环卫一体发展正在纵向延伸，医疗垃圾焚烧厂建成投产、餐厨垃圾处理设施完成初设、生活垃圾焚烧厂开工建设、互联网+垃圾智慧分类、固废循环经济园区建设如火如荼，各项工作亮点纷呈，盘锦市城乡环卫一体发展大格局也已全面形成，盘锦市城乡环卫精细化管理水平正在日益提高。

三、辽宁沿海经济带城乡融合发展思路

（一）坚持工业反哺农业

1. 产业优先的城镇化

（1）完善新型城镇化空间结构。

在“十四五”时期，要以提高城镇化质量为导向，优化辽宁沿海经济带城镇化的空间布局结构，提高以大连为核心的辽宁沿海城镇的空间配置效率，改善空间功能品质，增强空间治理能力，支撑辽宁振兴的重大区域战略实施，适应经济高质量发展的空间需求，不断解决人民日益增长的美好生活需要和不平衡不充分的发展之间的矛盾，打造多元、开放、高效、优质的新型城镇化空间

格局。

由于“十四五”时期我国总体上处于城镇化快速发展中后期，将呈现“五期”叠加特征，给城镇化重点选择、政策研判和空间供给带来前所未有的挑战，也为新型城镇化的优质化发展提供了发展机遇。从全球城镇化经验来看，大多数先发国家城镇化率在60%～65%区间开始明显持续放缓，也有少数在55%开始放缓。当前辽宁沿海经济带的城镇化速度放缓迹象明显，在新型城镇化保持放缓的过程中，以融合创新的发展理念，促进城乡融合，使新型城镇化的放缓幅度处于合理区间。

辽宁沿海经济带的城镇化空间结构优化主要从城乡融合开始，其本质是从产业融合到公共服务的融合。通常所说的城乡融合主要是围绕加快消除城乡二元结构的体制机制障碍，规范城乡开发建设行为，统一城乡要素市场建设，促进土地、技术、资本、劳动力资源等要素在城乡间平等交换、自由流动配置，不断完善城乡发展一体化体制机制。通过有序集聚、有机疏解，把握人口向以大连为核心的都市圈地区集聚、都市圈功能向中心城市郊区及外围疏解的内在规律，准确判断城市群周边农村地区人口减少的趋势，要顺势而为、合理施策，促进辽宁沿海经济带城市人口和功能有效集聚、有序收缩、有机疏解。

坚持因地因时制宜、多种形态并举。打造以大连为核心的中心城市为引领的都市圈。严格规范产业园区和特色小镇建设。辽宁沿海中小城市要提高承载能力和特色，找准发力领域。重视中心城市周边地区特色小镇在空间提升和功能嵌入上的开创性。支持科创走廊、科学城、生态城、文化城、未来社区、特色小镇、共享农庄、田园综合体等空间实体的多样化发展，实施有利于要素集聚、产业拓展、空间融合的政策措施，形成一批创新共同体、城乡融合体等空间实体。

完善各类城镇综合配套功能、精准配置政策工具。明确各类城镇功能定位，通过横向统筹、上下联动，把国家战略意图落实到辽宁沿海经济带新型城镇化融合发展的定位中。以“五大发展理念”为引导，统筹新型城镇化过程中的生产生活生态空间，着力提升新型城镇的生态功能，扩大城乡融合的公共开敞空间。充分发挥辽宁沿海经济带已有和新型产业的发展基础，坚持城市创新、产业升级与吸纳就业联动推进城乡融合发展，推动综合性区域（具有引领东北大区域功能的）科学中心、创新中心、“双一流”大学、科研院所合理布局，构建与城市发展协同的开放型区域创新网络。推动各类城市尊重自然形态格局，注重历史文脉传承，发展生态文化产业、健康养生产业，推动辽宁沿海城镇的全域旅游发展，使得全域旅游发展成为城乡融合发展的重要动能，形成符合实际、各具特色的城镇化发展模式。

城乡融合过程考虑城乡融合的空间关联①。21 世纪是城市化的世纪，城市区域化和区域城市化是城市化发展的必然结果，而城市与区域的相互作用是促进城市区域化和区域城市化的直接动力。在社会经济要素“强联系”和“强流动”背景下，区域城乡发展必然存在紧密关联。从 1999～2016 年中国各省份城乡融合水平的时空演变特征来看，面板数据空间计量经济学模型的研究结果表明②：一是中国城乡融合水平整体较低，但正经历从“量变”到“质变”的转化过程，其整体趋势向好。二是城乡融合空间集聚效应明显，俱乐部趋同和内部分异同时存在。以“胡焕庸线”为界，城乡融合水平相对高值区主要集中在东部经济发达地区，中西部以低值为主；HH（高值与高值相邻）区空间分布重心由东部向中部迁移（HH 区主要以东部沿海地区及东北三省为主），LH 区和 HL 区空间分布重心由中部向东西部渗透，LL 区始终位于西部。辽宁省正处于这种城乡融合水平的较高发展区域内，拥有比其他省份更多的优势，具有推动城乡融合发展水平不断提升的原生动力。

（2）城乡产业整合。

打破城市主导带动乡村，反哺乡村的传统格局，“农民全进城 + 规模化农业”的模式并不能取代“小规模农业 + 密集村落”的发展模式。通过基础设施的提升、公共配套与服务的完善、生态环境的整治，是乡村人享受到与城市人同等的生活条件和公共服务，实现宜居生活的打造。在推进辽宁沿海经济带一体化发展时，带动都市现代农业、区域特色农业和休闲观光农业发展，提升区域内乡村宜居生活的水平。在推进丹东地区赶超发展的过程中，以优质高效设施农业和农产品精深加工业发展为牵动，推动产业现代化与生活现代化的并行发展。

产业整合是产业链城乡间延伸的重要形式，是产业融合的重要基础。产业整合本质上是以企业为主体，以产业为构架的市场整合，并非是城市向农村地区转移产业发展，不是落后发展方式的转移，而是构建一种全新的以利益联结为纽带的发展形式。产业整合是以市场广度、深度和高度发展为条件。

---

① 周佳宁，秦富仓，刘佳，等．多维视域下中国城乡融合水平测度、时空演变与影响机制［J］．中国人口·资源与环境，2019，29（9）：166－176.

② 李培祥．城市与区域相互作用机制研究［J］．地理科学，2006（2）：2136－2143.

产业整合加强了城市与区域的相互作用。因为产业整合有利于加强区域分工深度，在城市之间、城市与区域之间，通过市场配置形成垂直和水平分工的产业整合。从辽宁沿海经济带已有的产业发展基础来看，产业整合促进了城市与区域一体化发展，形成辽宁沿海经济带空间网络化的复合分工体系。促进辽宁沿海城镇空间结构优化与城乡融合发展水平提升。城镇之间以及城乡之间的产业整合不仅有利于密切中心城市与区域之间的联系，使中心城市与周边城乡地区的相互作用强化，更有利于促进城市与区域一体化的进程。

积极推进县域经济发展，建设以县城为中心、乡镇为纽带、农村为腹地的行政区划型区域经济，是"以工补农、以城带乡"的最佳桥梁，也是有效推进乡村振兴战略实施的重要路径。实践证明，县域经济已经成为推动地区经济发展的重要力量。哪个省、哪个地区县域经济发展快，那里的经济就发达，江苏县域经济的发展成就已经充分证明了这一点。壮大县域经济已经成为推进城乡一体化的重要推力，实施乡村振兴战略的决定力量。党的十九大提出"乡村振兴战略"，就是通过以乡村振兴战略为分水岭，对城乡发展排序进行重大调整，即从城市优先、工业优先转变为"坚持农村农业优先"。作为乡村的发展载体，提速县域经济已经摆在优先序列。

2. 空间协调的新型城镇化

（1）城乡新型空间。

新型城镇化的空间结构就是要构建合理等级城镇，形成以特大城市与大城市为增长极、以中小城市及小型城镇、特色城镇为发展支撑的空间体系①。而这种空间体系及其格局的打造，不可能靠从大城市的移民来实现，而主要是依靠本地农民尤其是失地农民，他们才是最主要的人口来源和重要的建设力量。要想使得失地农民成为新型城镇化空间结构打造的中坚力量，就必须要加强城镇的硬件和软件等基础性公共服务保障的供给，以全面提升其吸引人口居住就业的综合素质，促进全面发展。而这种基础性公共服务保障实际上也是失地农民社会保障的重要组成。

新型城镇化城乡关系要求健全失地农民社会保障。发达国家发展历程表明，当一个国家或地区工业化和城镇化发展进入中期阶段时，其工业开始在国

① 江维国，李立清．新型城镇化中失地农民社会保障供给侧结构性改革研究［J］．湖南社会科学，2017（6）：102－108.

民经济体系中处于主导地位，农业则处于相对弱势地位。此时，加大对农业的力度，促进以“生产主义”为主导的传统向“后生产主义”的多功能农业方向转变，通过生产领域和服务领域的整合与融合，以实现工业与农业、城镇与农村协调发展，也通常是该国或地区所选择的发展模式。通过产业融合，提升“以工促农、以城带乡、工农互惠、城乡一体”新型城镇化发展战略的实施水平，使得城镇化与新型“四化”（新型工业化、信息化、城镇化、农业现代化）保持同步。

在打造新型城镇化的城乡关系图谱中，以工促农、以城带乡是发展路径，工农互惠、城乡一体是发展目标，而价值多元化则是多元化主体真正感受到的实惠。因而，从本质上说，新型城镇化城乡关系的构建关键既取决于工业和城镇对农业和农村的支持力度，更取决于农业和农村发展能力的提升。

（2）美丽乡村空间。

乡村空间结构可以划分为聚落活动空间、庭院生活空间、生产性区域、道路、节点、标志等空间形式①。聚落空间包括建筑空间、庭院空间、道路空间等。生产性区域是指生产性景观，即农业景观，是以植物景观为主要生产要素，形成具备实用价值的生产性、劳动性、可参与性的景观。道路是组成景观要素的重要线性廊道，也是构成乡村意象的元素。节点包括乡村的广场、公共绿地等公共场所，是村民的休闲娱乐场所。志物是凸显乡村特色的，一般是由特色鲜明或富于视觉冲击力的主题建筑和构筑物组成。

空间色彩作为乡村景观结构最直观的视觉表象，在乡村空间环境塑造方面起着极其重要的作用。乡村聚落的集体制经济形式决定了决策者对乡村环境色彩的统一管理，村民的日常生活也就发生了较大的变化。从生活空间到生产空间，这种乡村景观空间结构的构成要素的色彩可以归纳为自然景观色彩、人文景观色彩和人工景观色彩三个方面。每种乡村空间环境色彩都成为提升乡村的品牌与形象价值的重要载体，也给乡村带来投资、生产、旅游、会展等效益，并推动乡村相关产业的发展。尤其是在城乡融合过程中，绿色基调为主的乡村空间成为寄托“乡愁”的重要向往。随着乡村旅游的发展，各种新型色彩及新型空间形式的乡村空间越来越引起乡村建设者的注意，而那些具有传统色彩的老街区、传统建筑等景观空间实体仍是最具有活力的“吸引物”。

---

① 唐建，林林．经济形式对乡村空间结构色彩的影响——以大连市獐子岛东獐子村为例［J］．装饰，2018（6）：128－129.

乡村振兴的本质是乡村现代化。以绿色化、优质化、特色化、品牌化的发展理念，推动实现乡村现代化过程中的产业兴旺目标。按照“乡村振兴战略规划”的总体部署，将文创产业、休闲产业、智能化产业等新兴产业和多样化产业有效导入产业发展之中，从而实现农业与新经济、新产业之间的有效整合。

（二）城市支持农村和多予少取放活方针

1. 统筹一体化公共服务

（1）扩大公共服务范围。

城乡融合离不开公共服务范围的拓展。调整和优化财政支出结构，扩大公共服务类支出范围，促进更多财政资金投向公共服务领域。明确市、县、乡三级的事权和财权，健全市、县、乡财力与事权相匹配的体制。明确城乡人均公共服务设施享有标准及各级政府公共服务设施供给责任，探索建立保障农村基础设施建设和公共服务开支稳定来源、有序增长的机制和办法。

城乡融合既是产业的融合，也是养老保险的空间拓展。优化城乡养老保险关系转移接续程序，推进城镇职工和城乡居民养老保险一体化。健全医疗保险稳定可持续筹资和报销比例调整机制。完善城镇职工和城乡居民基本医疗保险关系转移接续办法。完善城乡居民大病保险和大病医疗互助补充保险制度，突出大病保障功能。完善失业、工伤保险制度，探索将生育保险合并到基本医疗保险的路径和方法。深化医疗卫生体制改革，健全覆盖城乡的基本医疗卫生制度，扩大基本公共卫生服务范围，全面落实基本公共卫生服务项目，人均基本公共卫生服务经费在国家标准基础上提高10%。加强卫生计生信息化建设，实现卫生计生一网全覆盖、居民健康“一卡通用”。

（2）注重民生最薄弱环节。

民生是城乡融合关注的薄弱环节，也是城乡融合各种问题的核心。中国共产党第十九届中央委员会第四次全体会议公报对统筹城乡民生保障制度提出了明确要求。要坚持和完善统筹城乡的民生保障制度，满足人民日益增长的美好生活需要。增进人民福祉、促进人的全面发展是我们党立党为公、执政为民的本质要求。必须健全幼有所育、学有所教、劳有所得、病有所医、老有所养、住有所居、弱有所扶等方面国家基本公共服务制度体系，注重加强普惠性、基础性、兜底性民生建设，保障群众基本生活。我国是一个老龄化比较突出的国家，60岁以上老人有2.5亿，辽宁省更是一个老龄化较为突出的省份。按照《辽宁省2017年老年人口信息和老龄事业发展状况报告》显示[①]，辽宁省60周岁及以上户籍老年人口，占总人口的22.65%；地域分布看辽宁沿海经济带人口老龄化程更为严重，其中大连和丹东均超过24%、锦州超过20%。根据国际标准，此项占比超过10%既为老龄化社会。而辽宁沿海经济带已步入深度老龄化。因此，无论是从构筑整个社会安全网，还是从养老服务来说，都面临非常艰巨的任务。我国正在构筑城乡一体化的民生福利制度和公共服务设施，不过从低保、农村医保到城乡居民的基本养老保险，要做到城乡统筹还有一定的差距。

通过实施《辽宁省人才服务全面振兴三年行动计划（2018~2020年）》，以重大人才工程"兴辽英才计划"，"推动辽宁，逐步成为人才净流入省，辽宁沿海经济带成为辽宁省吸引人才流入的核心地带"。党的十九大报告指出，推动城乡义务教育一体化发展，高度重视农村义务教育，办好学前教育、特殊教育和网络教育，普及高中阶段教育，努力让每个孩子都能享有公平而有质量的教育。过去很长一段时间，我国是城乡二元化的背景，城市的教育资源比乡村更有优势，城镇居民的教育权利比农村居民的教育权利得到更好的保障。所以，需要解决村民教育权利与市民平等的问题，要从投入、政策等多方面对农村教育进行支持。在教育方面，十九届四中全会公报提出，要健全有利于更充分更高质量就业的促进机制，构建服务全民终身学习的教育体系。

2. 多予少取放活方针

（1）重中之重。

"三农"是城乡融合的重要保障。按照全面建成小康社会的目标要求，突出"三农"的地位。中央一号文件原指中共中央每年发布的第一份文件，现在已成为中共中央重视农村问题的专有名词。中共中央在1982~1986年连续五年发布以农业、农村和农民为主题的中央一号文件，对农村改革和农业发展做出具体部署。2004~2019年又连续十六年发布以"三农"（农业、农村、农民）为主题的中央一号文件，强调了"三农"问题在中国社会主义现代化时期"重中之重"的地位。更重要、更难做到的是"全面"。"小康"讲的是发

① 宁玲．辽宁发布2017年老年人口信息状况，2018年6月30日，人民网，http://ln.people.com.cn/n2/2018/0630/c378317-31761231.html.

展水平，“全面”讲的是发展的平衡性、协调性、可持续性。全面小康，覆盖的领域要全面，是五位一体全面进步的小康；覆盖的人口要全面，是惠及全体人民的小康；覆盖的区域要全面，是城乡区域共同发展的小康。决胜全面建成小康社会的战略安排：第一，坚决打好防范化解重大风险攻坚战；第二，坚决打好精准脱贫攻坚战；第三，坚决打好污染防治攻坚战；第四，确保经济社会持续健康发展。

坚持精准扶贫、精准脱贫基本方略，坚持专项扶贫、行业扶贫、社会扶贫“三位一体”大扶贫格局。针对辽宁沿海经济带的区域发展特征，落实好一城一策、因城施策、城市政府主体责任的长效调控机制，促进产业发展与精准脱贫有效地对接。按照2018年辽宁省发布的《辽宁省贫困退出工作实施细则（试行）》相关规定，辽宁沿海经济带作为辽宁省的核心区域，必须重点推进。贫困人口退出要按照“一超过两不愁三保障”标准执行，即收入标准超过当年公布的年度脱贫收入标准，不愁吃不愁穿，同时基本医疗、义务教育和住房安全有保障。实行最严格的考核评估，我国现行标准下农村贫困人口实现脱贫，贫困县全部摘帽，做到脱真贫、真脱贫，补齐农村这块全面建成小康社会的最大短板。要发展生产脱贫一批、易地搬迁脱贫一批、生态补偿脱贫一批、发展教育脱贫一批、社会保障兜底一批。

实施好区域协调发展战略，坚持协调发展理念，优化东中西南区域内城镇体系空间发展格局，实现城乡之间基本公共服务均等化，人民生活水平大体相当。以大连都市圈为主体构建大中小城市和小城镇协调发展的城镇格局，加快农业转移人口市民化。要根据各地区的条件，走合理分工、优化发展的路子，落实主体功能区战略，完善空间治理，形成优势互补、高质量发展的区域经济布局。增强大连为核心的中心城市和都市圈等经济发展优势区域的经济和人口承载能力，增强其他地区在保障粮食安全、生态安全、边疆安全等方面的功能。

（2）加快农村基础设施建设。

把国家财政支持的基础设施建设重点放在农村，建好、管好、护好、运营好农村基础设施，实现城乡差距显著缩小。健全农村基础设施投入长效机制，促进城乡基础设施互联互通、共建共享。强化农村饮用水水源保护。实施农村饮水安全巩固提升工程。推动城镇供水设施向周边农村延伸。积极贯彻落实水利部有关要求，加快实施农村电网改造升级工程。继续推动绿色小水电站创建工作，促进绿色小水电站创建工作，发挥小水电在节能减排、修复生态等方面的作用，引导和带动行业加快转变发展方式，提质增效升级，走可持续发展之路。

建立快慢交通体系建设。加快实现所有具备条件的乡镇和建制村通硬化路、通班车，推动一定人口规模的自然村通公路。创造条件推进城乡客运一体化；在全域旅游发展战略下，通过旅游景观路及低碳出行的绿道网络建设，推动慢游为主题的绿道网络建设，并将绿道网络与蓝色（水路）体系实现整合，推动全域旅游的发展。通过乡村驿站、土特产营销中心等实体建设，使全域旅游成为区域发展的重要动力，推动旅游业与其他产业之间的动能转换。加快国有林区防火应急道路建设，使得区域内的森林生长与森林防火成为区域生态安全维护的重要环节，推动区域生态安全格局的建立。将农村公路养护资金逐步纳入地方财政预算，使得农村公路成为城乡融合的重要联通纽带，成为城里居民下乡与农村人进城的重要空间载体。发展农村规模化沼气，提升生物能的转化效率，促进农村能源使用方式的转变。加大农村危房改造力度，统筹搞好农房抗震改造，通过贷款贴息、集中建设公租房等方式，加快解决农村困难家庭的住房安全问题。加强农村防灾减灾体系建设。通过产业发展与融合创新的方式，增强农村发展活力，逐步缩小城乡差距，促进城镇化和美丽乡村建设协调推进。

四、辽宁沿海经济带城乡融合发展的政策体系

（一）完善城乡发展一体化体制机制

1. 完善城乡一体化政策的主要方面

（1）改革授权。

按照“中共中央国务院关于建立健全城乡融合发展体制机制和政策体系的意见”（2019 年 4 月 15 日），以习近平新时代中国特色社会主义思想为指导，全面贯彻党的十九大和十九届二中、三中全会精神，紧紧围绕统筹推进“五位一体”总体布局和协调推进“四个全面”战略布局，坚持和加强党的全面领导，坚持以人民为中心的发展思想，坚持稳中求进工作总基调，坚持新发展理念，坚持推进高质量发展，坚持农业农村优先发展，以协调推进乡村振兴战略和新型城镇化战略为抓手，以缩小城乡发展差距和居民生活水平差距为目标，以完善产权制度和要素市场化配置为重点，坚决破除体制机制弊端，促进城乡要素自由流动、平等交换和公共资源合理配置，加快形成工农互促、城乡互补、全面融合、共同繁

荣的新型工农城乡关系，加快推进农业农村现代化。

到2022年，城乡融合发展体制机制初步建立。城乡要素自由流动制度性通道基本打通，城市落户限制逐步消除，城乡统一建设用地市场基本建成，金融服务乡村振兴的能力明显提升，农村产权保护交易制度框架基本形成，基本公共服务均等化水平稳步提高，乡村治理体系不断健全，经济发达地区、城市群和城市郊区在体制机制改革上率先取得突破。

到2035年，城乡融合发展体制机制更加完善。城镇化进入成熟期，城乡发展差距和居民生活水平差距显著缩小。城乡有序流动的人口迁徙制度基本建立，城乡统一建设用地市场全面形成，城乡普惠金融服务体系全面建成，基本公共服务均等化基本实现，乡村治理体系更加完善，农业农村现代化基本实现。

坚决破除妨碍城乡要素自由流动和平等交换的体制机制壁垒，促进各类要素更多向乡村流动，在乡村形成人才、土地、资金、产业、信息汇聚的良性循环，为乡村振兴注入新动能，夯实城乡融合发展的基础。健全农业转移人口市民化机制，推动就地城镇化的发展。有力有序有效深化户籍制度改革，放开放宽除个别大城市外的城市落户限制，推动城市人口的有序有效地增长。加快实现城镇基本公共服务常住人口全覆盖。以大连都市圈为主体形态促进大中小城市和小城镇协调发展，增强中小城市人口承载力和吸引力，提升产业发展对人口的吸引水平。建立健全由政府、企业、个人共同参与的农业转移人口市民化成本分担机制，全面落实支持农业转移人口市民化的财政政策、城镇建设用地增加规模与吸纳农业转移人口落户数量挂钩政策，以及中央预算内投资安排向吸纳农业转移人口落户数量较多的城镇倾斜政策，使得人们对城市美好生活的向往变成现实。维护进城落户农民土地承包权、宅基地使用权、集体收益分配权，支持引导其依法自愿有偿转让上述权益。提升城市包容性，推动农民工特别是新生代农民工融入城市。

通过改革完善农村承包地制度，允许土地经营权入股从事农业产业化经营。加快完成房地一体的宅基地使用权确权登记颁证。探索宅基地所有权、资格权、使用权“三权分置”，落实宅基地集体所有权，保障宅基地农户资格权和农民房屋财产权，适度放活宅基地和农民房屋使用权。允许县级政府优化村庄用地布局，有效利用乡村零星分散存量建设用地。推动各地制定省内统一的宅基地面积标准，探索对增量宅基地实行集约有奖、对存量宅基地实行退出有偿。在“十四五”时期，小城镇在城镇化格局中承载人口占比将进一步下降，小城镇数量将逐步缩减，部分转型发展，部分缩减归并。总结来说，就是重点城镇和特色城镇这两大路径。

小城镇作为城乡衔接的枢纽、乡村服务中心、网络化城镇地域的功能节点以及资源、产业、区位等特色，其成长与发展的空间将与农村地区密切相关，也将进一步吸引农村地区的人口流向小城镇，使得农村的空闲空间不断增加。要允许符合条件的城乡地区开展深化农村宅基地制度改革试点、农村各类产权抵押担保融资等，通过有效路径和程序进行授权，积极创造有利条件，允许并深度指导试验区进行改革探索。

推动城乡基础设施统一规划、统一建设、统一管护，构建分级分类投入机制，建设市域（郊）铁路、乡村产业路、景观旅游路、城乡垃圾污水一体处理体系和冷链物流设施等，明确投入主体和产权归属，推动城乡融合发展；建立生态产品价值实现机制，将生态资源及其保护成为城乡融合发展的资本，促进生态动能的转化，提升全域旅游发展的水平，也提升人居环境的综合价值。探索开展生态产品价值核算，完善自然资源价格形成机制，建立政府主导、企业和社会各界参与、可持续的城乡生态产品价值实现机制。

（2）发行债券。

鼓励各级财政支持城乡融合发展及相关平台和载体建设，发挥财政资金四两拨千斤作用，撬动更多社会资金投入。建立涉农资金统筹整合长效机制，提高资金配置效率。支持地方政府在债务风险可控前提下发行政府债券，用于城乡融合公益性项目。

发行城乡融合发展典型项目企业债券等公司信用类债券；利用城乡融合发展基金，重点引导社会资本培育一批国家城乡融合发展典型项目。有关金融机构要根据职能定位和业务范围，加大对试验区内符合条件企业的中长期贷款投放规模和力度，支持整体打包立项的城乡联动建设项目融资。

完善乡村金融服务体系。加强乡村信用环境建设，推动农村信用社和农商行回归本源，改革村镇银行培育发展模式，创新中小银行和地方银行金融产品提供机制，加大开发性和政策性金融支持力度。依法合规开展农村集体经营性建设用地使用权、农民房屋财产权、集体林权抵押融资以及承包地经营权、集体资产股权等担保融资。实现已入市集体土地与国有土地在资本市场同地同权。建立健全农业信贷担保体系，鼓励有条件有需求的地区按市场化方式设立担保机构。加快完善农业保险制度，推动政策性保险扩面、增品、提标，降低农户生产经营风险。支持通过市场化方式设立城乡融合发展基金，引导社会资本培育一批国家城乡融合典型项目。完善农村金融风险防范处置机制。

建立工商资本入乡促进机制。深化“放管服”改革，强化法律规划政策指导和诚信建设，打造法治化便利化基层营商环境，稳定市场主体预期，引导工商资本为城乡融合发展提供资金、产业、技术等支持。完善融资贷款和配套设施建设补助等政策，鼓励工商资本投资适合产业化规模化集约化经营的农业领域。通过政府购买服务等方式，支持社会力量进入乡村生活性服务业，使得更多的人享受到城镇的公共服务。支持城市搭建城中村改造合作平台，探索在政府引导下工商资本与村集体合作共赢模式，发展壮大村级集体经济。建立工商资本租赁农地监管和风险防范机制，严守耕地保护红线，确保农地农用，防止农村集体产权和农民合法利益受到侵害。

按照国家统一部署，在符合国土空间规划、用途管制和依法取得前提下，允许农村集体经营性建设用地入市，允许就地入市或异地调整入市；允许村集体在农民自愿前提下，依法把有偿收回的闲置宅基地、废弃的集体公益性建设用地转变为集体经营性建设用地入市；推动城中村、城边村、村级工业园等可连片开发区域土地依法合规整治入市；推进集体经营性建设用地使用权和地上建筑物所有权房地一体、分割转让。完善农村土地征收制度，缩小征地范围，规范征地程序，维护被征地农民和农民集体权益。

2. 建立健全城乡基本公共服务普惠共享的体制机制

（1）普惠共享体制。

普惠共享制的实现是辽宁沿海经济带城乡融合的制度性保障。辽宁沿海经济带正处于人口流动的多向叠加期。传统的单向乡城流动正在发生改变，不仅人口从乡向城流动的规模下降，还出现了从城向乡流动的潜在趋势。城市间人口流动总体上流向高等级城市，但在都市圈内部，中心城市的郊区化态势也比较明显，普兰店向金普新区聚集，中心城市周边的中小城市吸纳人口的规模扩大。面对人口流动的多向叠加，不仅需要辨明流向、规模，还要区分短期现象还是中长期规律。

社会保险制度为城乡居民搭建了平等的交流平台。完善城乡统一的社会保险制度。完善统一的城乡居民基本医疗保险、大病保险和基本养老保险制度。巩固医保全国异地就医联网直接结算。建立完善城乡居民基本养老保险待遇确定和基础养老金正常调整机制。做好社会保险关系转移接续工作，建立以国家政务服务平台为统一入口的社会保险公共服务平台。构建多层次农村养老保障体系，创新多元化照料服务模式。

推动公共服务向农村延伸、社会事业向农村覆盖，健全全民覆盖、普惠共享、城乡一体的基本公共服务体系，推进城乡基本公共服务标准统一、制度并轨。由于辽宁沿海经济带城镇格局正处于加速分化期，人口流动特征和城镇化推动力的转变，使得现有的城镇体系格局将长期分化。一方面，城市间人口流动的增加，意味着一些城市快速扩张和另一些城市收缩将长期共存；另一方面，现代服务业逐渐取代制造业成为推动城镇化的主动力，尤其是全域旅游战略下的文旅融合将成为促进其他产业发展的动能。通过文旅产业的动能转换，将辽宁沿海经济带各个区域内已有的文旅资源转化为产业发展的动能，推动辽东现代服务业产生更大的集聚效应，使得农村人口和其他生产要素将加速向中心城市及都市圈集聚，同时也促进中心城市乡村要素流向部分三四线城市，尤其是通过特色小城镇建设，推动城乡融合发展质量的进一步提升。

（2）医疗教育资源均衡机制。

基本医疗保障是实现辽宁沿海经济带城乡融合发展的民生核心。实现基本医疗保障全面覆盖，人人参保基本医疗保障全面覆盖首先是制度上的全面覆盖，使得城乡各类人群都有能够参加的基本医疗保障制度，不使任何一个人群遗漏在外。在我国，为国民提供基本医疗保障的主体制度是基本医疗保险制度，国家通过建立基本医疗保险来解决绝大多数人口的基本医疗保障问题。作为基本医疗保障制度体系的组成部分之一的医疗救助，也主要是为贫困人群参加基本医疗保险提供缴费救助，在基本医疗保障制度体系中只是辅助性、补充性的角色。

建立城乡教育资源均衡配置机制。优先发展农村教育事业，建立以城带乡、整体推进、城乡一体、均衡发展的义务教育发展机制。推动教师资源向乡村倾斜，通过稳步提高待遇等措施增强乡村教师岗位吸引力。实行义务教育学校教师“县管校聘”，推行县域内校长教师交流轮岗和城乡教育联合体模式。

健全乡村医疗卫生服务体系。建立和完善相关政策制度，增加基层医务人员岗位吸引力，加强乡村医疗卫生人才队伍建设。健全网络化（尤其是通过5G的建设）服务运行机制，建设智慧医疗的远程服务体系，促进城乡居民都能享受到高水准的医疗服务；鼓励市县医院与乡镇卫生院建立县域医共体，鼓励城市大医院与县医院建立对口帮扶、巡回医疗和远程医疗机制，使得农村能够享受到高水平的城市医疗服务。全面建立分级诊疗制度，实行差别化医保支付政策，使得偏远的农村地区有病可以治，也能够负担得起部分的医疗费用。通过发展康养产业，推动新型业态发展成为保障城乡民生公平发展的产业动力和经济动能。

（二）加大对乡村的财政投入

1. 财力保障

（1）专项资金。

设立城乡融合发展专项资金，支持省级人民政府发行地方政府专项债券，用于符合条件的特色小镇等城乡融合发展典型项目，分担试验区改革的前期成本。特色小镇建设要通过财政转移支付支持其城乡融合的一体化发展。

小城镇在城镇化发展过程中的地位具有特殊意义。1978 年改革开放初时，城市的承载力有限，小城镇在承载大量劳动力方面起到了很重要的作用，提供了约 1.25 亿就业岗位的乡镇企业大部分是在基层，包括农村、乡镇、集镇等。城镇化的第一推力是来自农村的解放，第一波支撑是来自小城镇的支撑。20 世纪 90 年代后期以来，大城市快速发展趋势得以持续，而小城镇的发展事实上并不活跃。主要原因有三方面：一是小城镇发展的基础已经削弱；二是乡镇工业大发展的市场机遇、创业环境不再；三是进一步发展的金融环境、民间投资制约。

在《国家新型城镇化规划（2014～2020 年）》中，提出了“控制数量、提高质量、节约用地、体现特色”“大城市周边的重点镇”“具有特色资源、区位优势的小城镇”“远离中心城市的小城镇”等一些更具体的内容，逐渐将小城镇“有重点、特色化”的发展路径理顺。此外，更以专栏的形式提出“重点建设的陆路边境口岸城镇”“县城和重点镇基础设施提升工程”等更加具体化的发展要求。

小城镇发展要走“有重点、特色化”的路径。主要是依托辽宁沿海城镇属性、乡村属性和乡—城过渡属性，始终有其作为地域中心的乡村服务功能和作为城镇体系节点的生产交换功能所带来的发展动力。这种动力能够实现城乡融合过程中的动能转换，推动城乡实现真融合和深度融合。新时期城镇化格局中的小城镇，其基本功能可以凝练为五个方面：一是作为城乡统筹和城乡一体化联系纽带的功能；二是面向乡村的基本公共服务供给中心的功能；三是小城镇是城镇化承载功能的重要组成部分；四是其作为人口乡－城转移的承载地和缓冲地的功能；五是其作为城镇化格局中地方特色和传统文化传承的承载地功能。在新的发展时期，对小城镇发展时代属性的充分考量，有助于更好地判定小城镇的未来发展，有助于充分发挥其城镇空间体系的节点作用。

（2）公共服务。

城乡融合的公共服务就在于推动基本公共服务向农村覆盖。坚持教育公益性，强化政府促进教育公平的责任，建立和完善促进教育公平的制度，正确处理公平与效率的关系，又好又快地增加优质教育资源供给。加快城市基础设施和公共服务向农村延伸，统筹推进公共服务、市政设施等城乡共建共享。建立进城落户农民依法自愿有偿转让退出农村权益制度，提升农民参与城乡融合的主体实力和积极性。维护进城落户农民在农村的“三权”，按照依法自愿有偿原则，在完成农村不动产确权登记颁证的前提下，探索其流转承包地经营权、宅基地和农民房屋使用权、集体收益分配权，或向农村集体经济组织退出承包地农户承包权、宅基地资格权、集体资产股权的具体办法。结合深化农村宅基地制度改革试点，探索宅基地“三权分置”制度。

从小城镇发展的一般趋势来看，也会产生一些变化。部分城镇规模会晋升，部分新的小城镇会形成，可能会带来交通格局、区位条件等的改变；小城镇作为城尾乡首的功能会稳定，其总体数量会由增长趋缓转向逐步缩减。基于规模逐级传导功能服务的职能特点弱化、基于 8.6 亿农村人口分布格局的空间体系重构等，都会带来小城镇若干功能的演化，也会赋予小城镇新使命：体现新型城镇化理念和时代发展的背景；联系城乡的基础环节；乡村生产生活服务中心；基本公共服务均等化的基础性支点；中国特色乡村格局和新型镇村体系的重要支点；一定的产业和人口承载功能等。

2. 服务保障

（1）空间体系保障。

城镇空间体系主要反映在城乡融合一体化的协调度方面。它主要反映城镇化的域面载体——区域（城市与乡村）的发展质量，是城镇化发展的终极目标；城乡一体化的实现程度是衡量城镇化发展质量的指标之一。世界发达国家在经历了城乡分隔、城乡联系、城乡融合、城乡一体四个阶段后，全部实现了城乡一体化，目前城市化水平已达 80% 左右。城乡一体化发展的内涵城乡一体化发展，是人类从农业文明转向工业文明、从传统社会转向现代社会的必经之路，是城乡关系演变的最终目标，是一个国家和地区生产力水平或城市化水平发展到一定程度的必然选择，是国家现代化的重要标志，更是城镇化的终极目标。因此，要从顶层设计来推动辽宁城镇体系的规划建设，实现城乡一体化的发展格局。

在顶层设计过程中，要按照我国人口流动的规律来进行。从我国人口的流动趋势来看，我国城市人口向高位次城市聚集趋势不仅明显，而且也会逐渐加强；流动人口的分布依然是向大城市聚集，小城镇人口的聚集程度比较小。尽管小城镇的数量在增加，小城镇的聚集人口在整个城镇化进程里地位并不高。2010～2015年，我国小城市总体人口规模减少，大城市总体人口规模增长明显；另外，2000～2010年我国各等级城市城区人口、所占比重及变化的情况，2000年、2010年中国城市规模指数变化等数据也可以看出人口向高位次城市集聚分布的趋势。相较于超大城市、大城市的人口增长趋势，2000～2010年我国建制镇人口仅增加了0.9亿人，实际小城镇人口规模增长是非常有限的。四普、五普、六普的人口数据也可以说明，小城市是明显在减少的。这也就表明在积极推动小城镇建设的过程中，不要以追求数量而忽视质量，而是要充分考虑到城镇空间体系的协调度，推动区域的整体发展。

（2）生态化保障。

走生态型城镇化之路就成为理想的选择。生态城镇化具有低消耗、低排放等基本特征，能够实现经济社会与资源环境相协调，可以有效地解决城镇化粗放式经营中出现的问题，实现高效有序发展。有利于提高城镇化的质量随着城镇化的发展，推动宜居空间建设，吸引人口逐步向城市聚集，由此带来了交通拥堵、环境污染严重、生活压力大等系列城市病。多数城市经济过分倚重于重工业，区域环境破坏和污染严重。城市管理长期处于粗放式，重数量和规模；一些城市功能相对单一，资源面临枯竭，未来发展受到制约。

生态型城镇化“把生态文明理念和原则全面融入城镇化全过程”，是集约、智能、绿色、低碳的新型城镇，实现城镇建设与资源、环境、产业、文化、社会等方面的均衡和谐发展，拥有绿色循环的产业系统、高效便捷的交通系统、低耗清洁的能源系统、循环安全的水系统、减量再生的废弃物系统以及和谐宜人的生态系统．这些完善的功能系统将极大地提高城镇化的质量。生态型城镇化强调土地集约节约，提高利用率；优化城镇的布局，建立紧凑的城市空间，形成紧凑型的城镇体系。

（三）加快农业农村现代化进程

1. 提升乡村产业融合水平

（1）促进产业融合。

既有产业链条上不同环节上的融合发展，也有不同产业链的融合发展。通过

“第一 + 第二 + 第三 = 第六产业”的融合方式，坚持第二产业与第三产业与第一产业融合，促进工业反哺农业、城市支持农村和多予少取放活的发展。积极运用现代科技改造农业、现代手段装备农业、现代经营形式发展农业，不断提高农业综合生产能力、抗风险能力、市场竞争能力和可持续发展能力，实现城乡产业的共享共荣；提升乡村的服务型产业，提升城乡共享经济发展水平。

在产业融合过程中，推动城乡产业互动发展，实现城乡间的融合发展是重要的发展基础。强化城镇对农村的辐射带动作用。在空间节点发展过程中，支持县城发展，壮大县域经济，强化中心镇的辐射功能；在产业融合过程，提高农业产业支撑能力，是吸引第二产业及第三产业融合的重要基础。也就是说，第一产业发展不会自然而然地吸引第二产业或第三产业主动来寻求发展的，而是需要第一产业有一定的发展基础，才能促进第二产业与第三产业与之实现融合。

完善农村产权抵押担保权能，推动产业融合发展。推进农村集体经营性建设用地使用权、集体林权等抵押融资以及承包地经营权、集体资产股权等担保融资，在深化农村宅基地制度改革试点地区探索农民住房财产权、宅基地使用权抵押贷款，推进已入市集体经营性建设用地与国有建设用地在资本市场同地同权，健全农业信贷担保机构。

（2）促进空间节点建设。

以特色园区及特色小镇等空间实体建设，吸纳城乡融合各种要素进入，促进产业与空间协调发展，形成城镇与乡村的双向互动，从根本上建立完善城乡互动机制。以城区为中心，以小城镇为纽带，在乡村享受到城镇现代设施，实现就地城镇化，从而使以乡村为基础，三级融合、产业贯穿的城乡一体化格局城镇化成为“城镇 + 乡村社区”双向互动的新型城镇化。

充分发挥旅游产业的综合带动效应，使乡村旅游与其所在小城镇形成利益共同体，通过乡村旅游资源的挖掘及利用，促进小城镇建设的全面展开，进而促进“三农”问题的解决，达到“以旅促农、以旅游促进小城镇建设”的目的；以小城镇为平台，利用小城镇相对完善的设施设备和服务，满足来乡村的旅游者食、住、行、游、购、娱等方面需求，为乡村旅游的顺利开展提供硬件设施和软件服务，最终实现小城镇与乡村旅游共赢。二者的互动，不是简单的联合或单方面施与，而是双向互动，是建立在两者之间内在联系基础上的真正的互动与互通。小城镇建设全方位配合乡村旅游的发展，也要求乡村旅游对小城镇建设的“多环节投入”，通过这种双向互动，最终形成双赢甚至多赢局面。

2. 促进产业空间融合水平提升

（1）搭建增强城乡产业融合平台。

通过城乡产业融合平台搭建，以旅游和电商等方式促进城乡间农产品流通体系的完善。尤其是通过搭建城中村改造合作平台，使得城中村获得城乡融合发展的启动优势，尽快适应产业转型发展，实现产业转型与就业岗位的转变，提升其新型居民的生活品质。探索在政府引导下工商资本与农民集体合作共赢模式，统筹利用乡村资源资产、工商资本和金融资本，发展壮大集体经济。提升乡镇村庄空间规划的管理水平，使乡村空间的规划建设与发展治理水平获得较大提升；加强农村基础设施和服务网络建设，推动智慧型乡村建设，使得智慧型医疗、电商服务等平台能够走进千家万户，提升乡村就地城镇化的发展水平；推进农村集体经营性资产股份合作制改革。加强现代农民职业培训，突出抓好农民合作社和家庭农场两类经营主体发展。推动农民工与城镇职工平等就业，健全农民工输出输入地劳务对接机制。

（2）积极建设新型城乡融合特色园区。

以统筹城乡发展为主线，以农村人口向城镇和社区集中、产业向园区集中和土地向规模经营集中为导向，推进农村居住社区和社区特色经济园区“两区共建”的建设模式。尤其是要注重以特色园区、特色小镇、田园综合体等为基础性平台，发展康养、研学等新型产业促进城乡间融合发展的双向流动。

以工业化和城镇化为动力，促进产业形态、产业要素、产业设施向园区化、节点化集聚，从而形成以产业园区和城镇节点为依托的产业集聚模式。推动城乡规划、基础设施、公共服务一体化发展，促进城乡要素平等交换和公共资源均衡配置，努力形成以工促农、以城带乡、工农互惠、城乡一体的新型工农、城乡关系，让广大农民平等参与现代化进程、共同分享现代化成果。通过区域内的产业集聚构建一个合理的产业集群，把横向关联产业、纵向关联产业进行整合、打包、链接，营造特色产业小城镇、农业产业园区等，甚至特色村的构建，从而形成一个强有力的城乡产业竞争体系，带动区域经济发展。

围绕产业集群的核心功能将市域划分为综合型、休闲型、生态型、高端服务型、能源化工型等若干产业功能分区，根据产业园区所属分区内的城镇产业基础和支撑条件确定主导产业类型。通过拓展空间载体的形式，加快小城镇建设，使其成为城乡产业融合发展的集聚地。突出小城镇发展特色，明确发展方向，要把小城镇建设与农业现代化、农村工业化、信息化及产业园区建设等有机结合起来，引导城乡产业、企业向小城镇集中，充分发挥小城镇产业发展的载体和集聚地作用。

（四）加快城乡一体化示范区建设

1. 一体化示范区

（1）以大连都市圈城镇体系为核心。

大连都市圈城镇体系具有悠久的发展历史基础，也具有较强的区域带动性。坚持一、二、三次产业融合发展，延长产业链条，推动城乡共同融合的产业发展（如共享经济，康养产业），充分发挥区域综合优势，积极开展城乡一体化试验探索。示范区功能区开发建设和村庄整治改造基本完成，城乡居民收入差距明显缩小，城乡一体化发展新格局全面形成。

建立进城落户农民依法自愿有偿转让退出农村权益制度。维护进城落户农民在农村的“三权”，按照依法自愿有偿原则，在完成农村不动产确权登记颁证的前提下，探索其流转承包地经营权、宅基地和农民房屋使用权、集体收益分配权，或向农村集体经济组织退出承包地农户承包权、宅基地资格权、集体资产股权的具体办法。结合深化农村宅基地制度改革试点，探索宅基地“三权分置”制度。

（2）以公共基础设施建设为重点。

把公共基础设施建设重点放在乡村，坚持先建机制、后建工程，加快推动乡村基础设施提挡升级，实现城乡基础设施统一规划、统一建设、统一管护。明确乡村基础设施的公共产品定位，构建事权清晰、权责一致、中央支持、省级统筹、市县负责的城乡基础设施一体化建设机制。健全分级分类投入机制，对乡村道路、水利、公交和邮政等公益性强、经济性差的设施，建设投入以政府为主；对乡村供水、垃圾污水处理和农贸市场等有一定经济收益的设施，政府加大投入力度，积极引入社会资本，并引导农民投入到建设之中；对乡村供电、电信和物流等经营性为主的设施，建设投入以企业为主。支持有条件的地方政府将城乡基础设施项目整体打包，实行一体化开发建设。

建立城乡基础设施一体化管护机制。合理确定城乡基础设施统一管护运行模式，健全有利于基础设施长期发挥效益的体制机制。对城乡道路等公益性设施，管护和运行投入纳入一般公共财政预算。明确乡村基础设施产权归属，由产权所有者建立管护制度，落实管护责任。以政府购买服务等方式引入专业化企业，提高管护市场化程度。

2. 相关措施

（1）建设田园城镇体系。

按照五大发展理念，以绿色田园城镇体系建设主导方向改变入手，倡导田园城镇体系建设，构建集生产、生活、生产配套和生活配套于一体，生活生产平衡的多功能复合体。通过链接城市与乡村功能、产业、人口、文化等要素，借助一定的方式，推动城市功能、产业向农村传导，农村传统文化、工艺向城市流动，提升城镇产业绿色化和乡村产业多功能性的发展水平，形成“双向”互动机制，统筹城乡“五位一体”发展，让新型城镇从“田园”之中不断成长出来，建设绿色平衡的辽宁沿海经济带城乡融合发展体系。

从城镇空间格局构造来看，形成的“五位一体”主要包括产城融合、乡村振兴战略、特色小镇、田园综合体、美丽乡村建设①。“田园城镇”与“田园城市”的相似之处在于：它们都是一种城乡结合体，具有城市功能、乡村的田园风光；都形成组群的空间格局，形成多极的中心、分布式的空间运行体系。二者的不同点在于：“田园城镇”是一种差序格局，分为多个发展层次，其形态可区分为：特色小镇、田园综合体、美丽乡村。三个形态间存在差序性，发展的侧重各不相同。“田园城镇”与城市、乡村形成互动机制，最终形成的是城乡运行体系。而“田园城市”主要侧重城市体系。“田园城镇理论”主要是解决“农村病”与“城市病”，构建统筹城乡协同发展的解决方案。“田园城镇理论”突出人的发展，强调城镇是一座从田里“长”出来的城镇，而不是钢筋水泥和企业堆积而成的。其中，文化和人的有机性是“长”的关键特质。相对“田园城市理论”主要关注城市的硬件设施，环境的绿化，“田园城镇理论”更讲文化传承，更有“人文情怀”。

田园城镇理论强调了城乡的一体化。把现代产业与传统农业、城市与乡村、城镇居民与农村村民作为一个整体，统筹发展，形成产业、人流的互动机制。把现代产业与传统农业、城市与乡村、城镇居民与农村村民作为一个整体，统筹发展，形成产业、人流的互动机制。物联网是实现城乡各种要素自有流动的重要载

① 胡柏．统筹城乡发展“五位一体”解决方案［J］．中国国际财经（中英文），2018（8）：21－25.

体，物联网是在未来城乡一体化发展过程中的地位将日益凸显。

城乡发展形成了差序性。所谓差序，就是错位发展，各有侧重，形成产业、功能上的互补。从整体上来看：城市是高科技产业、生产性服务业的集聚地，特色小镇是特色商贸、休闲娱乐的集聚地，田园综合体是现代工业与传统工艺、农事体验的集聚地，美丽乡村是传统文化、乡土礼仪、田园风光的集聚地。从特色小镇、田园综合体、美丽乡村的差异而言，一方面是人口密度的差异，另一方面是功能配套的差异。比如，特色小镇的医疗、教育等公共服务和设施向城市看齐，田园综合体是现代产业和传统工艺的集聚地，主要是生产性集聚，美丽乡村是农村复兴的载体，是乡村治理的基础。

新型城镇化就是人的现代化。新型现代化，主要包括社会现代化、经济现代化、政治现代化以及人的现代化，其中，人的现代化是关键。从最初对物质上的现代化到政治、法治等领域的现代化。城乡人与人之间的协同发展，以及知识水平、综合素质、教育医疗层次、公共服务等方面的协同共进，都属于新型现代化的范畴。

积极发展县域经济的过程中，要将县域全域作为一个整体，模糊原有的城乡和行政界限，统一布局绘制经济社会发展蓝图，推进城市基础设施向农村延伸，统筹考虑产业集聚、交通布局、土地利用、生态涵养、公共服务等方面，融入资源节约、环境保护、绿色低碳的发展理念，彰显生态宜居的田园特色，建设以中心县城、小城镇、农村新型社区三位一体的三级生态田园城镇空间发展体系。

（2）推进美丽乡村建设。

美丽乡村建设是实施乡村振兴战略的主要手段和重点任务，也是决胜建成小康社会、建设社会主义现代化强国一项重大战略任务。继续推动美丽乡村建设，使得全省的美丽乡村建设成为美丽辽宁的重要组成部分。按照十八大提出的“四化同步、五位一体”新论断、新要求作为农业农村工作的指导思想和行动指南，积极探索“美丽乡村”建设的发展路径，实现乡村振兴并与城镇一体化保持协调一致。美丽乡村建设要重点突出“美丽”二字的内涵与实质。生态文明建设在范围上比美丽乡村建设范围大，是一个完整的整体，美丽乡村建设则是其中的一部分，这个整体目标的实现离不开美丽乡村建设工作的有效落实，部分作用的充分发挥是整体得以优化的重要前提。

乡村振兴是美丽乡村建设的重要举措。党的十九大报告指出：走城乡融合发展之路、走共同富裕之路、走质量兴农之路、走乡村绿色发展之路、走乡村文化兴盛之路、走乡村善治之路、走中国特色减贫之路。也就是具化为“四走”，即走“产业振兴、文化振兴、治理振兴、生态发展”之路，产业振兴，主要依靠城市现代产业与乡村传统产业的对标，促进产业升级，使之成为城乡融合发展的重要动能。

乡村振兴离不开文化振兴，文化振兴的重点是传统文化、传统伦理、传统工艺、孝道家道的复兴。加强乡村文化遗产的保护和利用，让传统村落的文化载体重现活力，彰显地区文化特色。乡村的文化遗产，比如戏曲、音乐、舞蹈、艺术、建筑、故居等都无不彰显着乡村文化印记，促进乡村物质文化遗产和非物质文化遗产的优化配置和有效利用，有效地提升乡村文化自信。要理顺不同层级和同级之间的职责权限，明确划分各个部门在美丽乡村建设中的任务和协调方式，并建立责任追究机制，从而确保美丽乡村建设的主体责任清晰、管理有序。

在乡村的治理振兴过程中，通过乡村自治，建立众创发展机制，推进新乡贤新乡绅运动，财富寻根、能人返乡、乡村贤人实现对农村的自治，提升人才对乡村振兴的贡献度。生态振兴就是维护好城乡的生产生活环境，建设城乡共荣的美丽家园。

| 专题报告五 |

辽宁沿海经济带旅游空间错位发展研究

一、引　言

2001 年，联合国正式文件中首次提出了“21 世纪是海洋世纪”，国际海洋形势发生巨大变化。海洋成为国际竞争的主要领域，人类趋海活动的趋势逐步加速，海洋经济正在成为全球经济新的增长点。

海洋经济指为开发利用海洋资源和依赖海洋空间进行的生产活动，以及直接和间接为开发利用海洋资源及空间的相关服务性产业活动，这类生产活动、产业活动形成的经济集合即为现代海洋经济范畴。20 世纪 90 年代以来，我国海洋经济快速发展，表现为：活动范围扩展多向，经济总量增加迅速，增长速度高于国民经济增长并长期领跑我国沿海发达地区经济的增长，海洋产业发展速度明显高于整体产业和行业的发展。同期，世界海洋经济发展也步入了世界经济发展的快车道：众多沿海国家及地区，海洋经济成为区域经济发展新增长点。我国海洋开发历史悠久，海洋产业对国民经济的贡献越来越大。海洋经济的发展主要包括：海洋渔业、海洋交通运输业、海洋船舶工业、海洋盐业、海洋油气业、海洋旅游业等。我国海洋产业结构经过有意识的计划调整，海洋产业结构正在发生积极的变化，产业内部结构呈不断优化趋势，第二、三产业不断得到发展，尤其是海洋旅游业的发展日新月异，逐步迈入快车道。据世界旅游组织统计：海洋旅游业收入呈数倍于其他产业发展的态势；全球著名的旅游目的地中有 90% 是沿海国家或地区；沿海国家的旅游总收入占全球旅游总收入的80%左右。我国海域面积广大，海岸线较长，海岛众多，海洋旅游的条件和基础雄厚，我国正在建设成世界级海洋旅游大国甚至强国，为中华民族的伟大复兴做出贡献。

中国作为全球最具发展潜力的旅游目的地任重而道远，中国海洋旅游业对国民经济和社会发展的贡献如何赶超大国模式的美国、文化模式的法国、发达模式的德国、市场模式的西班牙、城市模式的马尔代夫和新加坡等海洋旅游强国，使中国海洋旅游在数量上强大的同时，质量和效益得到同步提升，真正担负起世界海洋旅游强国的重任，是摆在中国海洋型旅游目的地旅游发展面前的一道难题。

党的十八大提出经济、政治、文化、社会、生态文明的“五位一体”建设观，国务院《关于加快发展旅游业的意见》（国发［2009］41号），把“旅游业培育成国民经济的战略性支柱产业和人民群众更加满意的现代化服务业”，将旅游发展置于国家发展战略高地。旅游作为战略性支柱产业的提出推动了我国政治建设，旅游融合多产业发展推动了我国经济建设，旅游提升国民生活水平推动了我国社会建设，文旅一体化发展推动了我国文化建设，旅游赖以生存的美好环境建设本身就是生态文明建设。旅游目的地建设产生的综合实力，正是“五位一体”现代化建设的基本要求，旅游目的地建设与“五位一体”现代化布局存在一定的耦合关系。国务院《关于加快发展旅游业的意见》、农业农村部的“社会主义新农村建设”、住房和城乡建设部的“小城镇建设试点”和“特色城镇建设”等发展举措都对旅游发展提出要求。辽宁如何把旅游业真正建设成为国民经济的战略性支柱产业和人民群众更加满意的现代服务业，以海洋旅游目的地建设推动现代化建设是亟待探索研究的新领域，是落实《辽宁沿海经济带高质量发展规划》的主要内容。

国土资源游憩化的今天，海洋旅游目的地已由传统的景区景点旅游转向全域旅游，在此背景下，探研海洋旅游目的地发展的空间错位问题，从时间和空间视角出发，利用时空二维方法对海洋旅游发展的空间分布、结构、关系、认知等层面进行研究，从地理学的“人—地—时空”脉络探查海洋型旅游目的地复合特征以及发展演变规律，力图寻找到激活海洋旅游目的地发展潜力的恰当途径。

二、旅游空间错位评价标准体系构建

（一）旅游空间错位的评价原则

1. 系统综合原则

旅游目的地是旅游主体、客体和介体共同作用的地域，其组成成分复杂，包含旅游客源、旅游资源、旅游设施、旅游服务、旅游环境、旅游保障、旅游产业等众多模块，旅游涉及国际、国家、区域、地方、景区景点等多层面，旅游范围涵盖城市、乡村、草原、海岛、沙漠等空间，旅游承载观光、休闲度假、专项等多重功能，复合了资源、人才、资金、信息、技术、管理、产权、文化等多要素。旅游是一个复杂的大系统，在评价旅游空间错位时，为全面反映旅游旅游发展的多重层面，评价的指标力求综合系统。

2. 可测量性原则

旅游作为系统，其要素众多、关系错综、动态多变，旅游空间错位成因复杂，并不是每项因素都能用数量进行准确评价，例如旅游者的体验经历存在整体性与模糊性并存的特征，旅游承载的感觉、印象、共鸣、情结等情感吸引因素具有很强的主观性特征，其对旅游产生的效用很难用精确的数量关系进行评价。在评价时尽可能选用数量关系明确的指标体系进行评价，所选指标数据来源稳定且符合统计规范，指标之间逻辑关系清晰、合理。例如，宏观环境、地理区位、交通通道、产业微观管理等指标均没有稳定的数据来源，虽对旅游空间错位有影响但却无法用数量关系衡量。

3. 可操作性原则

在评价旅游旅游发展效益时，某些指标虽有积极意义但数据无法获得。例如，旅游投入（旅游成本）这一指标常常因为旅游资源的自在性、垄断性等无法量化，旅游产出（旅游效益）这一指标往往因为旅游的综合性、关联带动性等不能获得准确数量，因此此类指标需要妥善替代；另外为方便操作还必须考虑指标量化的难易程度，尽可能利用各种统计资料数据以及现有规范标准，尽量提高评价指标的量化比例，从而提高评价的可操作性。

4. 科学客观原则

旅游发展具有客观性，对旅游空间错位评价时应该尊重客观实际，对其空间错位与否、错位的程度等评价既不能夸大，也不能缩小，否则就将失去研究的意义；针对旅游空间错位研究尽可能用定量的评价方法，从而保证客观地评价旅游发展情况；所选用的数量指标应该具有标准性和典型性，能真实反映旅游发展的现状与特征，同时评价结果具有可比性。

（二）旅游空间错位的评价指标体系

1. 旅游地资源指数

（1）评价体系建构。

从经济视角看旅游地资源代表旅游投入，其涵盖了旅游（景观）资源、旅游吸引物、旅游产品、旅游项目等内容，在时间上变化不大，在空间上表现为旅游区和旅游城镇等形式，在等级上有世界级、国家级、省级、市县级等，在形式上魏小安认为有产品性资源（观光类、休闲度假类、商务类、专项类等）、社会性资源（环境类、生活类、产业类等）和过程性旅游资源。依据评价原则，结合已有研究成果，构建了以旅游地资源指数为标度的评价体系，作为衡量旅游投入的标度。

如图 5 – 1 所示，A 层总目标层是旅游地资源指数，这一指数反映了旅游多重投入指标，有旅游（景观）资源（旅游区、旅游城镇）、旅游设施（星级饭店、机场高铁等设施）、旅游服务（旅行社、高等院校）、旅游可进入性（等级公路里程、民用汽车）等项目层，各项目层包含最高级、高级、中级、低级等评价层级，不同等级赋予不同的权重，借助特尔非法确定等级类别和权重系数。旅游地旅游资源指数，不仅反映旅游地发展的主要影响因素，也反映各影响因素在旅游发展中的层级与地位，有利于旅游地资源的分层分级开发利用；B 层项目层以旅游（景观）资源、旅游设施、旅游服务、旅游可进入性，作为评价的子系统；C 层因子层反映旅游旅游资源具体影响因子，C_1、C_2、C_3、C_4、C_5、C_6、C_7、C_8 分别对应旅游区、旅游城镇、星级酒店、机场高铁、高等院校旅行社、等级公路里程和民用汽车等因子。

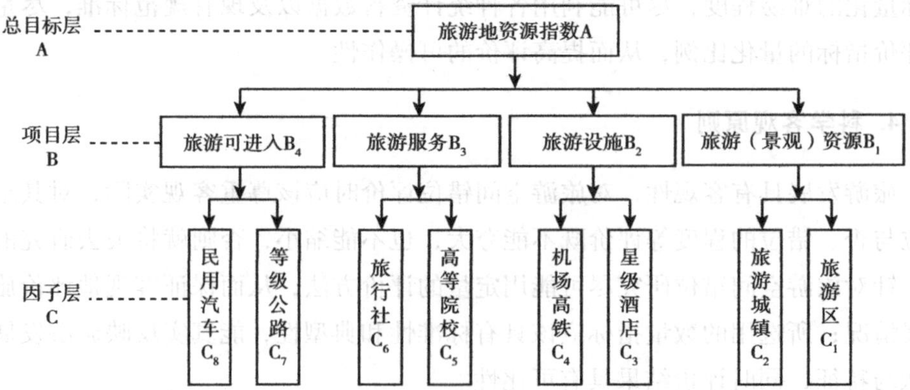

图 5 -1　旅游地资源指数评价指标层次结构框架

为消除评价的主观性，特应用数学公式对旅游地资源相关指标进行量化，并根据数量指标进行评价。旅游地旅游资源的类型数量（用旅游地资源广度指数衡量）和等级品质（用旅游地资源深度指数衡量）共同决定了旅游价值与功效（用旅游地资源指数衡量）。

（2）旅游地资源广度指数。

旅游地资源广度指数是衡量旅游景观资源类型数量的标度。综合已有研究成果，结合前文分析，旅游景观资源表现为旅游区，旅游地资源的广度指数具体计算公式见（5 -1）：

$$B_j = \frac{Q_j}{\sum_{j=1}^{n} Q_j} (j = 1,2\cdots,n) \tag{5 -1}$$

其中，B_j 表示 j 旅游旅游资源的广度指数，Q_j 表示 j 旅游地资源的类型数，$\sum_{j-1}^{n} Q_j$ 表示 j 旅游所在更大空间旅游资源数量类型总计。

（3）旅游地资源深度指数。

旅游地资源深度指数是衡量旅游地资源等级品质的标度，本报告综合已有相关研究成果，结合旅游目地发展的影响因素和驱动机制情况，确定旅游地资源类型包括旅游区、旅游城镇、星级酒店、机场、高铁、高等院校、旅行社、公路里程和民用汽车共 8 种类别。因种类不同、级别不同旅游资源的价值与功能不尽相同，本报告采用加权函数来衡量旅游地资源深度。旅游地资源深度指数具体计算公式见（5 -2）：

$$D_j = \frac{Q_j}{\sum_{j=1}^{n} Q_j} \quad (j = 1, 2\cdots, n) \tag{5-2}$$

其中，D_j 表示 j 旅游旅游资源的深度指数，Q_j 表示 j 旅游地资源的加权品质数量，$\sum_{j=1}^{n} Q_j$ 表示 j 旅游所在更大空间旅游资源品质数量和。

为更真实地表现旅游资源的品质，本报告设计专家打分量表，借助德尔菲法向相关领域专家发放调查问卷，根据专家反馈结果加总求平均值，得到专家对资源层级的划分和不同品质资源的权重赋分。其中层级划分为世界级权重为 50（包括世界遗产 R_{1j}、最佳旅游城市 R_{2j}、5A 旅游区 R_{3j}），国家级权重为 30（包括 4A 旅游区 R_{4j}、国家优秀旅游城市 R_{5j}、国家历史文化名城 R_{6j}、国家历史文化名镇村或全国特色景观名镇村 R_{7j}），省级权重为 15（包括 3A 旅游区 R_{8j}、5 星级酒店 R_{9j}、机场 R_{10j}、高铁 R_{11j}），市县级权重为 5（包括 A 级旅游 R_{12j}、星级酒店 R_{13j}、等级公路 R_{14j}、旅行社 R_{15j}、高等院校 R_{16j}），那么 Q_j 如公式（5－3）：

$$Q_j = 50(R_{1j} + R_{2j} + R_{3j}) + 30(R_{4j} + R_{5j} + R_{6j} + R_{7j}) + 15(R_{8j} + R_{9j} + R_{10j} + R_{11j}) + 5(R_{12j} + R_{13j} + R_{14j} + R_{15j} + R_{16j}) \tag{5-3}$$

（4）旅游地资源指数。

旅游地资源指数是旅游地资源广度与深度指数的复合，用公式（5－4）表示：

$$R_j = B_j \times D_j \times 100 \quad (j = 1, 2\cdots, n) \tag{5-4}$$

其中，R_j 是旅游地资源指数，B_j 是旅游地资源广度指数，D_j 是旅游地资源深度指数。

2. 旅游经济指数

旅游经济指数是衡量旅游产出的标度，通常采用旅游收入指标。由于各类各级数据的量纲及数量级千差万别，为增强与旅游地资源数据间的可比性，本报告使用“$X_{\min} - X_{\max}$标准化”方法对原始数据进行无量纲处理。旅游经济指数计算的具体公式见（5－5）：

$$I_j = \frac{X_j - X_{\min}}{X_{\max} - X_{\min}} \tag{5-5}$$

其中，I_j 为 j 旅游旅游经济的标准化值，X_j 为 j 旅游旅游收入的原始数量值，$X_{\max}$ 为 j 旅游收入原始数量值之最大值，$X_{\min}$ 为 j 旅游旅游收入原始数量之最小值。

3. 旅游空间错位指数

（1）旅游空间错位指数。

旅游空间错位指数是衡量特定空间旅游收入与旅游地资源几何重心的偏离程度之标度，即旅游实际旅游收入与预期的旅游收入的偏离程度，具体见公式(5－6)：

$$TSD_j = \frac{I_j - R_j I 总}{I_j} = 1 - \frac{R_j I 总}{I_j} \quad (5-6)$$

其中，TSD_j 是空间错位指数，R_j 是旅游地资源指数，I 总是所在更大的旅游旅游总收入，I_j 是旅游经济指数。当 $TSD_j > 0$ 时说明旅游存在空间正向错位，且值越大错位程度越大；$TSD_j = 0$ 时表示旅游不错位；当 $TSD_j < 0$ 时说明旅游存在负向空间错位，绝对值越大错位程度越大。

（2）旅游的时空错位指数。

不同时间内旅游空间错位指数不同，旅游时空错位指数系旅游空间错位程度之标度，是多年旅游空间错位指数在时间维度的平均值。经过计算当 $TSD_j > 0$ 时说明旅游旅游存在时空正向错位，且值越大错位程度越大；$TSD_j = 0$ 时表示旅游旅游时空不错位；当 $TSD_j < 0$ 时说明旅游旅游存在负向空间错位，且绝对值越大空间错位程度越大。

（三）旅游时空错位的二维矩阵模型分析

运用某旅游地资源广度指数和深度指数，计算得出不同时间旅游地资源指数，视旅游地资源指数计算结果把其分为优势区、中等区、劣势区等多等级区；运用旅游经济指数公式计算得到相应时间目的地收入指数，将其计算结果分为高、中、低多个等级区。以不同时间旅游地（景观）资源指数为纵坐标，以相应时间的旅游经济指数为横坐标，模拟构建坐标平面，从而获得旅游空间错位的二维矩阵（见表5－1）。

根据表5－1将旅游旅游总收入与旅游地（景观）资源的关系分成错位和同步两种关系，其中错位又可细分为错位Ⅰ区至错位Ⅵ区等，同步区又可细分为同步Ⅰ区至同步Ⅲ区。

表5－1　旅游经济与资源空间错位二维矩阵

收入资源	旅游经济指数			
旅游地（景观）资源指数	等级	低	中	高
	优区	错位Ⅴ区	错位Ⅵ区	同步Ⅲ区
	中区	错位Ⅲ区	同步Ⅱ区	错位Ⅳ区
	劣区	同步Ⅰ区	错位Ⅰ区	错位Ⅱ区

三、辽宁沿海经济带旅游时空错位评价研究

（一）辽宁沿海经济带概况和发展战略导向

辽宁沿海经济带位于辽宁省南半部，濒临黄、渤两海，自东向西呈“Z”字形、从北向南呈“N”字形，从北向南、从东向西依次分布有丹东、大连、营口、盘锦、锦州、葫芦岛六个地级市。辽宁海洋面积广阔，整个区域陆域面积5.65万平方千米，占全省的38.72%；海域面积6.8万平方千米，有岛、坨、礁506个，面积在500平方千米以上的海岛266个；滩涂面积20.7万平方米。海岸线长2920千米，大陆海岸线东起鸭绿江口，西至山海关老龙头，全长2292千米，占中国大陆海岸线总长的12%，居全国第五位，其中宜港岸线1000千米，深水岸线400千米，优良商业港址38处，拥有大连港、营口港两个吞吐量超亿吨大港，已同160多个国家和地区的300多个港口有贸易往来；万吨级以上生产性泊位123个，最大靠泊能力达到30万吨级，大小岛屿共有636个。2020年，辽宁沿海地区常住人口1849.6万人，地区生产总值1.2万亿元。辽宁沿海交通体系发达，尤其是2009年开通了东起丹东，西至葫芦岛的滨海公路，连接辽宁沿海6城市，21县和103个乡镇，沟通大小港口25个，连接工业园区228个，建有多座跨海大桥，沟通旅游景点133个，车行海上风景如画，有六大沿海城市秀美多姿，金石滩 、白沙湾、大孤山、大小鹿岛、长海群岛 、兴城海滨、笔架山、绥中秦汉宫殿遗址等滨海度假区旅游名胜星罗棋布。

2009年，辽宁沿海经济带开发开放上升为国家战略，辽宁沿海发展空间从此由东北拓展到全国、整个东北亚甚至全世界；2021年，国务院批复了《辽宁

沿海经济带高质量发展规划》，这为辽宁沿海经济带发展提供了难逢的历史机遇。辽宁沿海经济带是东北地区的主要出海通道和对外开放的重要窗口，推动其高质量发展意义重大，其意义有三：一是有利于推动辽宁沿海 6 市经济发展质量变革、效率变革、动力变革，培育铸就辽宁沿海区域经济发展的新动力源；二是有利于引领带动辽宁和东北地区产业转型升级，优化区域产业链布局，推动东北地区全面振兴；三是有利于加强与东北腹地的良性互动，推动东北区域转身向海，更好参与东北亚区域各方合作，打造我国面向世界尤其是东北亚全面开放的新前沿，促进国内国际双循环。

《辽宁沿海经济带高质量发展规划》指出，加快发展旅游休闲等现代服务业，优化文化旅游等服务资源的布局，有序开展旅游路、产业路建设，推进和巩固脱贫攻坚的成果与乡村振兴的有效衔接。辽宁沿海经济带旅游优势明显，地处中国最北部的沿海省份，旅游资源丰富，自然风光秀丽，文化历史悠久。中国第一个“全球 500 佳”城市大连以“浪漫之都”闻名于世，以“三沿”著称的中国最大边境城市丹东，新中国第一缕曙光升起的锦州，以苇海鹤乡红海滩闻名的“湿地之都”盘锦，以山海泉城闻名的多姿多彩的“关外第一市”葫芦岛等，都是旅游的重要目的地；丹东的边境江、东港的河口桃、大连的浪漫海、锦州的海天桥、营口的温泉镇、盘锦的湿地鹤、葫芦岛的葫芦镇、兴城的山海泉城、庄河的冰峪沟，都无不使人流连忘返。《辽宁沿海经济带高质量发展规划》提出，辽宁沿海经济带大力发展海洋经济，积极发展海洋旅游、海洋休闲体育、海上垂钓等，依托独特优良的海洋资源优势，提升大连“浪漫海湾名城”品质旅游，丹东边境旅游，锦州“笔架天桥”旅游，营口河海温泉旅游，盘锦“红海滩”湿地旅游和葫芦岛“葫芦古镇”旅游等品牌的影响力。积极发展大连国际邮轮旅游，积极延伸东北亚航线，拓展俄罗斯的远东旅游市场，建设邮轮旅游岸上国际配送中心。强化辽宁沿海的 6 市一体协同，建立滨海旅游的合作机制，共同策划精品线路，促进旅游一体化协同发展。《辽宁沿海经济带高质量发展规划》明确 6 市文旅产业重点发展方向：大连培育壮大文旅产业等现代服务业，丹东、锦州、营口培育壮大、做大做优文旅康养业，盘锦提升现代农业品质，葫芦岛培育壮大文化旅游等新兴产业。

根据辽宁沿海经济带的区位条件、资源禀赋、产业基础和环境承载力等实际，加快提升大连的示范带动作用，加大“渤海翼”和“黄海翼”的系统一体发展，充分发挥国家级新区、开发区、自贸实验区等重点开发开放平台作用，形成“一核引领、两翼协同、多点支撑”的高质量发展总体布局。辽宁沿海没有长三角、珠三角实力雄厚的民间经济基础和京津地区的老牌大城市基础，针对辽宁沿海经济基础相对薄弱、人口较少、城镇密度不高等情况；利用辽宁沿海良好的人居环境：环境优美、山海相连，气候宜人等优势，提出“全域旅游”，突破传统、化零为整谋划辽宁滨海资源的利用，通过“促城、推镇、兴村”等战略有效促进辽宁沿海经济带发展步伐。

（二）辽宁沿海经济带文化旅游发展的ASEB栅格分析

表5－2 辽宁沿海经济带文化旅游发展的ASEB战略矩阵图

	活动 Activity	环境 Setting	体验 Experience	利益 Benefit
优势 Strength	1. 资源丰、类型全、分布佳，观光、休闲度假、商务、专项等旅游活动基础好 2. 山海林泉岛雪生态优，边城节俗文化良，旅游产业后劲足 3. 避暑良地，古今文化灿烂，满、锡风情独特，城市化水平高	1. 交通综合立体齐全，复合东北与环渤海的良好区位，避暑型气候优势 2. 休闲度假与观光双驱旅游势头强劲 3. 沿海一体化旅游观、综合效益观、全新资源观日渐深入人心	1. 观光农园、工业示范点、文化民俗（契丹辽、清朝、鲜卑三燕等文化）提供滨海旅游体验新途径 2. 温泉＋冰雪白、革命红、生态绿、海洋蓝、皇家金等多彩旅游	1. 滨海旅游新业态增多，产业链延长，竞争环境公平化、规范化 2. 全民环境文化意识，供给人本意识、融合意识普遍提升 3. 政府引导市场为主，企业运作社会参与的运作机制形成
劣势 Weakness	1. 产业融合度低，旅游创新力不强，效益有限，战略性未现 2. 旅游资源羡余多，产品附加值低，形象不突出，品牌效应差 3. 滨海各地旅游发展不均衡，各地竞争有余、合作不足	1. 旅游战略性支柱地位、沿海各地发展重点等发展趋势不明朗 2. 环境承载力有限、社会容忍程度不高，一体化旅游发展环境欠佳	1. 缺少全方位体验的旅游综合体 2. 未出现深度体验的旅游新业态 3. 产品项目同质化：城市模式化、景区城市化、乡村庸俗化	1. 滨海地区旅游产业的扩散效益不明显，未明显带动相关产业的发展 2. 滨海地区旅游产业发展未能充分利用新型城镇化带来的发展机遇

续表

	活动 Activity	环境 Setting	体验 Experience	利益 Benefit
机遇 Opportunities	1. 高铁促同城效应，滨海公路现新机遇 2. 旅游战略支柱地位立、国民休闲纲要颁，新型城镇化、城乡海陆统筹促旅游新气象 3. 融资、土地、签证、信息等政策促旅游新格局	1. 产业转型、融合优化提供了沿海旅游创新发展的平台 2. 城市化、工业化、国际化促使海洋休闲时代全面来临 3. 新能源发展利用减低了海洋旅游发展成本	1. 慢游、深度游、小众游、无景点游新业态，生活第三地、居家游等带来滨海体验新契机 2. 发挥资源和区位条件的比较优势，创新体验性旅游	1. 滨海旅游发展与新一轮城市化发展的耦合带来小城镇及远郊乡镇的发展机遇 2. 滨海旅游发展在促动就业的同时，也改善了体验的生态环境
挑战 Threats	1. 旅游市场动态多变，无景点、在线等新业态促生新模式 2. 旅游替代品多，竞争激烈，创新难度大	1. 旅游发展多功能化导致复合型人才保障不力 2. 旅游区受双重性质、多头管理制约	1. 滨海旅游客源市场的季节性强 2. 滨海旅游存在文化附会，导致旅游体验失真	1. 传统滨海旅游产品老化，造成体验型旅游满意度不高 2. 滨海各地恩格尔系数偏大，隐性增加体验成本

（三）辽宁沿海经济带旅游资源评价

辽宁沿海经济带旅游资源与产品丰富，类别众多，功能齐全。传统观光旅游时代旅游资源与产品的艺术观赏价值是发展旅游的主要依托，如今休闲游憩时代旅游资源与产品的艺术观赏价值、历史文化价值、科学考察价值、垄断独特价值、新奇价值、参与价值等都成为旅游赖于开发的因素，旅游资源的内涵外延无限延展成为时代特征，本报告传统与现代节点取国家调整休假制度的 2009 年。

1. 辽宁沿海经济带旅游资源时空概况

辽宁沿海地区 6 地市及其下辖区的旅游概况如下：

中国最大边境城市鸭绿江畔最美丹东：丹东位于辽宁东南部，东与朝鲜民主主义人民共和国隔江相望，是我国最大的边境城市。辖 3 区 2 县级市 1 自治县，面积 1.52 万平方千米，人口 239 万，轻工业城市丝绸之城。丹东地理位置独特，自然人文交相辉映的旅游名城，青山沃野河湖密布，火山群瀑布群温泉区江海岛等自然奇观，还有白石砬子自然保护区，青山沟风景区，五龙山，天华山，大孤山，天桥沟，五龙背，大鹿岛，獐岛等风景区；明代万里长城东部起点虎山长城，抗美援朝纪念馆，鸭绿江及其大桥，国门名山凤凰山，原始古村落历代古城池古战场遗址等。丝绸、板栗、嫣红桃、九九草莓、黄蚬子等是特产。

鸭绿江口湿地东港：东港位于辽东半岛东部，是隶属丹东市的县级市和新型港口城市，有沿江、沿海、沿边的三沿区位优势，是辽宁沿海经济带的东端起点，是北黄海翼建设的核心区。全境陆域面积 2445 平方千米、海域面积 3500 平方千米，海岛岸线 126 千米，总人口 60 万。东港市人文历史悠久，境内有各历史时期的古文化遗址 200 余处，自然资源丰富，旅游资源独具特色。拥有“一山、两泉、三岛、一湿地”独特景观，境内鸭绿江入海口处的江海界碑是鸭绿江国家级风景名胜区主要景观之一。西部的大孤山古建筑群是辽宁省保存最完整的集佛、道、儒三教合一的清代中晚期大型古刹，为省级重点文物保护单位，是省级风景名胜区。盛产鱼、虾、蟹、贝等各类海鲜特产。

浪漫之都时尚大连：大连位于辽东半岛，旧称青泥洼，得名大连湾，辖 7 区 2 县级市 1 县，面积 1.26 万平方千米，593.6 万人，20 多个民族。东北亚国际航运、物流、区域性金融中心，东北门户和最大港口城市，全球 500 佳，国际花园、国家园林、最佳旅游、全国文明、国家环保模范城市，振兴东北的龙头。中国著名海滨旅游城市和避暑疗养休假胜地，有北方明珠浪漫之都、服装城、足球城、槐花城、中国最佳旅游城市等美誉。有棒棰岛，碧海山庄，金石滩，老虎滩，星海湾，圣亚海洋世界，极地海洋动物馆，森林动物园，蛇岛，下家河子海滨，西郊度假区，安波温泉，朝阳沟森林公园，仙人洞森林公园，仙浴湾度假区，白玉山，中日甲午海战和日俄战争遗址，老铁山自然保护区，冰峪度假区等。节庆有国际服装节，赏槐会，烟花爆竹迎春会，国际啤酒节，出口商品交易会，国际马拉松赛等节事活动已成规模享誉国内外。大连的海参，鲍鱼，扇贝，对虾等是著名海珍品。

辽南小桂林庄河：庄河地处辽东半岛东南部大连的东北端，大连所辖的北三市之一，面积 4034 万平方千米，人口 90 万，海岸线长 215 千米，区内有滩涂

260平方千米，海洋资源极其丰富。庄河自然条件优越，四季分明，环境优美，风光秀丽，自然造就丰富的旅游资源：南部沿海有黑岛、蛤蜊岛、海洋乐园海滨度假村；中部有城山古城、龙山湖；北部以冰峪省级旅游度假区（有辽南小桂林之称）为龙头，有仙人洞自然保护区、天门山风景区、步云山温泉、桂林峰生态山庄等。

敬母圣地河海泉城—营口：营口位于辽东半岛西北部，辖4区2县级市，面积5402平方千米，人口245万，我国东北最早的海上通商口岸，全国知名轻纺工业城。营口高山大海河川造就了胜景奇观，望儿山，青龙山，赤山国家森林公园峰峦叠嶂果树成林更有温泉和植物园点缀其间，鲅鱼圈黄金海岸，浴场是旅游疗养度假胜地；历史悠久新石器时代墓葬遗址石棚山石棚，东北四大禅林之一的楞严禅寺，盖州上帝庙等。

湿地之都红滩盘锦：盘锦地处辽宁西南部辽河平原最南端，辖3区1县，面积4603平方千米，人口144万，产河蟹大米素有鱼米之乡美誉，辽宁重要的商品粮优质大米和水产品基地，我国第三大油气田。盘锦自然景观优美，有苇海鹤乡红海滩美景，国家级自然保护区双台子河口自然保护区等，辽河碑林，鱼米之乡石油之城，独特工农业资源。

辽西重镇滨海城市锦州：锦州坐落在中国东北的辽宁省，南临渤海，北枕松岭，居贯通华北、东北和内蒙古东部的咽喉之地。锦州建城历史达2100年，自古就是辽西走廊东端的军事和商贸重镇，居住着汉、满、蒙、回等多个民族，人口达300多万。锦州市总面积10301平方千米，现有不临海的凌河区、古塔区、太和区、松山新区和临海的经济技术开发区与龙栖湾新区，下辖不临海的黑山县、义县、北镇市和临海的凌海市。滨海城市锦州拥有长97.7千米的海岸线、近海12万公顷的水域和沿海26.6万亩的滩涂面积。境内自然风光奇特秀丽、名胜古迹灿烂辉煌，旅游资源类型齐全、组合优良。其中素以一桥一盘古（笔架山天桥、三清阁海上盘古）、一窟一墓群（万佛堂石窟、辽代龙岗墓群）、一酒一化石（道光廿五宫廷宴酒、宜州古生物化石）、两果两馆（北镇鸭梨、苹果和辽沈战役纪念馆、锦州市博物馆）、三山三河（医巫闾山、北普陀山、笔架山和大凌、小凌河、女儿河）、三园三塔（松山生态园、吴楚庄园、廉政苹果园和大广济寺塔、崇兴寺双塔）、四寺庙（奉国寺、青岩寺、大广济寺、北镇庙）、五菜（沟帮子熏鸡、北镇猪蹄、干豆腐、锦州烧烤、锦州小菜）而著称。锦州市2013年承办了世界首次海洋主题的园林园艺博览会，借此来提升锦州市作为滨海城市的知名度和整体旅游发展水平。

中国北方的海上传奇葫芦岛：葫芦岛地处辽宁西南部，辖3区2县1县级市，面积1.04万平方千米，人口280万，山海关外第一市，辽西区域金融中心城市，杨利伟故乡，国家级园林城，中国铮岛。葫芦岛是环境清新的滨海城市，有明代古城兴城，第二北戴河兴城海滨，京东首关九门口长城，秦汉宫殿遗址碣石宫，兴城菊花岛，兴城温泉，祖氏石坊，兴城文庙，西沟长城等。葫芦岛产核桃，建昌优质核桃名闻全国。

山海泉城岛—兴城：兴城是辽东湾西岸的带型城市，是葫芦岛下辖县级市，有古城、温泉，是国家风景名胜区和省级历史文化名城，集山海泉城岛于一体，面积2147平方千米，总人口54万。兴城是明代宁远城，清代宁远州，是我国保存最完好的明代城池，历经宁远保卫战、宁锦大捷，内城保存完好。首山是国家森林公园，兴城海滨景色宜人，有四大海滨浴场，是国家级风景名胜区，兴城菊花岛是辽东湾最大岛屿，兴城温泉有圣水之称，祖氏石坊，兴城文庙等。

从时间维度看截至2009年辽宁沿海经济带传统的旅游资源自然类以山+海资源见长，人文类主要以文化+民俗类资源为多；从空间横向维度看辽东湾东西两侧以山+林风景为主（辽东、辽西山地丘陵及覆盖的森林），中间以城市+田园风光为主（辽河平原城市加稻田湿地滩涂）。

如今休闲游憩为主的时代，辽宁滨海旅游资源外延大大扩展，自然类除山海风光外，具有比较优势的还有避暑型气候、季节性或独特性生物景观（例如桃花、梨花、红海滩等）、养生型温泉等；人文型中具有比较优势的除文化民俗外，具有比较优势的有红色旅游资源、工业旅游资源、农业旅游资源、节会旅游资源、民族民俗旅游资源、主题型旅游资源等。

旅游资源的动态性决定的，不同时期辽宁沿海经济带旅游资源，随着游客主观需求和客观形势变化，在相对稳定的基础上，会有一定程度的变化。新世纪之交我国旅游才真正步入发展的快车道，其赖以发展的基础——旅游资源与产品出现不断更新，1999年我国推出旅游区质量评定的国家标准，2001年评出了第一批A级旅游区，2003年我国公布了旅游资源分类评价的国家标准，使得旅游资源的评价不同以往；1999年起我国实施的国庆、五一等长假制度在客观上增加了对旅游资源及产品的需求，2002年辽宁沿海第一次有了世界物质文化遗产。旅游实践与旅游资源相关政策相比往往会有滞后性，因此旅游资源与产品评价中的关键的时间节点大部分都在新世纪，因此本报告的时间段选取21世纪。

(1) 目前辽宁沿海经济带旅游旅游资源概况。

辽宁沿海经济带旅游资源包括：旅游（景观）资源（旅游区和旅游城镇）、旅游设施（星级饭店、机场高铁）、旅游服务（旅行社、高等院校）、旅游进入性（等级公路里程）等，具体见表5－3。

表5－3　　　　辽宁省旅游资源一览表

	世界级			国家级				省级				市县级				
	世界遗产	最佳城市	5A旅游区	4A旅游区	优秀城市	历史文化名城	特色景观名村镇	3A旅游区	5星级酒店	机场	高铁	A旅游区	星级酒店	等级公路（万公里）	旅行社	高等院校
大连	0	1	2	12	2	0	0	17	11	2	2	18	130	8.96	398	32
丹东	0	0	0	6	2	0	1	4	0	1	0	0	46	5.99	78	3
锦州	0	0	0	8	1	0	0	5	2	1	2	2	19	7.22	48	8
营口	0	0	0	2	1	0	0	3	3	0	2	1	21	3.37	73	3
盘锦	0	0	1	2	1	0	1	4	0	0	2	2	13	3.31	60	1
葫芦岛	1	0	0	5	2	0	1	5	0	0	2	4	25	6.64	11	2
省总计	6	1	6	66	18	1	5	112	26	7	3	88	479	60.8	1199	112
沿海总	1	1	3	35	9	0	3	38	16	4	10	27	253	35.49	668	49

注：资料来源于实地调研结合《辽宁省各地国民经济统计公报》、辽宁省各地政府及旅游官网等资料整理所得。

旅游（景观）资源（旅游区和旅游城镇村）决定旅游发展方向，尤其是通过国标评审公布的A级以上旅游区和国家级历史文化名城、特色景观名村镇等，是目前旅游发展的主要依托，基于室内文献研究结合室外实地调研可知，截至调研时止，辽宁沿海经济带103处A级以上旅游区分布具体见表5－4，图5－2。

表 5－4　　辽宁沿海经济带 A 级旅游区分布一览表

	5A	4A	3A	2A/1A
大连 49 处	老虎滩海洋公园 金石滩旅游度假区 2 处	森林动物园 圣亚海洋世界 冰峪旅游度假区 现代博物馆 旅顺东鸡冠山景区 自然博物馆 旅顺白玉山景区 棒棰岛宾馆景区 旅顺日俄监狱旧址 关向应纪念馆 西郊国家森林公园 夏丽高尔夫俱乐部 (共 12 处)	安波温泉 大连观光塔 大连大学博物馆 金龙寺国家森林公园 大黑山风景区 大长山岛镇风景区 开发区文化广场 旅顺生命奥秘展览馆 闯关东影视基地 银石滩国家森林公园 旅顺南山俊景 海王九岛旅游度假区 香洲田园城 横山寺森林公园 古驿城景区 女子骑警基地 仙浴湾旅游度假区 (共 17 处)	黑岛旅游度假区 蛤蜊岛旅游区 城山古城旅游区 广鹿岛老铁山 獐子岛英嘴石 骆驼山森林公园 天一庄园旅游区 石城山庄旅游区 龙潭山风景区 永宁庙山旅游区 万家岭老帽山 御果蓝莓生态园 九龙山生态园 长青树休闲农庄 金科生态园艺场 后石渔家游 东沟农家游 向应农业园区 (共 18 处)
丹东 10 处		鸭绿江风景名胜区 凤凰山风景名胜区 天华山风景名胜区 抗美援朝纪念馆 天桥沟森林公园 五龙山风景区 (共 6 处)	黄椅山森林公园 大孤山风景名胜区 大鹿岛风景名胜区 獐岛旅游景区 (共 4 处)	
锦州 15 处		锦州市博物馆 北普陀风景名胜区 辽沈战役纪念馆 笔架山旅游区 大芦花风景区 义县奉国寺景区 医巫闾山风景区 清岩寺风景区 (共 8 处)	凌河公园 凌海萧军纪念馆 凌海吴楚庄园 闾山森林公园 凌海岩井寺 (共 5 处)	万佛堂石窟 宜州化石馆 (共 2 处)
营口 6 处		望儿山风景旅游区 月亮湖景区 (共 2 处)	月亮湖公园 营口西炮台遗址 人民公园 (共 3 处)	楞严寺旅游区（A） (共 1 处)

续表

	5A	4A	3A	2A/1A
盘锦 8 处	红海滩	红海滩风景区 苇海鼎翔旅游度假区 （共 2 处）	中兴公园 湖滨公园 知青总部 辽河绿水湾景区 （共 4 处）	鑫安源绿色生态园 西安生态养殖场 （共 2 处）
葫芦岛 14 处		兴城古城 龙湾海滨风景区 葫芦山庄 九门口水上长城※ 兴城海滨国家风景名胜区 （共 5 处）	白狼山风景区 菊花岛旅游风景区 龙潭大峡谷景区 凉水井子灵山寺 龙湾海滨滑雪场 （共 5 处）	圣水寺 人文纪念公园 红螺山风景区 乌云山生态休闲农庄景区 （共 4 处）
总计	3	35	38	27

注：资料来自实地调研结合辽宁省各地政府及旅游官网等资料整理所得，其中带※为世界遗产。

除旅游区外，辽宁另一重要的旅游（景观）资源是各类旅游城镇，辽宁是我国城镇化水平较高的省域，其中国家级旅游城镇（中国优秀旅游城市、国家历史文化名城、国家历史文化名镇村、全国特色景观名镇村等）吸引力较大需加以重视。截至调研止辽宁沿海经济带有 12 处国家级以上旅游城镇，见表 5－5。

表 5－5　　辽宁沿海经济带国家级旅游城镇分布一览表

	中国优秀旅游城市	国家历史文化名镇村	全国特色景观名镇村
大连※	√＋庄河		
丹东	√＋凤城	东港市孤山镇	
锦州	√		
营口	√		
盘锦	√		大洼县王家镇
葫芦岛	√＋兴城	绥中县前所镇	
辽宁沿海经济带总计	9	2	1

注：资料来源于实地调研结合辽宁省各地政府及旅游官网，其中带※为最佳旅游城市。

除了国家评定的质量较高的A级旅游区外，辽宁省域旅游还有众多其他旅游区，也在旅游发展中发挥重要作用，经过实地调研和室内统计梳理可知，辽宁沿海经济带147处A级旅游区外的其他旅游区具体情况，见表5-6。

表5-6　　辽宁沿海经济带其他旅游区分布一览表

市	其他旅游区
大连131处	仙人洞自然保护区、斑海豹自然保护区、大赫山国家森林公园、普兰店国家森林公园、长山群岛海岛国家森林公园、旅顺口国家森林公园、仙人洞国家森林公园、俄国建筑、中苏友谊纪念塔、中山广场近代建筑群、关东厅博物馆旧址、开发区箸文化陈列馆、傅家庄公园、燕窝岭景区、海军舰艇展览中心、世界和平公园、绿山游乐园、仙浴湾、水师营会见所、卡丁车俱乐部、金石滩金石缘公园、金石滩天鹅湖度假村、植物园、七贤岭旅游度假区、东海公园、劳动公园、海昌旅游集团有限公司、夏家河子公园、红旗镇乡村旅游、岔鞍休闲观光农业区、星海公园、朝阳寺、长兴酒庄酒文化博物馆、艺术展览馆、大黑石旅游度假村、三兹和休闲农庄、林海滑雪度假村、甘井子公园、金龙寺森林公园、九九集团休闲垂钓、旅顺博物苑区、成园温泉山庄、旅顺兵器馆、龙王塘公园、海王度假村、华仕山庄、旅顺军港公园、二〇三景区、福慧温泉山庄、狮虎园营城子民俗文化村、蛇岛
	老铁山自然保护区、苏军胜利塔、黄渤海分界旅游区、蛇岛自然博物馆、太阳沟、恐龙探海夺天公园、九一八事变策划地、石河农业园区、俄日风情街、龙王庙海滨旅游度假区、瓦房店市博物馆、城山头海滨地址自然保护区、阿尔滨水上乐园、金州区博物馆、金州礼仪山庄、金科生态园、瓦房店市街心公园、得利寺庙、长兴岛公园、龙山涌泉寺、龙门温泉旅游度假区、悦龙山庄、东山公园、金斗湖、复州古城、西中岛、横山书院、碧流河、金刚石矿游览区、龙潭风景旅游区、水上人间、明泽湖、安波温泉旅游度假区、龙潭道观、安波温泉大圣疗养院、朝阳沟、俭汤温泉、城山菩萨庙、双泉寺旅游风景区、二龙山国家森林公园、七道房等水库、千年古莲园、普兰店森林公园、老帽山、白云山、吴姑城、巍霸山城清泉寺、九龙山、城子坦镇三清观、普兰店市博物馆、乐甲满族风情园、天门山旅游区、双凤朝阳塔、步云山温泉旅游区、长山群岛风景区、金沙滩浴场、獐子岛森林公园、三元宫景点、西草坨子景区、皮口小平岛旅游度假区、耶尔马克湾旅游区、大长山岛祈祥园景区、大长山岛北海浴场、广鹿岛铁山月亮湾景区、长海县卧佛、广鹿岛彩虹滩仙女湖景区、北坨子景区、风力发电厂、海神娘娘广场、海珍品育苗场、海洋岛森林公园、苦娘顶、石城响岛、石城岛银窝石林风景区、黑面琵鹭景区、鸟岛、大象戏水、双狮岛斧劈岩、黑白石景点 、神龟镇海景点、国际灯塔

续表

市	其他旅游区
丹东 38 处	青山沟景区、白石砬子自然保护区、孤山国家森林公园、花脖山、海华珍奇博物馆、清真寺、蒲石河森林公园、温泉山庄、太平湾、玉龙湖、地藏寺、观音庵、九水峡、锦江山公园、江海分界碑、丹东人洞穴遗址、汉西安平县遗址、水电站大坝、安平河、世标山庄、红铜峡、水丰湖、太平湾、小鹿岛、响水寺、白鹭自然保护区、虎山长城、五龙背温泉、五龙高尔夫俱乐部、凤凰山庄、东汤温泉、大梨树生态农业观光旅游区、东圣花果山、鸡关山、土门水库、海洋红小岛风景区、铁甲水库景区、河口旅游区
锦州 55 处	锦州世博园、文雅博物馆、八一公园、儿童公园、动物园、凌西公园、凌河水上公园、大广济寺辽塔、大小凌河、女儿河、廉政苹果园、松坡公园、东湖公园、松山生态园、道光廿五酒博物馆、古玩城、辽西小商品批发城、二郎洞、龙栖湾海滨、白沙湾海滨、茶山风景区、凌海明珠广场、花园酒店、翠岩山景区、辽沈战役指挥所、九华山温泉、沟帮子熏鸡工业旅游示范点、北镇庙、北镇鼓楼、李成梁石坊、闾山双山峰寺风景区、龙岗墓群北镇农业旅游区灵山、五佛寺、帝王谷、双峰山、天仙观、宝林楼、老爷岭、义县文物保管所、广胜寺塔、中德地质公园、化石馆、青塔寺、双龙寺、大石湖景区、大洋影视城、嵩山寺双塔、蛇盘山风景名胜区、莲花湖、南湖公园、龙湾水库风景区、善德寺名胜旅游区、黑山天主堂、黑山阻击战纪念馆
营口 47 处	月牙湾海滨、墩台山风景区、辽河广场、老街、白沙湾海滨浴场、仙人岛海滨浴场、熊岳金沙滩景区、天沐温泉、熊岳古城、忆江南温泉、虹溪谷温泉、思拉堡温泉小镇、皇家园林酒店温泉、鲅鱼圈港、海上乐园、辽河公园、红海旅游区、金沙滩海滨浴场、观海大堤、植物园、山海广场、金牛山古人类遗址、迷镇山及庙会、娘娘庙、石棚群、黄丫口景区、蟠龙山公园、青龙山风景旅游区、北海浴场、青龙寺、北海风景旅游区、清河石门漂流、慈航寺、兴辰温泉度假村、双台温泉旅游度假区、仙人岛森林公园、盖州钟鼓楼上帝庙、九垅地森林公园、石棚山石棚、赤山风景区、盖州国家森林公园、雪帽山、龟石滩、绣龙森林公园、仙侣山庄、何家沟滑雪场、民俗博物馆
盘锦 29 处	双台河口自然保护区、鹤乡湖休闲旅游区、水禽园、辽河油田科技馆、辽河油井塔林、辽河碑林、辽河文化产业园区、张氏祖居祖坟、盘山省级森林公园、田庄台关帝庙、喜彬念佛堂、莲花寺、马术俱乐部、太平河风光带、蛤蜊岗、中尧七彩庄园、花博园、上口子农业旅游区、绿水岸休闲养生长廊、1948 开心农场、辽河口苇海湿地景区、东晟园艺基地、华原绿缇葡萄酒庄、甲午战争殉国将士墓、大米博物馆、饶阳湾景区、南大荒农场、鸳鸯沟旅游区

续表

市	其他旅游区
葫芦岛 47处	葫芦岛市博物馆、小虹螺山竹林寺、乌金塘水库、望海寺、筑港纪念碑、张学良别墅、台集屯古城遗址、三台子烽火台、塔山烈士陵园、海雷度假村、龙湾公园、飞天广场、龙背山森林公园、阳光海滩旅游度假村、柏山清泉寺、西山公园、兴城钟鼓楼、文庙、首山国家森林公园、兴城温泉别墅、磨石沟塔、祖氏石坊、白塔浴塔、跳石沟风景区、朱梅墓园、碣石省级旅游度假区、止锚湾海滨秦汉宫殿遗址群、前所古城、将军湖、妙峰寺塔、前卫歪塔、姜女石遗址、白狼山自然保护区、新浪海滨浴场、鑫龙湾生态园、塔山阻击战纪念塔、张作霖别墅、塔子沟双塔、皓家住宅、周家住宅、电厂海滨浴场、蓟辽督师府、张山岛、三礁揽胜、小河口长城、万佛禅寺、六股河关外第一漂

（2）辽宁沿海经济带旅游资源时空概况。

2009年之前我国旅游主流供给是4A级以上旅游区和国家优秀旅游城市，2009年底定位旅游业为战略性支柱产业后旅游供给多元化、全域化，空间覆盖了普通旅游资源和村镇，因此2009年之前的旅游资源评价主要选取4A级以上旅游区和国家优秀（最佳）旅游城市、历史文化名城等，2010年之后选取A级以上旅游区和优秀城镇；时间上选取有代表性的年份，并由其代表之前和之后几年的旅游资源状况。辽宁沿海经济带旅游资源时空具体分布见表5-7。

表5-7　　辽宁沿海经济带旅游资源时空一览表

类别	4A以上旅游区+(世界遗产)				A以上旅游区		优秀（最佳）旅游城镇（历史文化名城）					
年份	2002	2004	2006	2009	2011	2013	2002	2004	2006	2009	2011	2013
大连	5	8	10	12	34	49	1	1	2(1)	3(1)	3(1)	3(1)
丹东	0	5	6	6	10	10	1	1	1	1	2	2
锦州	0	2	4	6	12	15	1	1	1	1	1	1
盘锦	0	0	2	0	7	8	0	0	1	2	2	2
葫芦岛	0(1)	0(1)	3(1)	5(1)	13	14	0	2	2	2	2	2
全省	17	32+1	49+1	61+1	215	269	8	11	16+1	21+1	23+1	23+1
沿海	5	15+1	25+1	29+1	80	96	3	5	7+1	9+1	10+1	10+1

2. 辽宁沿海经济带旅游资源时空结构与特点

（1）辽宁沿海旅游地资源的时空结构解析。

辽宁省旅游地资源数量大、类型全，从空间结构上呈现为圈层式布局：东（包括丹东等）、西（包括葫芦岛、锦州等）、南（包括大连、营口、盘锦）三大圈层。

空间结构研究离不开时间维度，高铁改变了人们空间感知距离，高铁开通是空间结构的关键时间节点，基于京哈、哈大、盘营等高铁开通，辽宁旅游呈现出点轴式“剪刀状”空间布局结构。其结构分内外两层呈“人”字形骨架（上半部为“剪刀”刀刃部分，下半部的沈阳—盘锦—锦州—葫芦岛—兴城、沈阳—辽阳—鞍山—营口—大连为“剪刀”刀身部分），内层为旅游资源集中分布区，是旅游发展的核心发力层；外层为两个“半圆”型柄状，其左半柄由沈阳—阜新—朝阳—兴城—葫芦岛构成，右半柄由沈阳—抚顺—本溪—丹东—庄河—大连构成，外层也分布了一定数量旅游资源，是旅游发展的腹地层，内外层面共同支撑辽宁旅游的发展。

（2）辽宁沿海经济带旅游地资源特点。

辽宁沿海旅游地资源密度大：分布有 12 座国家级以上的旅游城镇、113 处 A 级旅游区、147 余处其他旅游区，其密度之大。

辽宁沿海旅游地资源品位高：有 1 处世界文化遗产，最佳旅游城市 1 座，5A 级旅游区 3 处；全国优秀旅游城市 9 座，全国历史文化名镇 2 座，全国特色景观村镇 1 座，4A 级旅游区 35 处；3A 级旅游区 38 处。辽宁沿海旅游地资源不仅数量大，而且品位高。

辽宁沿海旅游地资源类型全、组合优：自然与人文资源在辽宁各地交相辉映。其中自然旅游资源有山、海、岛、江河、温泉、避暑气候、林、湿地、珍稀动植物等；人文旅游资源有古人类遗址、古建筑、古墓葬、宗教、城镇、文学艺术、民俗风情等，资源类型多样、组合良好。

辽宁沿海旅游地资源融合性、动态性强：海洋世界、方特世界、发现王国等主题景区火爆，道光廿五宫廷宴酒、满族剪纸等文化品牌传承，海岛、森林、湿地、民族风情等倍受青睐，旅游发展涉及多产业，旅游与农业、林业、牧业、渔业、工业、商业、房地产业、信息业、文化业在辽宁融合出新业态（游轮游艇、温泉地产、高尔夫度假地、房车营地、市民农园、酒庄、生活第三地等）并不断壮大，充分表明随着时间推移旅游地资源不仅涵盖自然人文等观光思路的资源，还拓展为社会性资源（环境资源、生活资源、产业资源等），旅游地资源范畴无限拓展。

3. 辽宁沿海经济带旅游资源评价

（1）辽宁沿海旅游地资源广度指数。

把表5－4，表5－6中辽宁沿海旅游地资源中的A级旅游区和其他旅游区的具体数据代入（5－1）旅游旅游资源的广度指数公式 $B_j = \frac{Q_j}{\sum_{j=1}^{n} Q_j}(j = 1,2\cdots,n)$，计算后得目前辽宁省域旅游旅游资源广度指数表5－8：

表5－8　　辽宁沿海经济带旅游资源广度指数一览表

旅游 j	大连	丹东	锦州	营口	盘锦	葫芦岛
景观数量	180	48	70	53	37	61
广度指数 B_j	0.206	0.055	0.080	0.061	0.042	0.070
旅游 j	沿海经济带		辽西走廊		辽宁省	
景观数量	449		249		872	
广度指数 B_j	0.515		0.286		1	

注：沿海经济带包含丹东、大连、营口、盘锦、锦州、葫芦岛6市；辽西走廊包括盘锦、锦州、葫芦岛、阜新、朝阳5市。

（2）辽宁沿海经济带旅游地资源深度指数。

把辽宁沿海经济带旅游地资源的具体数据表5－3，代入（5－2）旅游旅游资源的广度指数公式 $D_j = \frac{Q_j}{\sum_{j=1}^{n} Q_j}(j = 1,2\cdots,n)$ 和公式（5－3）旅游地资源加权品质数：

$$Q_j = 50(R_{1j} + R_{2j} + R_{3j}) + 30(R_{4j} + R_{5j} + R_{6j} + R_{7j}) + 15(R_{8j} + R_{9j} + R_{10j} + R_{11j}) + 5(R_{12j} + R_{13j} + R_{14j} + R_{15j} + R_{16j})$$

计算后得目前辽宁省域旅游旅游资源深度指数表5－9：

表 5－9　　辽宁沿海经济带旅游资源深度指数一览表

旅游 j	大连	丹东	锦州	营口	盘锦	葫芦岛
加权品质数量 Q_j	3985	1010	841	717	607	638
深度指数 D_j	0.236	0.06	0.05	0.042	0.036	0.038
旅游 j	沿海经济带		辽西走廊		辽宁省	
加权品质数量 Q_j	7798		3163		16914	
深度指数 D_j	0.461		0.187		1	

注：沿海经济带包含丹东、大连、营口、盘锦、锦州、葫芦岛 6 市；辽西走廊包括盘锦、锦州、葫芦岛、阜新、朝阳 5 市。

（3）辽宁沿海旅游地资源指数。

把表 5－8 中目前辽宁沿海旅游地资源广度指数 B_j、表 5－9 中目前辽宁沿海旅游地资源深度指数 D_j 的具体数据代入（5－4）旅游旅游资源指数公式 $R_j = B_j \times D_j \times 100(j=1,2\cdots,n)$，计算后得目前辽宁沿海旅游旅游资源指数表 5－10：

表 5－10　　辽宁沿海经济带旅游资源指数一览表

旅游 j	大连	丹东	锦州	营口	盘锦	葫芦岛
资源指数 R_j	4.8616	0.33	0.4	0.2562	0.1512	0.266
旅游 j	沿海经济带		辽西走廊		辽宁省	
资源指数 R_j	23.7415		5.3482		1	

注：沿海经济带包含丹东、大连、营口、盘锦、锦州、葫芦岛 6 市；辽西走廊包括盘锦、锦州、葫芦岛、阜新、朝阳 5 市。

（4）辽宁沿海经济带旅游资源时空指数。

辽宁沿海经济带不同时间空间旅游（景观）资源不同，如表 5－7 所示。辽宁沿海下辖各旅游不同时间的旅游（景观）资源数（表 5－7 所示）代入（5－1）旅游旅游资源的广度指数公式 $B_j = \frac{Q_j}{\sum_{j=1}^{n} Q_j}(j=1,2\cdots,n)$，计算后得辽宁省域旅游旅游资源时空指数（表5－11所示）。

表5－11　　辽宁沿海经济带旅游资源时空指数一览表

类别	景观资源（旅游区＋旅游城镇（村））数						旅游（景观）资源指数					
年份	2002	2004	2006	2009	2011	2013	2002	2004	2006	2009	2011	2013
大连	6	9	12	15	37	52	0.24	0.20	0.18	0.18	0.16	0.18
丹东	1	6	7	7	12	12	0.04	0.13	0.10	0.09	0.05	0.04
锦州	1	3	6	7	13	16	0.04	0.07	0.09	0.09	0.05	0.06
营口	0	0	1	2	5	7	0	0	0.02	0.02	0.02	0.02
盘锦	0	0	3	2	9	10	0	0	0.05	0.02	0.04	0.03
葫芦岛	1	3	5	7	15	16	0.04	0.07	0.08	0.09	0.06	0.05
沿海经济带	9	21	34	40	91	113	0.36	0.47	0.51	0.49	0.38	0.38
辽西走廊	2	6	15	19	63	73	0.08	0.13	0.22	0.23	0.26	0.25
全省	25	45	67	83	238	292	1	1	1	1	1	1

（四）辽宁沿海经济带旅游旅游经济时空评价

1. 辽宁沿海经济带旅游经济概况

（1）辽宁沿海经济带旅游旅游经济概况。

采用旅游地的GDP值、第三产业增加值（旅游属于第三产业）、旅游总收入（包括国内旅游收入、旅游外汇收入）、接待旅游总数（国内旅游数、国际入境旅游数），共8个指标来衡量辽宁沿海旅游旅游经济发展状况，具体见表5－12。

表5-12　　　辽宁沿海经济带旅游经济一览表

收入/产出 目的地	GDP（亿元）	三产增加值（亿元）	旅游总收入（亿元）	国内旅游收入（亿元）	旅游外汇收入（亿美元）	总接待（万人次）	国内（万人次）	入境（万人次）
大连	7650.8	3281.2	900.8	850.4	8.13	5349.9	5230.9	119.0
丹东	1107.3	412.1	377.0	358.6	3.0	3282.0	3229.0	53.0
锦州	1344.9	486.1	332.8	319.7	2.1	3245.4	3211.0	34.4
营口	1513.1	605.9	226.0	218.4	1.2	1709.1	1685.0	24.1
盘锦	1351.1	325.2	264.6	256.3	1.6	458.9	453.5	5.4
葫芦岛	775.1	310.0	271.0	204.1	0.5	1972.3	1962.1	10.2
沿海经济带	13742.3	5420.5	2372.2	2207.5	16.5	16017.6	15771.5	246.1
辽西走廊	5089.1	1602.5	1151.47	1060.7	4.6	8051.4	7993.9	57.5
辽宁省	27077.7	10486.6	4648.1	4432.8	34.8	40930.1	40427.0	503.1

注：资料来源于《辽宁统计年鉴》、《中国区域经济统计年鉴》、辽宁省各地国民经济统计公报等，其中沿海经济带包含丹东、大连、营口、盘锦、锦州、葫芦岛6市；辽西走廊经济带包括盘锦、锦州、葫芦岛、阜新、朝阳5市。

辽宁沿海旅游经济指标总值中，最高值位于大连市，其中最高值是大连市的有GDP值、第三产业增加值、旅游外汇收入和接待入境旅游数，大连市在经济总量尤其是第三产业和国际旅游发展中属于龙头。沿海各旅游经济指标总值中，最低值位于辽西走廊，其中最低值是盘锦市的有旅游接待总数和国内旅游接待总数，盘锦市在全省各旅游中旅游接待量尤其国内旅游接待量位居末尾。

（2）辽宁沿海经济带旅游经济时空概况。

衡量旅游的经济指标众多，其中最能真实反映旅游经济的指标当数旅游总收入，本文采用典型年份旅游总收入（包括国内旅游收入、旅游外汇收入）来衡量辽宁沿海下辖各目的地旅游经济时空状况，具体见表5-13。从辽宁省历年旅游总收入来看，2009年之后最高值位于大连市；历年的最低值都位于辽西走廊。

表 5－13　　　　　辽宁沿海经济带旅游经济时空一览表

类别	经济总量（旅游总收入亿元）					
年份	2002	2004	2006	2009	2011	2013
大连	135.59	170.21	259.77	480.21	650.26	900.8
丹东	26.48	40.20	65.55	171.16	279.61	377.0
锦州	16.99	21.72	39.25	96.28	152.61	332.8
营口	12.64	13.16	17.57	89.50	147.90	226.0
盘锦	7.98	12.94	31.05	105.75	176.41	264.6
葫芦岛	13.57	18.51	25.58	106.09	176.40	271.0
沿海经济带	213.25	276.74	438.78	1049.00	1583.20	2372.2
辽西走廊	48.78	64.3	129.58	419.84	682.04	1151.47
全省	443.14	570.15	969.96	2225.62	3335.81	4648.1

注：资料来自历年辽宁统计年鉴和历年辽宁省各市的国民经济统计公报等。

2. 辽宁沿海经济带旅游经济评价

（1）辽宁沿海经济带旅游产业结构

辽宁沿海经济带旅游经济结构决定未来旅游发展方向，依据辽宁沿海各地旅游经济发展数据，经计算可知辽宁沿海经济带产业结构见表 5－14。

表 5－14　　　　　辽宁沿海经济带旅游经济结构

百分比 / 目的地	旅游总收入占 GDP 比	旅游总收入占三产增加值比	国内收入占总收入比	国内接待占接待总数比
大连	11.77	27.45	94.40	97.78
丹东	34.05	91.48	95.12	98.39
锦州	24.75	68.46	96.06	98.94
营口	14.94	37.30	96.64	98.59
盘锦	19.58	81.37	96.86	98.83
葫芦岛	34.96	87.42	75.31	99.48
沿海经济带	17.26	43.76	93.06	98.46
辽西走廊	22.63	71.85	92.12	99.29
辽宁省	17.17	44.32	95.37	98.77

从表 5－14 可知，目前辽宁沿海各市及下辖各地旅游总收入占 GDP 的比重均在 10% 以上，其中旅游总收入占 GDP 比重较高的是沿海经济带，比重最大的是葫芦岛（34.96%），远远高于沿海经济带平均比重 17.26% 和全省平均比重 17.17%，全省沿海地区经济发展中旅游业居于重要地位；辽宁沿海经济带各旅游总收入占第三产业增加值比重均在 27% 以上，其中占第三产业增加值比重较高的是辽西走廊，平均占比 71.85%，远远高于全省平均比重 44.32%，可见辽西走廊的旅游业是第三产业中活力最大者；辽宁沿海各地旅游除葫芦岛（75.31%）外，其他各地国内旅游收入占旅游总收入比重均在 90% 以上，即使国际旅游繁荣的大连此项比重也高达 94.40%，国内旅游收入占旅游总收入比重全省平均达 95.37%；辽宁沿海各地旅游除大连外，其他各地接待国内旅游人数占旅游总人数比重均在 98% 以上，接待国内旅游人数占旅游总人数比重全省平均达 98.77%，即使入境旅游者最多的大连此项占比也高达 97.78%，可见辽宁沿海经济带旅游发展主要依靠国内旅游。通过以上分析可知辽西走廊旅游产业发展势头强劲。

（2）辽宁沿海经济带旅游经济空间结构。

依据辽宁沿海经济带旅游经济发展数据，经过计算可知辽宁沿海各地旅游旅游发展的空间结构，见表 5－15。

表 5－15　　　　辽宁省旅游经济空间结构

目的地＼占全省百分比	GDP 比	旅游总收入比	国内旅游收入比	旅游外汇收入比	国内人次比	入境人次比
大连	28.25	19.38	19.18	23.36	12.94	23.65
丹东	4.09	8.11	8.09	8.56	7.99	10.53
锦州	4.97	6.94	7.21	6.03	7.94	6.83
营口	5.59	4.86	4.93	3.53	4.17	4.79
盘锦	4.99	5.69	5.78	4.57	1.12	1.06
葫芦岛	2.86	5.83	4.60	1.32	4.85	2.03
沿海经济带	50.75	51.04	49.80	47.39	39.01	48.91
辽西走廊	18.79	24.77	23.93	13.07	19.77	11.43
辽宁省	100	100	100	100	100	100

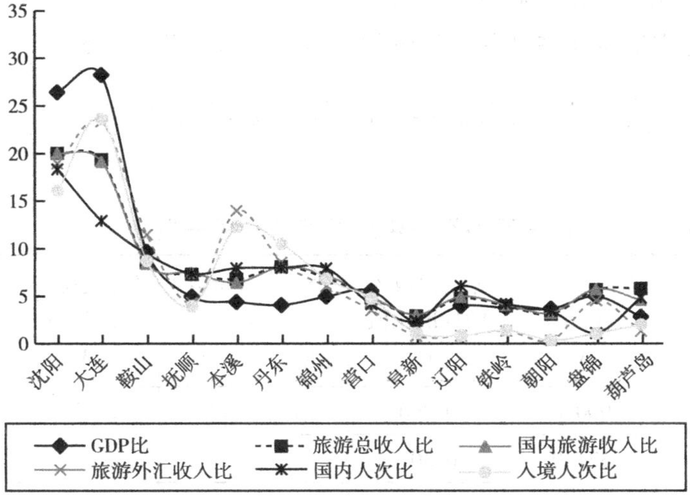

图 5-5　辽宁省市域旅游经济指标全省占比图

从表 5-15 可知辽宁沿海各市域旅游空间结构情况，如图 5-5，图 5-6 所示各项指标占全省百分比最大值集中大连市，其中大连市最大值体现在 GDP 占比，外汇收入占比、接待入境旅游人数占比方面；全省占比最低值中国内人次全省占比最小的为盘锦市，可见全省占比最低值在辽西。从沿海区域空间来看，占比最大值集中在沿海经济带龙头大连市，占比最低值集中在辽西走廊地区，因此大连市旅游经济发展现状较好，而辽西地区旅游发展的现状欠佳，但发展空间较大。

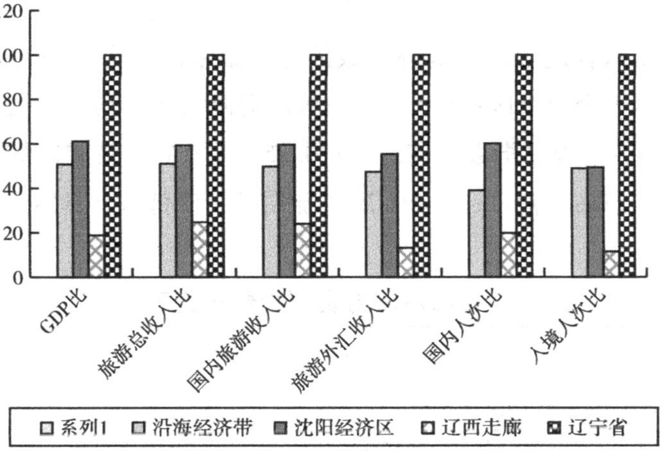

图 5-6　辽宁省区域旅游经济指标全省占比图

（3）辽宁沿海经济带旅游经济指数。

把目前辽宁沿海经济带各地旅游的旅游总收入，代入（5－5）旅游经济指数公式 $I_j=\frac{X_j-X_{min}}{X_{max}-X_{min}}$ 计算得出旅游经济指数 I_j 具体见表 5－16。

表 5－16　　辽宁沿海经济带旅游经济指数一览表

经济指数 I_j / 旅游 j	旅游总收入（亿元）X_j	旅游总收入的标准化值 I_j	经济指数 I_j / 旅游 j	旅游总收入（亿元）X_j	旅游总收入的标准化值 I_j
大连	900.8	0.960	沿海经济带	2372.2	0.349
丹东	377.0	0.301			
锦州	332.8	0.245	辽西走廊	1151.5	0
营口	226.0	0.111			
盘锦	264.6	0.159	辽宁省	4648.1	1
葫芦岛	271.0	0.167			

（五）辽宁沿海经济带旅游空间错位评价

1. 辽宁沿海经济带旅游二维矩阵模型评价

（1）旅游经济与旅游地资源空间错位二维矩阵模型评价。

根据辽宁沿海各地旅游地资源指数的计算结果，分为如表 5－17 所示的高区、中区、低区 3 个等级区：$R_j>1$ 的旅游地资源高区，具体为大连，其中大连资源指数大于 4，是资源指数最高地区；$0.25<R_j\leqslant 1$ 的旅游地资源中区具体为锦州、丹东、葫芦岛、营口；$R_j\leqslant 0.25$ 的旅游地资源低区，具体为盘锦。

表 5－17　　辽宁沿海旅游资源指数一览表

聚类区域	旅游地资源指数范围	目的地
高区	$R_j>1$	大连
中区	$0.25<R_j\leqslant 1$	锦州、丹东、葫芦岛、营口
低区	$R_j\leqslant 0.25$	盘锦

综上解析可知，目前辽沿海经济带旅游地资源无论在广度上还是在深度上都集中在城市化水平最高的大连；辽宁沿海经济带大部分地区旅游地资源属中区域；旅游地资源低区大多位于辽西走廊。

根据目前辽宁沿海经济带旅游地经济指数计算结果，分为表 5 - 18 所示的高、中、低等 3 个等级区：$I_j \geq 0.5$ 的旅游经济高区，具体大连的指数最高为 0.96；$0.1 \leq I_j < 0.5$ 的旅游经济中区具体为丹东、锦州、葫芦岛、盘锦、营口。

表 5 - 18　　辽宁省旅游经济指数一览表

聚类区域	旅游地资源指数范围	目的地
高区	$I_j \geq 0.5$	大连
中区	$0.1 \leq I_j < 0.5$	丹东、锦州、葫芦岛、盘锦、营口
低区	$I_j < 0.1$	

综上解析可知，从区域分布看辽宁沿海经济带大部分发展较好，沿海经济发展较差的区域为辽西走廊。

以表 5 - 17 旅游地资源指数为纵坐标，以表 5 - 18 旅游经济指数为横坐标，模拟构建坐标平面，从而获得辽宁沿海经济带旅游经济与旅游地资源空间错位（广义的旅游空间错位）的二维矩阵（见表 5 - 19）。

表 5 - 19　辽宁沿海经济带旅游经济与旅游地资源空间错位二维矩阵表

	旅游经济指数			
	等级	$I_j < 0.1$（低区）	$0.1 \leq I_j < 0.5$（中区）	$I_j \geq 0.5$（高区）
旅游地资源指数	$R_j > 1$ 高区	错位Ⅴ区	错位Ⅵ区	同步Ⅲ区 大连
	$0.25 < R_j \leq 1$ 中区	错位Ⅲ区	同步Ⅱ区 锦州、丹东、葫芦岛、营口	错位Ⅳ区
	$R_j \leq 0.25$ 低区	同步Ⅰ区	错位Ⅰ区 盘锦	错位Ⅱ区

根据表 5 - 19 的空间错位分析的二维矩阵表可知，目前辽宁沿海各市域旅游

经济与旅游地资源中盘锦在空间正向错位（错位Ⅰ区，旅游地资源不好，经济居中）；其他4个市域两者间均是不错位的同步关系，其中主要为同步Ⅱ区；有锦州、丹东、葫芦岛、营口；同步Ⅲ区（双高区）主要有大连。目前辽宁沿海6个市域中旅游经济发展与旅游地资源整体呈同步协调关系，即使个别错位也是旅游发展充分的正向错位，见图5－7，由此得出目前辽宁沿海经济带旅游基本不存在广义的旅游空间错位之结论。

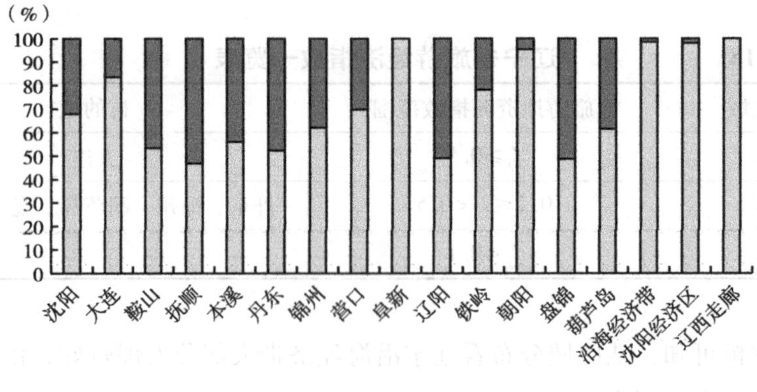

图5－7　辽宁省域旅游经济与旅游地资源空间错位图

（2）辽宁沿海经济带旅游经济与旅游景观资源空间错位分析。

旅游景观资源是目的地旅游发展基础，根据目前辽宁沿海经济带各旅游旅游景观资源（资源广度）指数计算结果，分为如表5－20所示高、中、低3个等级区：$R_j>0.1$ 旅游景观资源高区，具体为大连，其中大连景观资源指数大于0.2，是景观资源指数最高地区；$0.05<R_j\leqslant 0.1$ 旅游景观资源中区具体为锦州、葫芦岛、营口、丹东；$R_j\leqslant 0.05$ 旅游景观资源低区，具体为盘锦。景观资源高区位于大连市，辽宁沿海经济带基本不存在景观资源低区域，与旅游地资源低区分布于辽西走廊在空间分布上不一致。

表5－20　　辽宁沿海经济带旅游景观资源指数一览表

聚类区域	旅游景观资源指数范围	目的地
高区	$R_j>0.1$	大连
中区	$0.05<R_j\leqslant 0.1$	锦州、葫芦岛、营口、丹东
低区	$R_j\leqslant 0.05$	盘锦

以表 5－20 旅游景观资源指数为纵坐标，以表 5－18 旅游经济指数为横坐标，模拟构建二维坐标平面，从而获得目前辽宁沿海经济带旅游经济与旅游景观资源的空间错位（狭义的旅游空间错位）二维矩阵（见表 5－21）。

表 5－21　　辽宁省沿海经济带旅游经济与旅游景观资源空间错位二维矩阵表

	旅游经济指数			
	聚类区域	$I_j<0.1$（低区）	$0.1\leq I_j<0.5$（中区）	$I_j\geq 0.5$（高区）
景观资源指数	$R_j>0.1$ 高区	错位Ⅴ区	错位Ⅵ区	同步Ⅲ区 大连
	$0.05<R_j\leq 0.1$ 中区	错位Ⅲ区	同步Ⅱ区 锦州、葫芦岛、营口、丹东	错位Ⅳ区
	$R_j\leq 0.05$ 低区	同步Ⅰ区	错位Ⅰ区 盘锦	错位Ⅱ区

根据表 5－21 的旅游经济与旅游景观资源的空间错位二维矩阵分析和图 5－8 可知，目前辽宁沿海各市域中旅游经济与旅游景观资源存在空间错位的有 1 个，其中正向错位（错位Ⅰ区，旅游地资源不好，经济居中）的有盘锦；负向错位（错位Ⅲ区，旅游地资源中等，经济较差）的没有。其他 5 市域旅游经济发展与旅游景观资源间是同步关系，其中同步又可细分为同步Ⅰ区（双低区）的没有；同步Ⅱ区（双中区）的有锦州、丹东、营口、葫芦岛；同步Ⅲ区（双高区）的有大连。

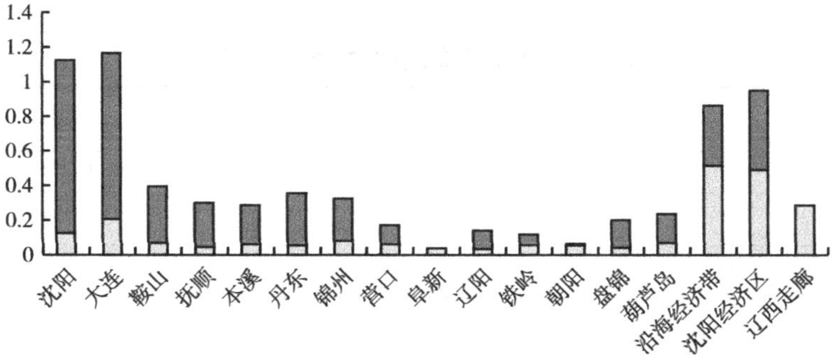

图 5－8　辽宁省域旅游经济与旅游景观资源空间错位图

由上文辽宁沿海经济带旅游经济与旅游地资源在同一空间基本呈现不错位的协调关系，空间不协调的负向错位关系主要存在于旅游经济与旅游（景观）资源存在之间，由此可知辽宁沿海经济带旅游基本不存在广义的旅游空间错位，主要存在狭义的旅游空间错位；进一步说明旅游（景观）资源禀赋是影响旅游发展的主导因素但不是唯一因素，旅游发展是融合资源禀赋、地理区位、交通通道、宏观环境、行业管理等多因素形成的旅游地资源。

2. 辽宁沿海经济带旅游空间错位指数评价

综上二维矩阵模型分析可知，目前辽宁沿海经济带旅游的空间错位主要是狭义的空间错位，二维矩阵模型笼统评价了其错位状况，为了准确评价旅游空间错位程度需引入具体的数量指标，为此本报告引入了旅游错位指数这一标度。

当旅游经济与景观资源呈正相关关系时，按照旅游景观资源指数有一个预期收入，但旅游旅游发展实际收入往往与预期收入不一致，这是空间错位的表现，为了衡量错位程度引入了旅游空间错位指数。旅游空间错位指数等于 0 时表明不错位，当旅游空间错位指数不等于 0 时表明存在错位，绝对值越大错位程度越大，大于 0 的错位是旅游发展充分的正向错位（此为旅游发展鼓励的错位），小于 0 的错位是旅游发展不协调的负向错位（旅游发展中重点管理的错位）。

根据辽宁沿海各地国民经济统计公报计算出辽宁省旅游总收入 I 总（是 14 市旅游收入总和），为 5049.83 亿元，把表 5－12 中辽宁沿海经济带旅游地资源广度（旅游景观资源）指数，表 5－16 所列辽宁沿海各市域旅游总收入的数据代入（5－6）公式 $TSD_j = \frac{I_j - R_j I\text{总}}{I_j} = 1 - \frac{R_j I\text{总}}{I_j}$，经过计算得出目前辽宁省域各旅游的空间错位指数，见表 5－22。

表 5－22　　辽宁省旅游空间错位指数一览表

旅游 j	大连	丹东	锦州	营口	盘锦	葫芦岛
空间错位指数 TSD_j	－0.15	0.26	－0.21	－0.36	0.20	－0.30
旅游 j	沿海经济带		辽西走廊			
空间错位指数 TSD_j	－0.096		－0.254			

由表 5－22 可知，目前辽宁沿海经济区各目的地旅游发展均存在不同程度的空间错位，其中存在正向错位（$TSD_j > 0$）的有丹东、盘锦，正向错位指数分别

是0.26和0.20；存在负向错位（$TSD_j<0$）的有大连、锦州、营口、葫芦岛，负向错位指数分别是-0.15、-0.21、-0，36、-0.30，辽宁省域各旅游空间具体错位见图5-9。从区域来看沿海经济带和辽西走廊属于负向错位，错位指数分别为-0.096和-0.254，沿海经济带旅游发展居中，辽西走廊旅游发展较差。

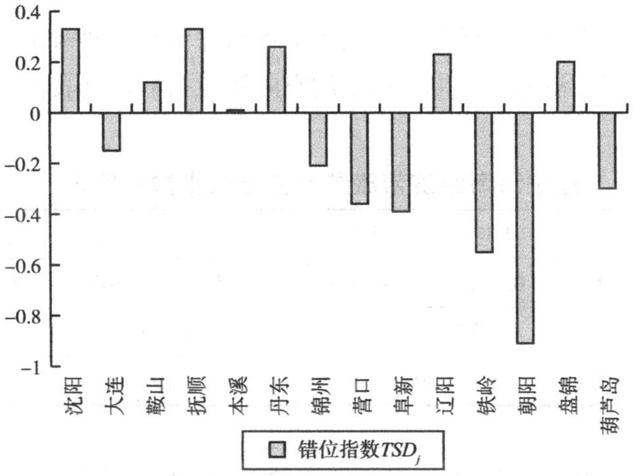

图5-9　辽宁省旅游空间错位指数图

3. 辽宁沿海经济带旅游时空错位指数评价

把表5-11中各年度辽宁沿海各市域旅游（景观）资源指数、表5-13中各年度辽宁沿海各市域旅游总收入的数据代入（5-6）公式 $TSD_j=\frac{I_j-R_jI\text{总}}{I_j}=1-\frac{R_jI\text{总}}{I_j}$，经过计算得出代表年度辽宁省域各旅游的空间错位指数，见表5-23。

表5-23　辽宁沿海经济带旅游代表年度旅游时空错位指数一览表

年份	2002	2004	2006	2009	2011	2013
大连	0.22	0.33	0.33	0.17	0.18	0.07
丹东	0.33	-0.99	-0.63	-0.04	0.62	0.51
锦州	-0.04	-0.84	-1.22	-0.85	-0.09	0.30
营口	1	1	-1.83	0.50	0.55	0.59
盘锦	1	1	-0.56	0.58	0.24	0.47
葫芦岛	-0.31	-1.16	-2.03	-0.68	-0.13	0.14

续表

年份	2002	2004	2006	2009	2011	2013
沿海经济带	0.25	0.01	−0.15	−0.02	0.20	0.28
辽西走廊	0.27	−0.24	−0.72	−0.22	−0.27	−0.01

把表5－23代表年度的辽宁沿海经济带各旅游旅游空间错位指数求和后取平均值，从而得到辽宁沿海经济带各旅游的空间错位指数，见表5－24。

表5－24　　辽宁沿海经济带旅游时空错位指数一览表

旅游 j	大连	丹东	锦州	营口	盘锦	葫芦岛
时空错位指数 TSD_j	0.217	−0.033	−0.457	0.302	0.455	−0.695
旅游 j	沿海经济带		辽西走廊			
时空错位指数 TSD_j	0.095		−0.198			

由表5－24可知辽宁沿海各市域旅游旅游空间错位指数均不等于0，说明辽宁沿海各市域旅游旅游发展存在不同程度的空间错位，其中存在正向错位（$TSD_j>0$）的有大连、营口、盘锦，正向错位程度最大的是盘锦和营口，错位指数分别为0.455和0.302；存在负向错位（$TSD_j<0$）的有丹东、锦州、葫芦岛，负向错位指数−0.033、−0.457、−0.695，辽宁省域各旅游时空具体错位如图5－10所示。从区域来看辽宁沿海经济带属于正向错位，错位指数为0.095，辽西走廊属于负向错位，错位指数为−0.198，沿海经济带旅游发展较好，辽西走廊旅游发展较差。

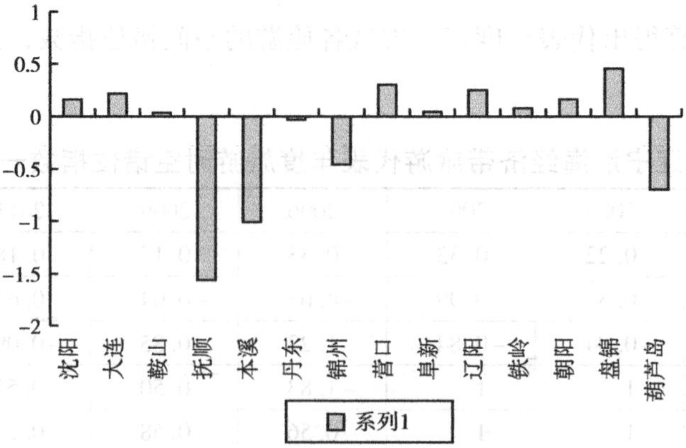

图5－10　辽宁省旅游空间错位指数图

综合市域和区域旅游的空间错位指数可知，辽宁沿海经济带整体上是旅游经济效益好于按照旅游景观资源预期发展水平的正向错位，其中位置居中的盘锦、营口、大连的旅游发展较好，旅游资源挖掘较为充分；而位于两端的丹东、锦州、葫芦岛旅游发展欠佳，旅游资源利用不充分。辽西走廊整体看是旅游经济效益明显低于按照旅游资源预期发展水平的负向错位，旅游发展潜力巨大，其位置偏西北的盘锦旅游发展较好，尤其盘锦旅游资源挖掘最为充分；而位置偏南的锦州、葫芦岛旅游发展欠佳，旅游资源潜力巨大，亟待挖掘。

四、辽宁沿海经济带旅游空间错位发展策略

（一）旅游地资源错位发展策略

1. 树立基于应用的大旅游资源观

从上文目前旅游时空错位和空间错位的分析可知，辽宁沿海经济带旅游的空间错位存在于目的地旅游经济与旅游景观资源之间（狭义的旅游空间错位）。旅游经济与旅游地资源之间（广义的旅游空间错位）在同一空间基本不错位，旅游地资源丰富的地区旅游经济发展就好，旅游地资源一般地区旅游经济发展一般，因此旅游经济发展是主导因素（旅游景观资源）与其他次要因素共同作用下形成的旅游地资源来决定的。

旅游地资源是一种大旅游资源观，通常包括旅游景观、旅游设施、旅游服务及旅游环境等多因素。魏小安等认为大旅游资源观不仅包括传统的自然、人文旅游吸引物，还包括生活资源、环境资源、产业资源等各种社会资源，观光、度假、休闲、商务、休疗、专项等各类产品性资源，过程性、时间性资源等。厉新建认为旅游发展应该借助于全要素、全行业、全时空、全方位、全社会、全部门、全游客等各方面，这正好吻合本报告倡导的旅游地资源观。

旅游吸引游客的要素众多，存在于目的地的吸引物可能是天然赋存的自然美景、可能是后天积淀的文化意境、可能是人工创造的休闲氛围、富有特色的设施或服务等，这些有的是旅游自在的，有的是为完成旅游活动而产生的，可以是物质的或非物质的，可以是已开发的旅游产品、开发中的旅游项目、未开发的旅游资源等，旅游的吸引因素有的与旅游活动直接关联、有的则是间接关联，比如当

地的社区、生态环境、政策、制度等；吸引游客前来旅游的事物和现象往往很难被准确提炼，通常游客向往的是一种空间意向（旅游、旅游系统）。辽宁沿海经济带旅游应积极拓展吸引物范畴，努力挖掘旅游各种有吸引力的要素，创造探新求异或逃避紧张现实的特定空间意向，以弥补旅游景观资源不足导致的空间错位。辽宁沿海舒适宜人的避暑、休疗型气候，滨海及高等级公路、高铁、民航无障碍对接的便利交通，宜居、宜业、宜游的三宜城镇，雅俗融合的美味、民俗，神秘的边疆海岛、渔家风情、乡土工艺，珍稀物种、特别事物、奇特现象，全民运动、社会休闲、跨界产业、角色转换、他乡情结、挑战自我等都可能成为吸引物，通过挖掘被旅游业开发利用助推旅游发展。

2. 基于需求变化和市场定位的旅游资源整合开发策略

游客需求是目的地发展原动力，而游客需求主观性较强且千变万化，因此游客需求导向成为旅游发展的最高指针。当今主动出击、深度参与、注重体验等成为需求主流，加之需求随机性、自主性大大增强，旅游需求不再是干巴巴的景区景点，而是选择多样的“游憩机会谱”。为避免因旅游景观资源分布不均造成的旅游空间错位，旅游针对旅游地资源状况和旅游客源市场定位等实际情况，进行整合提升是最佳途径。辽宁沿海经济带旅游资源空间的分布差异性以及自然禀赋的互补性决定了旅游资源共享的合作之路，依据表 5 –4、表 5 –5、表 5 –6，提炼整理辽宁沿海 6 市域旅游核心景观资源见表 5 –25。

表 5 –25　辽宁沿海 6 市域旅游核心旅游景观资源表

旅游	大连	丹东	锦州	营口	盘锦	葫芦岛
核心景观资源	海节庆浪漫都市	江山边境长城满俗	园山馆寺文化	温泉乐器	湿地滩涂稻米苇蟹	海岛泉古城

旅游地资源整合是指旅游地资源的管理者和经营者根据旅游发展总体目标和旅游市场供求情况，借助法律、行政、经济和技术等手段，把各种资源要素组合成为具有统一功能的整体，从而实现区域旅游资源市场价值最大化和综合效益最大化的过程。根据资源在旅游中发挥作用大小可以把旅游地资源分为显性资源和隐性资源，其中辽宁沿海的 1 处世界文化遗产、103 处 A 级旅游区、12 处获得国家级称号的旅游城市或村镇等属于显性旅游地资源，这类资源已在旅游发展中发

挥明显作用，主要满足刚性旅游需求；其他没有明确级别评定的资源属于隐性旅游地资源，这类旅游地资源尚未在旅游发展中显现明显作用，其潜力巨大，是急需挖掘提升并发挥作用的资源，其主要满足柔性旅游需求。

不同时空人们审美观与价值观不同，能吸引人们的事物、现象也不同，因此旅游地资源吸引力是针对当时对当地感兴趣之需求主体而言的，基于辽宁沿海经济带以国内的旅游需求为主之市场定位及旅游需求由观光向复合休闲转型趋势，地处辽宁沿海不同区位中的自然、历史遗留、人造、社会性等旅游地资源整合方案见表5－26。

表5－26　　辽宁沿海经济带旅游旅游地资源整合方案

整合方案	具体内容
文化遗产资源	大连中苏友谊纪念塔、旅顺日俄监狱旧址、俄国建筑、中山广场近代建筑群、万忠墓、关东厅博物馆旧址，丹东凤凰山山城、鸭绿江断桥，锦州奉国寺、万佛堂石窟、北镇庙、崇兴寺双塔、广济寺古建筑群、广宁城，营口玄贞观、金牛山遗址、石棚山石棚、西炮台遗址，葫芦岛兴城城墙、姜女石遗址、中前所城、圣水寺等国家重点保护文物
城镇资源	浪漫之都时尚大连，最美边境江海之城（丹东），山海福地锦绣之州（锦州），敬母圣地河海泉城（营口），湿地之都红滩盘锦，中国北方的海上传奇（葫芦岛）等
民族民俗资源	汉、满、蒙、回、锡伯、朝等多民族交融的民风民俗：口袋房万字炕、烟囱出在山墙上等满族居住习俗；满汉全席、火锅酸汤子、宫廷宴酒、全羊席、泡菜等饮食习俗；旗袍坎肩马褂、两把头、荷包玉佩等满族服饰习俗；评书单弦、二人转小品、高跷秧歌、皮影剪纸、那达慕等民间游娱习俗；满、锡伯、契丹族婚丧嫁娶生育、待人接物等社会礼俗；萨满、喜利妈妈、佛多妈妈、佛、道等各民族信仰习俗
宗教遗迹资源	锦州奉国寺、大广济寺、青岩寺、观音洞、崇兴寺、万佛堂石窟、八塔山，葫芦岛圣水寺等佛教塔寺窟遗迹；佛道共存的凤城凤凰山、锦州笔架山、大连冰峪沟等；锦州医巫闾山、北镇庙、兴城文庙等道教古迹；盖州上帝庙等基督教遗迹遍布辽宁沿海
节庆会展资源	大连国际服装节、国际啤酒节、赏槐会、烟花爆竹迎春会、出口商品交易会、国际马拉松赛；丹东的鸭绿江国际旅游节、凤凰山山会；锦州国际民间文化节、医巫闾山文化节、海洋音乐节；营口的望儿山母亲节、航空运动旅游节、国际海滨温泉旅游节；盘锦的国际湿地旅游节；葫芦岛国际葫芦文化节、兴城海会等

续表

整合方案	具体内容
异域边境资源	中国最大的边境城市丹东、中国最北部的边境海岛县长海县，边境旅游魅力巨大，大连保留的俄、日风情街区以及旅顺清风影视小镇和军港小镇等异域风情
美食特产购物资源	特色美食：辽菜水果、小鸡炖蘑菇、猪肉酸菜炖粉条、烧烤；地方土特产工艺品：服装、海鲜和贝雕；丝绸、柞参和板栗；道光廿五酒、干豆腐、沟帮子熏鸡、北镇猪蹄；三水（水果、水稻、水产品）；河蟹稻米、艺术品；葫芦；中药材等；特色购物地锦州古玩城等
主题资源	大连圣亚海洋世界、发现王国，葫芦山庄等
运动资源	山清水秀、气候宜人丹东，沙软潮平、风光迤逦营口，浪漫清新滨海大连等风格迥异高尔夫球场等；大连足球、全省各地晨练、冬泳、扭秧歌等全民运动氛围
山岳沟谷湿地海岛温泉自然资源	黄渤海界老铁山，国门名山凤凰山，北镇山医巫闾，母爱源头望儿山，京东首山等名山；媲美九寨青山沟，北方桂林冰峪沟，龙潭大峡谷等沟谷；黄海滨鸭绿江湿地、渤海畔辽河湿地；大连长山群岛，丹东大鹿岛，锦州笔架山，葫芦岛觉华岛等海岛；大连老铁山、步云山、安波，丹东五龙背、东汤，锦州大有、九华山，营口思拉堡、天沐，葫芦岛兴城温泉等
农业体验资源	大连金科生态园艺场、石河现代农业园区、盛莱农庄、岔鞍村、大魏家镇后石村、弘峰企业集团有限公司、长海县哈仙岛渔家海岛、长海大长山渔家海岛、三兹和村、石河镇东沟村、向应镇兰花基地、棒棰岛海参养殖基地、长青现代农业园、金石滩金贝广场、庄河海王九岛等，丹东凤城大梨树村生态农业观光旅游区等，锦州闾山农业旅游区、松山生态园等，营口双台子温泉旅游度假区，盘锦鑫安源绿色生态园、盘山县东盛园艺基地等，葫芦岛宏业集团现代农业园区等国家农业旅游示范点为依托，到“农家”做客：吃农家饭，住农家房，干农家活，交农家友，体验田园风光和农家风情
工业体验资源	大连珍奥生命园、路明发光科技股份有限公司、明清家具艺术品有限公司、长兴酒庄酒文化博物馆、华丰集团、大连港等，丹东太平湾发电厂，锦州沟帮子尹家熏鸡总厂工业园、道光廿五集团满族酿酒有限责任公司等全国工业旅游示范点为依托，发挥工业旅游魅力

旅游地资源是旅游旅游发展的原材料，对其吸引力的定位来源于对其旅游价值与功能的评判，在研判辽宁沿海旅游资源价值与功能基础上，考虑市场定位整

合形成如表 5－26 所示观光、休闲度假、专项等多种游憩机会谱。如，文化遗产、城镇、民族民俗、美食特产购物、运动、异域边境、节庆会展、山岳沟谷湿地海岛、主题、温泉、农业体验、工业体验 12 种游憩机会谱，不同机会谱为旅游旅游发展提供了不同的可能性。

（二）旅游产品错位发展策略

1. 休闲体验需求导向催生无景点旅游产品

随旅游市场需求变化旅游供给不断推陈出新，目前旅游观光需求逐步下降，而深度参与的度假休闲游需求逐步攀升。在观光旅游发展阶段旅游地资源质量决定旅游吸引力，在复合休闲旅游发展阶段旅游地整体休闲环境决定旅游吸引力。通过对辽宁沿海经济带各旅游客源市场跟踪调查发现，旅游者到旅游追求的不再是到过的旅游景区数量，加之旅游景区门票与日俱增的现实，越来越多的成熟旅游消费者倾向于到目的地喝喝茶、聊聊天、泡泡泉、随随俗、干干活、交交友、学学习、开开眼、悦悦心等不被景区所累的无景点旅游，更加看重旅游对其生活质量的改善与补充，对休闲度假、商务、特种旅游等产品需求上升，因此辽宁沿海经济带旅游经营的产品急需由观光转型为复合休闲型。

旅游产品的转型总体来讲是旅游产品在结构、形态、性质等方面发生质的变化。基于辽宁沿海经济带观光资源与休闲度假资源并驾齐驱，旅游发展受先天性传统景观资源的影响日益弱化，下辖各旅游景观资源与旅游经济效益空间错位现象存在，旅游者自主消费意识的觉醒等因素，依托辽宁沿海优美的生态环境、独特的自然人文景观、个性的文化体验氛围、完备的设施服务等，打破以往旅游单靠景区（点）的单一供给格局，增加融吃、住、行、游、购、娱等全要素于一体的无景点旅游产品供给，盘活旅游羡余旅游资源，在一定程度改变旅游的空间错位状况，全方位满足日益多元的市场需求同时实现旅游良性发展是大势所趋。

旅游产品生产遵循的是魔方原理，形成旅游产品的元素未变产品却不同，旅游产品生产无非是组合老元素使之呈现新面孔，因此旅游产品的转型其实就是旅游要素的重新整合。依据辽宁沿海经济带旅游的休闲型宏观环境、行业微观供给条件、柔性市场需求激增等具体情况，因地制宜地进行市场细分（S）、定位（T）及定向营销（P），通过挖掘地域传统、社会、产业等资源与环境的魅力，谋求生活空间的扩大，有针对性地形成过程性、全要素、深体验的多元休闲综合产品（等同于陈耀 2011 年提出的旅游境区，使作为吸引物的旅游景区由美丽孤岛延伸扩展为生态好、景观美、文华雅、服务优的整体性旅游区域；强调生态、景观、文化、服务等多因素与观光、休闲、度假体验相融相合来满足多种旅游需求），创设差异环境、放松心态、品质生活、体验氛围等，全方位满足旅游者的复合需求，提供旅游者以观光、休闲度假、修学科考、商务会展等多功效。

在转型升级时代背景下，从表 5－26 可知辽宁沿海经济带旅游既符合市场需求潮流又具有供给比较优势的复合旅游产品主要有多彩复合型（滨海度假蓝色游，满清皇家金色游，革命教育红色游，生态善行绿色游，冰雪运动温泉养身白色游，工业遗产黑色游，古风古韵紫色游），祈福休疗型（祈福朝圣养心，温泉山林养身）、运动康健型（登山攀岩、骑马、密境探险、滑雪、漂流、冲浪、高尔夫），民俗风情型（粗犷豪放关东风情，满族、锡伯族、契丹族、蒙古族、回族、朝鲜族独特民俗），会展节事型（以服装、满族风情、冰雪、枫叶、槐花、梨花、音乐、啤酒、民间艺术等资源为依托的各类节会），边境海岛探秘型（依托我国最大的边境城市丹东探秘朝鲜，深入大连长海体验神秘海岛、渔家风情），减压经历型（创造熏香品茗、吟诗作画、插花摄影、观星赏月、观海听涛、美容养生、修学科考等特殊经历）等。辽宁沿海旅游更适合开展无景点旅游（无景点旅游指以轻松体验目的地的文化、社会生活方式、民风为主的一种旅游，与传统的景点旅游相比，它在方式上一般不参团、不赶时间赶景点，而是自由自在、轻松舒适地在目的地游览风光、体验民俗和生活），传统景区旅游求全养眼，无景点旅游怡情养心，无景点旅游避开景点可以多挤些时间，使节奏慢下来，把身心融进去，让旅游经历与感受足够深刻。

体验经济、大众休闲时代，广泛利用旅游地资源、文化特色、资本运作及现代化管理能力提高辽宁沿海系列复合产品与服务的附加值，以此带给游客从视觉到听觉、嗅觉、味觉及所有感官愉悦体验，提高旅游产品性能与功效，不断壮大流向目的地的流量，以人流带来资金流、信息流、财富流等从而促进辽宁省域旅游的发展。

2. 基于空间结构演变的旅游产品圈层式、点轴式整合

辽宁沿海经济带旅游产品整合有一定的理论依据：系统论为旅游产品整合提供了有效思维方式，通过调整旅游系统结构，协调旅游各要素关系，研究旅游系

统、要素、环境变动规律，从而实现旅游系统优化目标；旅游整合遵循由点－线－面－网络的空间演进规律，即由“板块型点”过渡到“渗透型面”，之后进入“融合型网络”；竞合理论揭示出旅游整合类似的要素资源来获取规模经济，通过差异旅游资源的优势互补创造竞争优势，在辽宁旅游地资源比较优势的基础上打破行业部门、行政区域的界限，在空间上聚集、形象上统一，实施旅游产品的优化整合。

旅游地资源存在于旅游不可移动，其开发利用受制于旅游空间格局，旅游地资源的空间结构决定其利用效率，借助空间结构整合实现旅游地资源开发效用最大化，从而促进旅游发展，从图2－2可知辽宁省旅游地资源空间结构上呈现为圈层式布局，基于目的地空间结构辽宁沿海经济带旅游产品适合圈层式整合，旅游圈层以特定目的地为核心辐射周边地域，形成的有层次和向心力的圈层式空间结构。本着凸显差异、错位开发的原则把同类资源开发成为异质旅游产品，把空间临近的旅游产品尽量一体化整合开发，弱化因强势旅游产品阴影遮蔽导致的替代性竞争，基于空间结构整合辽宁省域旅游产品可以形成以大连、锦州、丹东为核心覆盖全省范围的南、西、东三个圈层，三大圈层旅游产品各具特色，互补融合，具体见图5－3和表5－27。

表5－27　　辽宁沿海经济带旅游产品圈层式整合方案

方位	核心地	覆盖范围	知名旅游资源类型	产品特色凝练	产品整合方向
南	大连	营口、盘锦	海、节庆、都市风情、温泉、湿地滩涂	海泉湿地节庆	滨海度假、生态休闲、都市会展、温泉养生
西	锦州	葫芦岛、阜新、朝阳	山寺窟佛、海岛泉城、古文化、产业、化石	山海古迹化石	探秘回归、祈福养生、跨界体验、文化生态
东	丹东	抚顺、本溪	山洞江林、边境、满俗、文化遗产、山珍	山水边疆民俗	亲水休疗、养生度假、边境民俗、山林探秘

交通是旅游发展的加速器，高铁改变人们的空间感知距离，从图5－4高铁开通后辽宁旅游空间主要呈现点轴式结构，借助交通等配套设施改善，本着

强化与名牌旅游产品联合的原则，辽宁沿海经济带旅游产品适合点轴式整合，其中点是指在目的地旅游发展中可以培育成增长极的核心节点，即中心城镇；轴则是联结目的地多级别城镇的带状区域，通常为交通通道；在日新月异的交通网络匹配作用下点轴相互结合，极化与扩散交互作用发展为旅游活动的域面。在点轴式空间整合布局中辽宁沿海国家级优秀旅游城市是目的地发展的主要节点，其中全国最佳旅游城市大连，中国最大的边境城市丹东，山海重镇锦州构成旅游发展的核心支点，通过沈丹、沈大、大丹交通轴带连结了 12 座城市（沈阳、铁岭、开原、抚顺、辽阳、鞍山、营口、大连、庄河、本溪、丹东、凤城），形成辽宁旅游发展“金三角”域面（如图 5 – 4）；依托辽西走廊交通轴线，连结了兴城、葫芦岛、锦州、盘锦 4 座城市，组成了辽西走廊旅游带，具体见图 5 – 4 和表 5 – 28。

表 5 – 28　　辽宁省域旅游旅游产品点轴式整合方案

域面	轴线	增长极（国家级优秀旅游城市 9 座）	A 级旅游区 103 处	旅游产品整合策略
辽西带	辽西走廊轴：京哈、在建京沈高铁	锦州、盘锦、葫芦岛、兴城	锦州 15、盘 8、葫芦岛 14（共 37 处）	特色渗透产品
沈大丹金三角	沈丹轴：沈丹高铁	丹东、凤城	丹东 10（共 10 处）	全面全线精品
	沈大轴：哈大高铁	营口、大连、庄河	营口 6、大连 49（共 55 处）	参与游乐产品
	大丹轴：大丹高铁	庄河、大连、丹东、凤城	大连 49、丹东 10（共 59 处）	差异错位产品

注：表中部分城市整合存在交叉重合。

在旅速游缓的原则指导下，辽宁沿海旅游产品整合应兼顾高速快游、低速慢游，通过速缓相接、高低配合，减少旅时间增加游时间，从而提高旅游经济运行效率。

3. 以全域旅游产品盘活羡余旅游资源

由上文实证分析可知，从时空分布上辽宁沿海经济带旅游景观资源存量丰富和利用不足并存，旅游时空广泛错位，市域旅游中正向错位的有大连、营口、盘锦，其旅游经济发展好于按旅游景观资源指数预期的水平，这些旅游旅游景观资源开发利用的较为充分；市域旅游负向错位的有丹东、锦州、葫芦岛，其旅游经济发展未达到按旅游景观资源指数预期水平，这些旅游存在利用不足的旅游景观资源羡余现象（旅游资源羡余是指旅游者预算约束、旅游资源空间集聚及其他相关因素导致的部分旅游资源的闲置现象）。为减少辽宁旅游景观资源的羡余和旅游空间错位，提高旅游经济效益，应开发既符合旅游需求，又具备供给基础的创意旅游产品。

辽宁沿海经济带旅游既没有像长三角、珠三角等旅游实力雄厚的民间经济基础，也不具备像京津等旅游的老牌大城市基础，面临经济基础相对薄弱、城镇密度相对较低、基础设施相对老化、产业结构亟待优化的转型升级大背景，兼顾客源市场多元休闲的复合需求趋向，利用辽宁沿海便捷通畅的交通区位，和谐优美的人居环境、舒适宜人的气候优势，创新挖掘旅游地资源，整合凝练旅游主题，发展全域旅游。（全域旅游是把一个行政区当作一个旅游景区，是旅游产业的全景化、全覆盖，是资源优化、空间有序、产品丰富、产业发达的科学的系统旅游；全域旅游是一种现代整体发展观念，需要突破景区局限，让区域建设、环境保护、交通运输、餐饮服务等各个方面都服务于旅游发展大局，形成全域一体的旅游品牌形象。）发展全域旅游应从认识资源、产品、产业、市场等多层面展开：全新的旅游地资源观，不仅包括旅游景观资源，还包括目的地环境资源、社会资源和生活资源等；全新的产品观，不仅包括旅游吸引物和旅游服务，还包括目的地的居民；全新的产业观，旅游产业不再是边缘产业，而是融合建构格局的主流、中心产业；全新的市场观，旅游市场不再局限于外地人，本地居民也是需要考虑的客源群体。

辽宁沿海经济带具备全域旅游发展的三大条件：一是全民休闲的社会条件这是全域旅游发展的原动力；二是城镇人口比重超过农业人口的人口条件，这是全域旅游产生的催化剂；三是旅游资源全域化的资源条件，这是全域旅游发展的新引擎。目前辽宁沿海旅游发展仍处于观光旅游为主格局，绝大多数旅游开发集中于旅游城市或景区，远离城市的村镇、郊野、海岛、草原等充满原生态魅力区域尚处于羡余状态。参照辽宁省主体功能区划方案，借助全民休闲、无景点旅游兴起的态势，通过比附整合发展全域旅游，打造覆盖全域的创新旅游产品，形成集旅游区观光、城市休闲娱乐、环城游憩、远郊村镇休疗、林岛探秘养生、社区民俗体验等全域旅游产品，以此盘活羡余旅游资源，打破城市、景区旅游一枝独秀的状态，通过在旅游构造一种生活方式来消除旅游者感知盲区，变一切吸引因素为销售产品，全方位提升旅游整体发展水平，具体方案见表5-29。

辽宁沿海经济带旅游着力提升城市、乡村、生态、会展、文化、红色、扶贫、假日、海洋旅游等传统产品，大力打造无景点旅游、邮轮游艇旅游等高端旅游新业态，通过传统融合现代有效缓解城乡不协调、海陆不统筹、区域发展不均衡、资源与经济不匹配等空间不协调现象。

当旅游旅游产品供销两旺时旅游经济发展就好，旅游经济越做越大最终才能成为产业，因此旅游旅游产业发展越来越好是最终目标。由上文分析可知影响旅游产业发展的因素众多，任何因素都可能导致旅游旅游资源与旅游产业的空间错位，跳出旅游看旅游、走出地域论地域成为旅游发展研究必须。

表5-29　辽宁全域旅游产品开发方案

旅游资源	开发方案	空间范围	依托内容	具体全域旅游产品开发方案
已利用旅游资源	景区景点旅游	城市	国家优秀旅游城市18处	巩固并提升一环三线旅游（沈阳为中心含鞍山、辽阳、抚顺、本溪、铁岭的中部城市群都市文化风光旅游环线、滨海休闲度假南线、山水边境风情东线、辽西走廊观光旅游西线），多彩（满清金色、冰雪银色、革命红色、海洋蓝色、生态绿色、温泉无色、古韵紫色、佛教黄色、工业遗产黑色）旅游，黄金滨海大道旅游
		旅游区	269处A级旅游区和610处其他旅游区，包含（国家风景名胜区9处 世界历史文化遗产6处 国家文物保护单位53处 省级以上旅游度假区5处 国家级自然保护区15处 国家级森林公园29处 国家地质公园4处 省以上红色旅游地9处）	
羡余旅游资源	无景点旅游	城市	国家优秀城市以外城市40处	依托原生态魅力的远郊乡村、海岛，气候区位，交通等配套设施改善，社会发展新景象，地域特色产业、民俗优势发展四季体验型（草长莺飞赏春，避暑纳凉消夏，赏枫采摘叹秋，冰雪温泉俗冬）无景点旅游
		村镇	省下辖乡镇1515处	

注：表中城市包括省辖市、县级市、县、自治县，村镇包括镇、乡、街道，资料来源实地调查和区域经济统计年鉴整理所得。

（三）旅游产业错位发展策略

1. 促动旅游产业由边缘转型升级为主流中心

随着交通、信息等技术的发展运用，旅游的便利程度逐步提升、旅游的运作范围逐步拓展，辽宁越来越成为不可或缺的旅游目的地；旅游产业政策密集出台、旅游产业地位逐步提升，各类投资主体日渐聚焦辽宁旅游，旅游项目规模越做越大、水平越来越高；旅游需求市场由小众到大众、由观光到游憩的转变导致辽宁沿海经济带旅游产品由观光型转向复合多元型；旅游供给企业由单纯服务型转向服务型与生产型并驾齐驱，政府调控由主导型转向多元合作型，多方利益博弈日渐均衡，这是辽宁沿海经济带旅游产业转型的背景。

从微观层面看，为更好地满足大众休闲市场需求，辽宁沿海经济带旅游产业供给内部分化越来越细、专业化趋势越来越强，产业外部边界越来越模糊、融合性趋势越来越强，客观上使产业结构由单一趋向多元，受需求拉、供给推双重作用驱动，产业形态由初级迈向高级，旅游产业组织结构日渐扁平化。从宏观层面看，辽宁沿海经济带旅游市场调控机制逐步成熟、产业供需规模日渐增大、产业内外结构逐步优化、产业发展水平不断攀升、产业竞争环境更为公平，旅游产业的多元化发展趋势渐强，创新旅游产品、项目和新业态成为常态。辽宁沿海经济带旅游产业经过不断发展、演变、创新、融合，逐渐转型为大旅游业，因而为此急需构建新的运作机制与平台。从企业微观层面需要保障旅游产品生产、经营、组织管理、商业运作、营销竞争、产权制度等的转型升级；从宏观层面需要规范旅游产业政策、发展模式、成长路径、功能目标、空间格局、管理体制等的转型升级。

辽宁沿海经济带旅游转型的必然是休闲，升级的结果是旅游的功能、作用、品质等得以提升和强化，借助现代科技信息力量整合市场资源、集中企业力量、拓展客源范围、采取行之有效的管理方式营销辽宁旅游，具体体现为：产品功能由观光转向复合，客源市场由小众转为全民，核心基础由景区转为境区，运作主体由旅行社转为全产业，管理由旅游行业变为全社会，旅游产业最终由边缘产业变为覆盖全行业、多领域的主流产业，并成为融合各产业的纽带，不断深化一产、优化二产、带动提升三产；延长产业链条，扩展产业范围，加速产业集聚。

2. 旅游产业优化创新策略

不同生命周期的旅游产业侧重点不同，辽宁沿海旅游业日益攀升，旅游产业对国民经济的贡献和在第三产业中的地位达到了前所未有的高度，逐步由经济的配角成长为主角，无论从长周期还是短周期来看旅游产业都处于鼎盛期，由此可以判断辽宁沿海旅游产业正处于由量变到质变的关键发展阶段。之前辽宁沿海经济带旅游产业在经营方式、核心技术、供给形式等方面与现代结合不够充分，现代性特征不明显，旅游产业陷入产品服务同质化，价格拉锯战的低水平竞争状态。

辽宁沿海经济带做大做强旅游的最佳途径就是优化创新，优化的途径在于借助信息化和数字化，以产业融合科技、信息提高产业运作效率、降低产业运作成本；辽宁沿海经济带旅游产业的创新途径有从无到有的创新、从同到异的革新、从旧到新的更新、从单到丰的融合，创新的关键在于融入文化创意，从服务技能、经营水平、管理方式、营销渠道等方面组合渗透文化、艺术，通过智能化软开发搭建文化创意平台，不断植入文化引导、挖掘、创设新需求，创新产业运作模式。通过优化创新使旅游产业由粗放型向精细化、标准化、人性化发展，并加强以多方利益协调满足为目标的现代化产业管理，最终使旅游产业立足大市场，管理标准化，供给多样化，注重全过程，服务大众化。

传统旅游需求追求“看过目的地”的视觉浅层经历，旅游相应经营供给包含“吃住行游购娱”的旅游景区，最终形成辽宁沿海经济带旅游产业过度依赖旅游景区的门票经济发展模式。当今旅游需求看重参与互动的深度体验，到辽宁沿海的游客希望通过视觉、听觉、嗅觉、味觉甚至全身心体验的非凡经历。为此，辽宁沿海旅游供给需重视旅游需求、旅游活动泛化特征，有针对性地挖掘全域资源，增加其生态、文化、科技、服务、教育等附加值创新组合成旅游产品、打造系列旅游吸引场域，盘活羡余配套能力，创设旅游衍生消费、拉伸旅游经济链条，使旅游产业由景观驱动为中心，转向消费为核心促动多产业发展的目的地融合产业，其中融合主要表现为要素整合、资源整合、空间整合、配套设施整合等。

转型升级和优化创新旅游产业于辽宁沿海经济带旅游而言既是一种发展方式，更是一种工作标准，从这个层面来讲旅游经济不仅是产业经济更是地域经济。

3. 旅游多产业融合策略

产业融合是指不同产业或同一产业内部不同行业之间，在发展过程中互相交叉、互相渗透、互相介入，共生共荣，在竞争基础上合作，从而催生新产业、业态的一种产业拓展或产业升级演化现象。旅游产业需求串联的特点使之表现出极强的产业类型渗透性，旅游产业几乎可以与国民经济的任何产业发生关联与融合，并导致新需求、新产品、新技术或新服务，催生出新业态，例如旅游购物新体系、旅游装备制造业等，成为国民经济新生产力和新生长点。

全域旅游发展通过产业、部门、地域联动，优化旅游要素、产品和产业结构，提高辽宁旅游整体发展效益。通过全域旅游大格局的构建，辽宁沿海经济带旅游融合一、二、三产业形成“第六产业”，打破产业界限，提升整体发展水平。旅游产业与第一产业融合催生出观光农业、采摘农业、休闲农业、体验农业、生态农业、高效农业等新业态；旅游产业和第二产业的融合催生工业旅游；旅游产业同科技、文化、教育、商业、体育等第三产业融合形成文化、体育、购物、修学、科技等旅游，既直接增加了各产业总量，同时还能拉动金融、交通、物流、信息、咨询、保险、出版、媒体等相关第三产业之发展。旅游产业发展离不开其他产业对旅游业的配套支持，旅游经济发展则需要游产业与其他产业全方位融合的复合旅游产业，其中旅游产业成为多产业的关键融合点，居于核心地位。

乡村旅游、生态旅游等促成了旅游与农业融合，到辽宁体验农民生活、欣赏农业景观、感受农村风情，农旅融合发挥了辽宁三农的特色优势，创设了旅游参与体验氛围，促进辽宁农业与旅游双赢互利。

游轮游艇、旅游房车、索道建设等大型装备制造的发展推动了辽宁沿海经济带旅游与工业的融合，辽宁沿海经济带通过开展工业旅游满足游客探新求异的好奇心，使游客丰富了知识、开阔了视野，同时拓宽了辽宁沿海经济带工业产业销售的市场，旅游与工业相得益彰。

从金石滩国家级旅游度假区试点起辽宁沿海的地产商开始涉足旅游，伴随房地产业的转型升级，沿海地产商正式进军旅游景区业、酒店业，进而逐步拓展新业态，这既为辽宁沿海经济带旅游发展注入新鲜血液，又开创了新的商业模式。地产与旅游业融合有三大作用：首先，造就了对游客旅游和政府政策支持的双吸引；其次，成为产生利润的经济新抓手；最后，开创了产业融合的新局面，双方融合积聚了人流、资金流、文化流等带动了衍生产业的发展，改变了辽宁沿海旅游门票经济的单一发展模式，为辽宁沿海旅游打造生活第三地奠定了物质基础。

交通决定旅游，旅游成全交通，旅游与交通天然水乳交融。辽宁沿海各地交通配置完善，时速 250 千米的城际铁路、时速 350 千米的高速铁路连接了辽宁沿海各城市，衔接了省外客源市场，使旅游出现同城、近城、网络化的空间格局，需要新的旅游方式与产品；总规模约 9 万千米的等级公路连接了辽宁人口过 20 万的中等城市，旅游快速通道保证平均 30 分钟上高速，高速路网开通意味着辽宁旅游全面进入高速时代，高速路网新经济现象使得休闲、文化、商业等都可大展身手。旅游与经贸活动、体育运动、政务活动、节俗活动、文娱活动等人文活动相互融合，成为辽宁沿海经济带旅游发展的新抓手。整合挖掘本土资源，依托地域特色选准主题，人文活动搭建平台，经贸旅游拓展商机，借助创意精准营销，积极培育辽宁沿海经济带旅游节会品牌，因地制宜拉动辽宁沿海旅游发展。

辽宁沿海经济带旅游产业与其他产业积极融合出的“第六产业”，拓展旅游产业发展空间的同时丰富旅游产业的内涵与外延，扩大旅游产业的边界与内涵，并从融合后的产业获得更多发展资本，同时为旅游产业升级换代创设了条件，客观上促成了全域全产业链的大旅游发展格局，将旅游产业推向统领旅游经济发展和城乡空间形态优化的核心地位。通过在辽宁沿海经济带旅游践行全方位、全过程、全部门、全产业的全域泛旅游发展，从而实现把旅游业培育成国民经济战略性支柱产业和人民群众更加满意的现代服务业的战略性目标。由辽宁沿海经济带旅游研究提炼出旅游全域旅游全产业发展范式如图 5－11 所示。

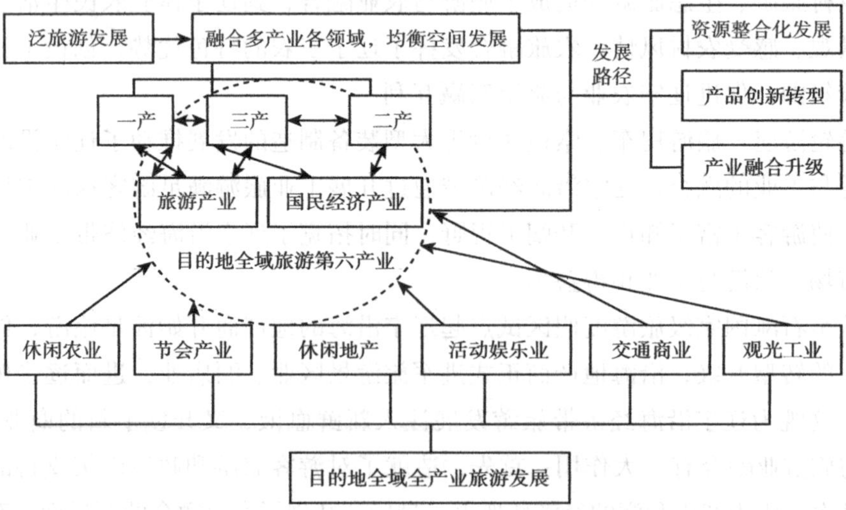

图 5－11　辽宁沿海目的地全域旅游发展范式图

利用旅游景观丰富、区位优良、民族众多、环境优美、气候宜人等优势；依托主题特质突出、旅游基础好的各级城市吸引游客、聚集人气；选择悠然怡人的原生态小镇，打造生活“第三地”发展休闲味十足的无景点旅游；挖掘度假区、保护区、风景名胜区、森林公园、地质公园、工农业旅游示范点、各类馆园等类型多样的旅游区推出融一产、二产、三产于一体的“第六产业”（“1+2+3”等于6，“1×2×3”也等于6，这就是“第六产业”的内涵。）形成涵盖休闲农业、节会产业、休闲地产、活动娱乐业、交通商业、观光工业等在内的全域全产业旅游发展模式，借助资源整合、产品创新转型、产业融合升级等发展路径实现旅游全域发展。

（四）旅游区域错位发展策略

1. 时序错位发展策略

（1）率先开发辽西走廊。

结合上文旅游空间错位解析，在时间维度上辽西走廊（辽西区域旅游空间结构包括锦州、葫芦岛、盘锦组成的核心旅游层，阜新、朝阳组成的旅游腹地层，偏远县市形成的扩展旅游层）旅游发展时空负向错位（旅游发展不协调）；从市域层面看锦州和葫芦岛（核心层）是绝对的负向错位，旅游发展潜力亟待挖掘。基于此辽西走廊旅游发展时序层次确定为：首先，是重点发展核心旅游层；其次，是腹地旅游层；最后，是扩展旅游层，在空间上形成“三带二”旅游梯次发展格局。辽西走廊这一梯次发展表现在产品开发顺序上是：先沿海自然生态旅游带，之后扩展开发内陆文化旅游带，实现辽西走廊旅游发展的整体提升。

（2）同步开发沿海经济带。

辽宁沿海经济带从过去到现在都存在空间错位问题，因此辽宁沿海经济带是需要协调平衡和梯度有序发展的区域。结合上文旅游空间错位指数来看，辽宁沿海经济带不同时期旅游空间错位方向不同，总体是负向错位，目前是正向错位；从市域旅游看，完全正向错位的是丹东和盘锦，其旅游发展较为充分，其他市域在不同时间存在旅游发展不协调的负向错位，尤其是锦州和葫芦岛负向错位凸显，需要着力发展。因此沿海经济带的开发时序为：重点发展锦州、葫芦岛（辽西沿海），同步提升发展大连、营口，盘锦、丹东（辽中东部沿海），在空间上呈现“2+2+2”旅游带状发展格局；辽宁沿海经济带这一带状发展在产品开发顺序上是：大城、小镇、嵌景区同步开发。

2. 空间错位发展策略

旅游经济是产业经济与地域经济的复合，在时间层面进行产业谋划的同时需要考虑地域空间安排。辽宁沿海经济带旅游发展较为充分的是辽东湾东侧，旅游发展欠佳的是辽东湾西侧，可见辽宁沿海经济带旅游这只展翅欲飞的雄鹰，在目标明确、其他身体机能和外围支撑保障良好的情况下，可能会因为薄弱左翼的束缚不能及早顺利达到目标，因此辽宁沿海经济带旅游发展的当务之急，就是扶持辽西旅游发展，通过盘活辽西羡余资源发展全域旅游，减轻旅游的空间错位，优化旅游发展空间布局。

（1）辽西走廊以文化突围的旅游优先发展策略。

结合上述旅游空间错位分析可知，辽宁沿海经济带旅游发展的关键是辽东湾西岸，关键市域是盘锦、锦州和葫芦岛，因此结合辽西旅游资源禀赋、区位交通、宏观环境、产业微观管理等具体情况，遵循市场规律和政策导向，兼顾各主体方利益，通过合理规划完成辽东湾西岸旅游突围。

辽西走廊自然人文交相辉映，山海林泉岛外加舒适气候与优美环境等自然背景，中华文明之源复合多元厚重的文化基调，使这里作为旅游基础实力雄厚，在2010年初，这里就有4A级旅游区（点）12家（全省49处，占比24%），国家自然保护区5个（全省12个，占比42%），国家森林公园5个（全省30个占比17%），国家重点风景名胜区2个（全省9个，占比22%），国家旅游度假区1个（全省4个，占比25%），世界遗产1个（全省6个，占比17%），国家重点文保单位21个（全省53个，占比40%），国家优秀旅游城市6个（全省16个，占比38%），国家工业示范点3个（全省21个，占比14%），国家农业示范点8个（全省37个，占比22%），优良级旅游资源占全省比例如图5－12所示，其中具有比较优势的有占比42%的自然保护区，占比40%的国家文保单位，占比38%的国家优秀旅游城市，表明辽西地区适合主打绿色旅游、各类文化旅游品牌。

基于辽西厚重的文化积淀，研究辽西的旅游景观资源，考虑便捷集中且双向辐射的“城市群＋沿海”战略区位，笔者曾撰文提出打造“多彩六色旅游”文化创意品牌：锦州为主的红色旅游、盘锦为主的绿色旅游、葫芦岛为主的蓝色旅游、阜新为主的黑色和黄色旅游、朝阳为主的紫色旅游，五地合力打造“五颜六色”文化创意旅游，在空间上整合形成以锦州为中心的辽西东部沿海生态旅游和

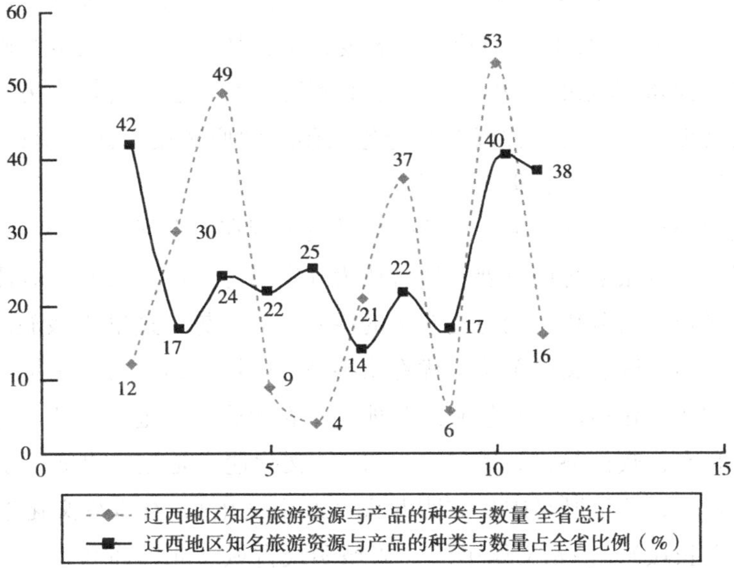

图 5－12　辽西优良级旅游景观资源占辽宁省比例图

辽西西部文化旅游两大旅游带，如图 5－13 所示。

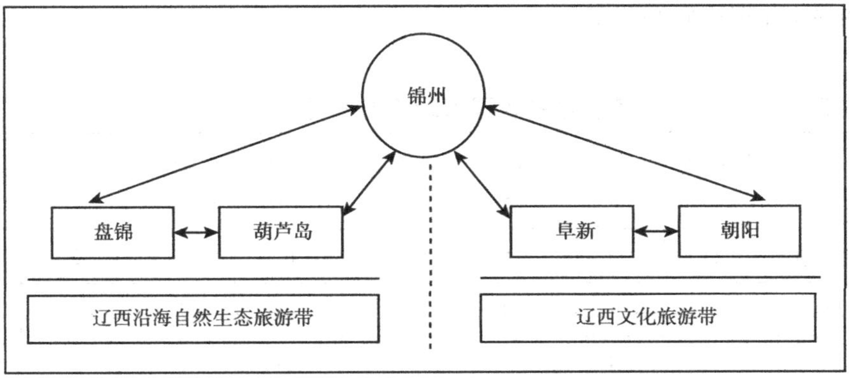

图 5－13　辽西区域整体旅游开发布局图

（2）辽宁沿海经济带平衡协调的全域旅游发展策略。

辽宁沿海经济带是辽宁省最早开发旅游的区域，也是辽宁省着力强化旅游发展的区域，早在 1992 年李悦铮就提出了辽宁沿海孔雀开屏式开发战略，目前已经形成以大连为龙头，辐射东翼（丹东为核心）西翼（锦州为核心）的一体化发展格局。考虑辽宁沿海“Z”形带状空间格局、城镇密度不高、人居环境良好、景观多元优美、气候舒适宜人的优势，笔者曾撰文提出通过促城、造镇、兴村的策略，率先在辽宁沿海经济带开展“大城小镇嵌景区”的全域旅游发展模式；“大城”是指有一定规模和较高知名度、主题特质突出、旅游基础好，例如大连、丹东、锦州等城市；“小镇”是指低密度、原生态，例如熊岳思拉堡温泉小镇等，发展无景点旅游，并以此打造悠然闲适的原味慢生活氛围；“嵌景区”指镶嵌于大城和小镇间的各类旅游区。

结合上文分析可知辽宁沿海经济带旅游发展现存的东强西弱的空间错位发展现状，为促进区域旅游协调发展，笔者认为辽宁沿海经济带旅游发展侧重提升西部发展。笔者曾撰文分析过渤海辽东湾的旅游发展优势，这里A级旅游区既有传统类型像风景名胜区、文保单位、优秀旅游城市、博物馆、自然保护区、森林公园，又有非物质文化遗产、红色旅游基地、工农业旅游示范点等新兴类型，资源种类丰富，且有比较优势，具体见表5－30。文化遗产是辽宁沿海经济带西部旅游发展的新抓手，这里既是中华文明源头（红山文化），有世界文化遗产（独特的九门口水上长城），国家文保单位（兴城明代古城、北镇庙和崇兴寺双塔、碣石宫遗址、九门口长城、中前所城、圣水寺、奉国寺、万佛堂石窟、广济寺古建筑群、广宁古城等），国家级以上非物质遗产（古鱼雁故事、医巫闾山民间传说、满族剪纸、木偶、高跷、皮影、竹马舞等），笔者曾撰文分析了渤海辽东湾着力加强文化遗产旅游开发。

表5－30　　辽东湾主要国家级旅游资源一览表

	风景名胜区	自然保护区	森林公园	红色旅游基地	文物保护单位	优秀旅游城市	度假区	合计
大连环渤海	2	3	5	2	6	1	2	21
营口	—	—	1	—	4	1	—	6
盘锦	—	1	—	—	—	1	—	2
锦州	1	1	1	1	6	1	—	11
葫芦岛	1	1	1	—	5	2	1	11
5市合计	4	6	8	3	21	6	3	51
全省合计	9	13	29	9	53	16	5	134
占全省比例	44.4%	46.2%	27.6%	33.3%	39.6%	37.5%	60%	38.1

注：表中资源均为国家级，度假区建设较晚全国只有12家是国家级，故度假区取省级以上；“—”指没有此类旅游资源。

审视外部关系，辽宁沿海旅游发展与渤海湾众多城市旅游具有同质性，比如热点旅游城市天津、青岛、秦皇岛等，新近火爆的旅游城市如烟台、威海等，为变互代为互补关系，辽宁沿海经济带旅游发展不可避免地要另辟蹊径，率先创造“大城小镇嵌景区”辽宁沿海全域旅游的旗舰价值值得期待。

参考文献

［1］李悦铮．沿海地区旅游系统分析与开发布局——以辽宁沿海地区为例［M］．北京：地质出版社，2002.

［2］李悦铮，俞金国，鲁小波，等．海岛旅游开发规划——理论探索与实践［M］．北京：旅游教育出版社，2011.

［3］李悦铮．辽宁沿海地区旅游资源评价研究［J］．自然资源学报，2000，15（1）：46－50.

［4］李悦铮，李鹏升，黄丹．海岛旅游资源评价体系构建研究［J］．资源科学，2013，35（2）：304－311.

［5］李悦铮．发展滨海旅游业，建设海上大连［J］．经济地理，1996（4）：105－108.

［6］李悦铮．发挥海洋旅游资源优势，加快大连旅游业发展［J］．人文地理，2001（5）：93－96.

［7］李悦铮．试论宗教与地理学［J］．地理研究，1990（3）：71－79.

［8］李悦铮，俞金国，付鸿志．我国区域宗教文化景观及其旅游开发［J］．人文地理，2003（1）：46－50.

［9］李悦铮．辽宁沿海地区旅游业孔雀开屏式战略布局构想［J］经济地理，1992，12（4）：77－80.

［10］关伟，高健．辽宁省区域系统动态协调发展研究［J］．辽宁师范大学学报（自然科学版），2014（1）：104－109.

［11］张耀光，刘锴，刘桂春，等．基于定量分析的辽宁区域海洋经济地域系统的时空差异［J］．资源科学，2011（5）：863－870.

［12］张耀光，韩增林，刘锴，等．中国海洋经济地域差异及演化过程分析［J］．地理研究，2008（3）：613－622.

［13］栾维新，王海英．论我国沿海地区的海陆经济一体化［J］．地理科学，1998，18（4）：51－57.

[14] 张军涛，王新娜．辽宁沿海经济带与内陆腹地互动发展的实证研究［J］．东北大学学报（社会科学版），2009（1）：29－34.

[15] 王恒，李悦铮．大连市旅游景区空间结构分析与优化［J］．地域研究与开发，2010，29（1）：84－89.

[16] 翁钢民，陈林娜．空间错位视角下我国东西部旅游业发展差异研究［J］．生态经济，2014（4）.

[17] 孙根年，冯茂娥．西部入境旅游市场竞争态与资源区位的关系［J］．西北大学学报（自然科学版）2003（4）：459－464.

[18] 韩春鲜．新疆旅游经济发展水平与旅游资源禀赋影响研究［J］．生态经济，2009（10）：62－66.

[19] 方法林．江苏旅游“资源诅咒”现象实证研究［J］．北京第二外国语学院学报，2012（5）：27－34.

[20] 王玉珍．旅游资源禀赋与区域旅游经济发展研究：基于山西的实证分析［J］．生态经济，2010（8）：41－45.

[21] 潘辉．旅游资源与旅游经济关系研究［D］．合肥：安徽大学，2013.

[22] 李悦铮，俞金国．区域旅游市场发展演化机理及开发［M］．北京：旅游教育出版社，2005.

[23] 林南枝，陶汉军．旅游经济学［M］．天津：南开大学出版社，1994.

[24] 马勇．旅游规划与开发［M］．北京：科学出版社，2004.

[25] 吕俊芳．旅游规划理论与实践［M］．北京：知识产权出版社，2013.

[26] 申葆嘉．旅游学原理［M］．上海：学林出版社，1999.

[27] 李小建，李国平，曾刚，等．经济地理学［M］．北京：高等教育出版社，1999.

[28] 陆林．旅游规划原理［M］．北京：高等教育出版社，2005.

[29] 吴必虎．区域旅游规划原理［M］．北京：中国旅游出版社，2001.

[30] 吕俊芳．旅游主体与旅游六要素的创新思考［J］．渤海大学学报（社会科学版），2011，35（4）：39－41.

[31] 魏小安，魏诗华．全产业链视阈下的旅游发展［M］．天津：南开大学出版社，2012.

[32] 何伟．区域城镇空间结构与优化研究［M］．北京：人民出版社，2007.

[33] 吕俊芳．城乡统筹视域下中国全域旅游发展范式研究［J］．河南科学，2014，32（1）：139－142.

［34］徐质斌．海洋国土论［M］．北京：人民出版社，2008.

［35］夏学英．反规划理论与城市内河旅游开发［J］．城市问题，2011，(4)：24－26，43.

［36］于向东．中国旅游海外客源市场概况［M］．大连：东北财经大学出版社，1999.

［37］吕俊芳，崔向东．辽宁人文旅游资源的再认识［J］．黑龙江生态工程职业学院学报，2006，19（6）：44－45，48.

［38］吕俊芳，崔向东．略论辽宁历史遗存的开发与利用［J］．辽宁省社会主义学院学报，2006，29（6）：58－59.

［39］吕俊芳．基于 ASEB 栅格分析法的旅游发展战略研究——以辽宁锦州为例［J］．河南科学，2013，31（11）：2089－2092.

［40］吕俊芳，李悦铮．锦州湾三色旅游发展研究［J］．海洋开发与管理，2012，29（9）：129－132.

［41］吕俊芳，李悦铮，江海旭．提高辽宁滨海公路旅游效益研究［J］．浙江旅游职业学院学报，2012，8（3）：5－9.

［42］吕俊芳，李悦铮，江海旭．辽宁省滨海城市入境旅游发展研究［J］．海洋开发与管理，2013，30（2）：31－35.

［43］吕俊芳，李悦铮，江海旭．辽宁省滨海城市“十二五”国内旅游发展预测［J］．海洋开发与管理，2013，30（5）：94－96.

［44］吕俊芳．文化遗产利用与旅游课程资源拓展双向互动——以辽西走廊重镇锦州为例［J］．渤海大学学报（社会科学版），2014，36（3）：112－115.

［45］田东娜，李悦铮，吕俊芳．辽宁沿海经济带旅游资源探查［J］．海洋开发与管理，2013，30（8）：98－101.

［46］吕俊芳．人民币旅游的 SWOT 分析及发展对策研究［J］．商场现代化，2007，521（11）：202－203.

［47］吕俊芳．辽西地区旅游经济的比较优势与对策分析［J］．江苏商论，2008（10）：86－87.

［48］吕俊芳．辽西旅游业发展的 SWOT 分析及对策研究［J］．江苏商论，2008（11）：82－83.

［49］吕俊芳，李悦铮．辽宁沿海旅游整合开发研究［J］．海洋开发与管理，2013，30（9）：73－75.

［50］吕俊芳，李悦铮．辽宁旅游资源整合开发研究［J］．辽宁师范大学

(自然科学版)，2014，37 (1)：123 –128.

[51] 厉新建. 旅游经济发展研究——转型中的新思考 [M]. 北京：旅游教育出版社，2012.

[52] 王欣. 旅游空间学说框架探讨 [M]. 北京：中国财政经济出版社，2011.

[53] 梁明珠，张欣欣. 泛珠三角旅游合作与资源整合模式探究 [J]. 经济地理，2006，26 (2)：335 –339.

[54] 中国旅游研究院. 中国旅游评论 [M]. 北京：旅游教育出版社，2011.

[55] 简玉峰，刘长生，徐珏. "无景点旅游" 发展现状及其对策研究 [J]. 旅游论坛，2010 (6)：756 –762.

[56] 李庆雷，徐磊，王愉超. 多学科视角下羡余旅游资源转化路径研究 [J]. 西华师范大学学报，2012 (3)：47 –51.

[57] 吕俊芳. 辽宁沿海经济带 "全域旅游" 发展研究 [J]. 经济研究参考，2013，65 (5)：52 –57.

[58] 吕俊芳. 挖掘区域文化优势整体打造辽西六色旅游之构想 [J]. 渤海大学学报 (社会科学版)，2011，34 (2)：42 –44.

[59] 吕俊芳. 渤海辽东湾旅游资源整合开发研究 [J]. 河南科学，2014，32 (12)：2631 –2634.

[60] 吕俊芳. 渤海辽东湾历史文化遗产旅游开发研究 [J]. 海洋经济，2014，4 (3)：24 –28.

专题报告六

辽宁沿海经济带乡村民宿产业高质量发展研究

随着乡村旅游消费进入大众化、日常化，乡村旅游业综合效益的特点日益突出。乡村民宿产业作为乡村旅游业的重要业态之一，对乡村经济社会发展具有重要意义。乡村民宿是利用农民空闲的房屋或闲置的集体用房、农林场圃房屋等房屋，结合当地人文景观、田园风貌及山水风光等资源，融合农事体验等农业生产活动，设计、改造成既保持乡村传统风貌，体现当地民居特色、生态环境特点，营造乡村旅居氛围，又能提供舒适、安全、卫生住宿的休闲度假体验型、经营性住宿场所。乡村民宿区别于传统旅馆、酒店，为游客提供了体验乡村自然、文化与生产、生活的机会。发挥乡村生产、生态、生活和文化优势，发展适应城乡居民需要的乡村民宿产业正成为实现乡村振兴、缩小城乡差距的重要举措。

一、辽宁沿海经济带乡村民宿产业发展概况

乡村振兴战略是我国重大的国家战略，是未来乡村发展的核心。随着人民生活城市化的加剧，乡村旅游发展迅速，乡村民宿作为一种根植乡村文化的旅游住宿设施顺势而起。乡村民宿产业发展不仅是推进辽宁沿海经济带旅游业供给侧结构性改革、适应大众旅游消费升级、加快全域旅游发展的重要举措，也是深入实施乡村发展战略，推进美丽乡村建设，实现农民增收致富的有效途径。乡村民宿业正逐步成为沿海经济带乡村旅游业发展的新载体、新方向和新的乡村经济增长点。

（一）大连市乡村民宿产业概况

大连是辽宁省旅游资源最富集的地区之一。近年来，乡村旅游得到了长足发展，逐渐成为大连旅游产业的重要组成部分和重点发展方向。在大连 8 个涉农县区中，有 40 多个乡镇、100 多个村在大力发展乡村民宿产业，已拥有各类民宿 1200 多个，能提供 2.5 万张床位的接待能力。

1. 空间分布及行业特点

大连市积极发展乡村民宿产业，既是对乡村振兴战略部署的响应，也是大众旅游时代的产物，对扩大文化和旅游消费具有重要意义。大连市的乡村民宿充分结合大连本地的人文环境、海洋景观、生态资源等，为旅游者提供住宿、餐饮、休闲、娱乐等服务，已经成为游客深入了解大连当地特色文化的途径。大连的乡村民宿主要集中在长海县，其次是庄河、金普新区、旅顺口区。如今，大连的乡村民宿已经初步形成滨海乡村生活、海岛风土人情、民族民俗、渔家文化、节庆活动主题类型。近年来，随着市场的逐步扩大、新旅游线路的推出，高品质、特色化的乡村民宿，如山区民宿、海岛民宿和渔船民宿等呈现出巨大的市场潜力。

2. 市场销售及增长情况

来自“途家民宿”的数据显示，大连民宿房源数量约五万套，占辽宁省在线房源的 30%，是辽宁省民宿房源数量最多的城市。2019 年，大连市民宿收入在 9500 万元左右，占辽宁省的六成左右；大连民宿的订单量增速超过 90%，比 2018 年几乎翻了一番。新冠肺炎疫情期间，大连乡村民宿的在徘徊中前进。以滨海民宿最为集中的长海县为例，2021 年 1～6 月上岛游客约为 23.26 万人次，综合收入 2.79 亿元。同比分别增加 109.5%、114.62%；2021 年庄河市共接待游客近 300 万人，其中蛤蜊岛接待越 7 万人，海岛型民宿成为庄河民宿的代表。不断增长的市场规模，充分体现出了大连市乡村民宿产业蓬勃的发展状态。

3. 养老型民宿成为新产品

随着中国进入老龄化社会，养老问题日趋加重。到乡村去养老成为城市老年人的一种新选择。面向城市居民开发养老型民宿也成为乡村民宿产业的新方向。

乡村养老民宿让老年人既有家的感觉，也能悠享乡村风景和田园生活。大连市普兰店区墨盘街道王山头村以珉琚旅游山庄为引领，快速发展乡村养老民宿。珉琚旅游山庄利用山庄附近村民家闲置的房屋，经过装修装饰、购置家电，使其达到城市宾馆的住宿标准；同时，民宿户为客人提供日常服务，山庄则统一提供餐饮、医疗等服务。珉琚旅游山庄计划分三期建成3000 床位的“珉琚养老基地”。其中，一期已建起120 户民宿户，设立200 个床位；建成后将到千户，使之成为乡村振兴中的农民增收新产业。

4. 积极试水高端民宿开发

大连市作为辽宁省重要的旅游目的地，市场需求旺盛。高端民宿正逐步成为追求高品质休闲度假型游客的新选择。面对市场对民宿品质的要求，一些村镇纷纷转向高端民宿的开发和运营。地处庄河北部仙人洞镇的马道口村，因为紧邻英那河，山清水美，早在2010 年前后，就有村民做起了乡村旅游。前些年，来这里玩的人，第一要求是吃得好，对住没什么特殊要求，所以哪怕是农村平房，只要有铺炕、价格便宜，就有客人。最近两年，来玩的人对住宿要求大幅度提高。不仅要求独立卫浴、空调，还要住得舒服、住得有特色。为了满足游客的新需求，马道口村对原有的民宿进行升级改造，打造具有地方特色的高品质民宿。高端民宿正成为乡村旅游村镇吸引游客的新“法宝”，给村民带来收益的同时，也预示着乡村民宿业的发展方向。

5. 多部门协同促进产业发展

为进一步加快大连市乡村民宿产业发展，提高乡村民宿产业质量，大连市政府积极发挥制度推动作用，在机制创新、制度保障上给予支持。大连市文化与旅游局编制《大连市乡村旅游民宿提质升级工作方案》，组织开展省市乡村民宿名录库建设工作。各级政府鼓励村集体利用租赁民房、村集体用房发展民宿，盘活闲置农房，进一步壮大村集体经济；扶持有条件的农户通过修缮、改造自有住房发展民宿；鼓励引进社会资本，参与乡村民宿建设，丰富民宿的特色主题与内涵。市政府还通过网络平台、旅行社等优质平台，多渠道推介乡村民宿，拉动客流量。市政府还指导成立了大连乡村民宿行业协会，搭建信息共享平台，统一打造，共同宣传，扩大全市乡村民宿的影响面。行业协会则做好行业自律，指导会员不断提升服务品质。

(二) 丹东市乡村民宿产业概况

丹东市以“中国乡村康养旅游度假目的地”为乡村旅游发展总体定位，推进产区变景区、乡村变公园、劳作变体验、农房变客房、农民变股东，推进乡村成为旅游创新的新平台。丹东市丰富的森林、沟峪、河流、果园、养殖等特色资源为乡村民宿产业发展提供高质量的基础；一批批天蓝水净、安居乐业的美丽乡村为民宿产业发展提供了载体。经过多年发展，一批批主题农庄、特色农家乐成为乡村民宿产业的重要经营主体，引领着丹东市乡村民宿产业持续提质升级。

1. 以政策规范产业发展

自 2017 年以来，丹东市把全域旅游作为一种新的综合改革平台和载体。出台了《乡村旅游发展专项规划（2018～2030)》《沟域旅游发展专项规划（2018～2030)》等多项规划，将民宿纳入乡村旅游业全局统筹规划。各项规划的出台为乡村民宿产业的特色化、差异化发展提供了重要依据。丹东市政府还制定了《关于进一步加强日租房、农家乐、民宿管理实施方案》，明确职责任务、备案管理、工作要求。为了加快民宿产业发展，丹东市积极加强民宿从业者培训。每逢旅游旺季来临，民宿集中地区的地方政府会组织经营户进行诚信经营、明码实价等方面培训，极大的促进民宿服务质量的提升。

2. 积极发展精品型民宿

随着国内旅游消费市场的升级、共享经济的盛行，高端民宿迅猛发展。为推进乡村民宿产业高质量发展，丹东市从战略全局谋划推动，加快推进民宿总量与发展质量“双提升”。各县（市）区将民宿产业作为总体规划、全域旅游规划的重要内容谋篇布局；将民宿发展工作纳入绩效考核指标重点实施；制定《民宿提质升级方案》，指导民宿品质提升。丹东市已经打造了振安区的李园、九花沟生态园、鸿溪谷休闲观光园、尹园酒庄以及东港市海边渔家、馨艺山庄等一批以乡村主题为特色的精品民宿。在精品民宿的示范引领下，全市呈现出发展提速、转型升级的良好态势，全市有 33 家精品民宿纳入到省级精品民宿库。

3. 乡村民宿集群初步形成

对接旅游住宿需求升级，丹东市积极提升乡村住宿品质，培育高端乡村民宿规模。目前，丹东市已经形成了以景区为依托的民宿聚集区，如青山沟民宿集聚区、大鹿岛民宿集聚区、獐岛民宿集聚区、河口民宿集聚区等；以五龙背、东汤、刘家河三个“温泉小镇”为中心，形成了温泉旅游民宿集聚区。丹东市还积极推进孤山文化小镇、北黄海温泉度假村二期、刘家河温泉水镇、爱河生态公园等项目建设，依托大项目促进内涵丰富、特色鲜明的精品民宿集群的形成与发展。仅丹东市宽甸满族自治县河口村就有宾馆型民宿 10 余家、农家乐民宿 200 余家，近 2000 人从事民宿相关工作。

4. 加强民宿的配套设施建设

为了促进乡村民宿产业发展，丹东市各区县积极加大民宿发展区域内道路、通信、停车场等基础设施建设力度。在民宿建设中坚守环境保护底线，严格按照民宿标准进行施工建设，同时做好安全通道、污水处理等基础设施，确保青山常绿、绿水常流；在民宿集中区，建设户外休闲、农事体验、餐饮娱乐等休闲配套设施，延长游客的停留时间。基础设施的完善，为民宿发展提供了良好的环境和条件。

5. 以集群化发展促进民宿升级

丹东市政府积极推进旅游业转型增效与乡村旅游提质升级。支持与乡村休闲度假游、乡村休闲游、乡村文化体验游等高品质业态相配套的民宿集群建设。在大洋河生态运动发展带内，发挥生态优势，积极发展与候鸟观光、体育赛事、民族文化等业态相匹配的乡村民宿集群；在凤凰山风景名胜区周边积极发展与山地观光、温泉养生、乡村度假、山地运动、红色旅游等业态相匹配的民宿基地；在东港现代农业与滨海休闲区内，建设以海岛、海滨为主体的民宿区；在宽甸打造丹东市避暑康养、户外运动、研学培训、民宿度假核心区。

6. 积极谋划新的发展方向

根据地理位置、气候特点、历史人文和农业农村发展状况，丹东市高标准、高质量规划乡村民宿产业发展。充分发挥农村基础设施、公共文化服务、生态环境等方面的优势，支持各类农业合作社、农业基地开发主题鲜明、体验丰富的民宿项目，重点开发满族风情、朝鲜族风情、鸭绿江渔家、桃乡人家、关东人家等主题民宿文章，培育出具有各市、县历史与人文特色的新型乡村民宿产业。支持有条件的乡村整合各类资金，开展旅游型乡村环境提升工作，支持村集体整合可利用土地资源，开发多元化的乡村民宿项目。政府内加强部门间的沟通，支持民宿经营主体不断创新、丰富服务内容和文化内涵，吸引更多游客来体验民宿，使其成为村民增加收入的有效途径。

（三）营口市乡村民宿产业概况

营口市依托乡村旅游资源和生态环境，发挥资源优势，推进了乡村民宿产业的快速发展。2018 年市政府提出“1151 工程”，即：到 2020 年全市建立 10 个特色乡村旅游度假区、10 个特色民宿集聚区、50 个特色休闲农庄、1000 家特色民宿农家乐。目前，乡村旅游休闲景点已遍布营口市 30 多个乡镇 100 多个行政村，覆盖率达到 70%，伴随乡村旅游的发展，乡村民宿也得到了快速发展。

1. 各类民宿基本形成规模

营口市民宿发展已具规模，分布较广、特色齐全。全市各类乡村民宿约 800 余家，以乡村类、温泉类、海滨类特色民宿为主。乡村类民宿主要分布在盖州东部山区，以万福圣水人家、毡帽峪的源晟山庄为代表，以本地游客为目标市场，提供休闲、娱乐服务。温泉类民宿主要集中在盖州双台镇，以桔子别墅、天一民宿等为代表，以家庭、朋友聚会、轰趴、泡温泉为主要特色，吸引黑龙江、吉林及沈阳等各地游客前来。海滨类民宿主要集中在鲅鱼圈地区，以沙滩木屋为代表，以赏海景、看日落为主要特色，以年轻情侣为主要游客。同时，还存在一批以家庭式、自主经营为主的低消费民宿，以老年人为主要游客来源。各类型民宿极大地满足了不同消费者的差异化需求。

2. 以领头羊带动产业发展

为了提高营口市乡村民宿产业发展效率，营口市政府实施精品民宿带动工程。2020 年营口市开展了主题为“很暖很鲜在营口——美宿养心、暖鲜之旅”的精品民宿评选活动。全市范围内符全条件的民宿，都可以参加评选，获评民宿将获得“营口市精品民宿”称号，同时还将获得如提供低息贷款、结算支持、利用信用卡，提供客源，利用“浦惠到家”做到客户引流。评选出的精品民宿区分“花海深处、山里人家、梦里听涛、别样风情”四种不同特色，提供每家两万元资金支持用于民宿提质升级。精品民宿评选活动，不及激发了民宿经营者创新经营的热情，更带动了全市民宿行业的提质增效。

3. 发挥行业组织的引导作用

营口市成立了覆盖全市范围的市级民宿行业协会。行业协会切实扛起社会组织担当，搭建政府和行业间的沟通平台，协助文化和旅游行政部门开展监管，激励守信、惩戒失信，加强行业自律的职责。行业协会制定出台了《营口市民宿协会章程》，有效贯彻经营服务标准、提供行业信息交流、开展业务培训和咨询服务、维护会员合法权益；通过政策咨询、人才培训、线上线下营销等方式，确保民宿行业组织的服务真正惠利于各经营主体。行业协会积极加强与市内外同行间的学习交流，推动营口民宿产业向更深层次、更高质量、更优供给方向发展。行业协会还与公安机关联合对民宿进行统一监管，并纳入辽宁省特征行业管理信息系统。行业协会的工作极大的引领、促进了全市民宿产业健康发展。

4. 多渠道开展综合式营销推广

营口市乡村民宿业积极开展系列线上推出系列宣传活动，如网红拍摄推荐、制定旅游攻略进行推广、朋友圈推发视频、在今日头条集中推出“民宿板块”进行统一宣传等。营口电台“主播带你去旅行”栏目，以“民宿·山海一宿”为品牌口号，共推出特色精品民宿 12 家，分“花海深处、山里人家、梦里听涛、别样风情”四种主体，每周推出一家精品民宿进行推广宣传、制作杂志等免费宣传政策。多渠道、全方位、大力度的推广宣传，极大地促进了全市民宿行业的持续、健康、高效发展。

5. 探索乡村民宿养老社区发展

发展乡村养老产业成为政府实施乡村振兴的新行业。营口市政府积极发挥政府的主导作用，对条件较好、适合发展乡村养老的村镇先行扶持，按照建设规模、床位数量等，给予补助、减免一些税费。营口鲅鱼圈区在望儿山文化旅游产业园区规划开发敬母主题民宿养老社区。养老民宿区突出北方民居特色，借助母亲湖打造社区水系，营造“小桥流水人家”场景，完善医疗、健康和主题广场等基础服务设施，实现独院养老、自助养老和定位护理多种类型民宿养老的协同发展。借鉴望儿山文化旅游产业园的经验，营口市其他地区也积极发展各具特色的民宿养老项目，吸引城市老年人群到乡村生活。

6. 出台专项政策支持民宿行业

2017 年底，营口市政府常务会议讨论通过并下发《营口市关于加快发展旅游产业的实施意见》，成为当前民宿产业发展的指导性文件。2020 年，营口市将发展民宿经济一项重要的工作来抓，根据文化和旅游部发布的《旅游民宿基本要求与评价》，提出制定了《营口市关于发展旅游民宿经济实施意见》，全面推动全市旅游民宿健康发展、促进民宿业转型升级，推动民宿客栈有序、规范发展。同时，将民宿产业纳入《营口市引客入营奖励办法》《营口市旅游发展专项资金管理办法》支持范围。鼓励各地土地经营权入股从事农业产业化经营试点；开展个人涉农创业贷款，助力有创业意愿的农民开展民宿经济。2020 年，营口市文旅广局下发了《营口市乡村旅游民宿标准及等级划分与评定方法（试行)》，对现有的乡村民宿进行按照统一标准加强管理，进一步健全域内民宿管理规范；评定丙级、乙级和甲级三个等级，对不同等级给予相应的政策扶持。积极推进营口市民宿录入全省乡村民宿名录库工作。

（四）盘锦市乡村民宿产业概况

盘锦作为辽宁省城乡一体化综合改革试点市和宜居乡村建设试点市、辽宁省首个进入全国首批全域旅游示范区创建城市名单的城市，从 2014 年就开始积极探索、全面推进农村人居环境整治工作，着力打造生态宜居的乡村民宿产业。盘锦市紧紧抓住 5 个依托，即依托“宜居乡村”建设成果、依托乡村特色旅游资源、依托周边重点旅游景区、依托地域传统民俗文化、依托相关特色产业，落实“百村万床”工程，快速推进全市乡村民宿产业发展。

1. 产业规模稳步持续增大

依靠丰富的自然资源和良好的乡村基础设施，盘锦市民宿产业发展迅速，产业规模不断壮大。目前，盘锦市拥有民宿（农家乐）2039 间，床位 8600 多张，营业面积超过 14 万平方米。民宿行业年均接待游客约 20 万人次，带动民宿业户及相关产业增收超过 6000 万元。盘锦市以资源整合为突破口，推动民宿产业集聚发展。一是通过跨县区、经济区整合重组的方式，将资产转化为资本，积极对外招商引资，加大股改力度，引入现代企业管理制度，推动民宿产品升级，打造赵圈河、荣兴、唐家等高等级民宿集聚区；二是将零散资源进行统一调配和整合，打造赵圈河——王家、荣兴——田庄台、石庙子——北窑、新村——得胜、新兴——清水等乡村民宿休闲带。

2. 特色资源成为产业依托

依托特色资源是盘锦市民宿产业发展的主要模式。一是依托重点旅游景区发展民宿产业，例如赵圈河园林村、兴盛村依托红海滩风景廊道景区，成为盘锦市最早发展农家乐及特色民宿的村屯；二是依托“宜居乡村”建设成果发展民宿产业，例如荣兴街道的“稻作人家”民俗村、王家街道的石庙子村、田家街道的大堡子村和盘山县得胜村等村屯的民宿；三是依托相关特色产业发展民宿产业，如新立镇杨家村在发展“认养农业”的同时，打造了谷仓民宿、唐家镇北窑村以葡萄基地为依托打造艺术家田园小镇民宿；四是依托民俗文化发展民宿产业，如西安上口子村依托高跷秧歌、苇艺苇编、蒲笋河鲜等资源，成为盘锦市最早完成整村改造的民宿示范点；五是依托良好的乡村居民环境发展民宿产业，如田家街道的大堡子村、小堡子村作为美丽乡村建设示范村发展民宿产业。

3. 打造区域性特色主题

特色主题是盘锦市民宿产业的主要特征。大洼区新立镇成立了盘锦乡居源旅游发展有限公司，建设“立富民宿”等民宿，村里还配有小型电影院、咖啡厅等服务设施。大洼区的大堡子村，设立禅修主题，推广素食文化，展现北方民居建筑特色。东郭街道积极争取国家少数民族发展扶持资金，进一步对朝鲜族村村屯环境和基础设施进行细化升级，将一处500平方米的集体产权房屋改造成具有朝鲜族风格的乡村民宿，并配套上朝鲜族餐饮和游玩项目。盘山县甜水镇二创村、胡家镇红岩村，由当地村委会牵头，打造少数民族特色村寨，发展集体发展民宿经济。地域特色鲜明的乡村民宿提高了民宿业在全省的竞争力，也壮大了村集体经济实力、促进了村民增收。

4. 打造特色高端精品民宿

盘锦市聘请专业规划设计公司对民宿产业的市场定位、文化符号、发展方向等进行前期规划，推出不同风格的精品民宿。精品民宿坚持就地取材，在建设中不仅保留当地民居原有的自然风貌，更因地制宜地结合地方特色文化及自然资源优势。如大洼区王家街道石庙子村，采取精品民宿与稻田慢行系统结合路线；荣兴街道“稻作人家”民宿村，则充分利用新农村改造动迁后的空房进行规划设计，打造成特色民宿区。大洼区新兴镇临近辽河，乡村氛围浓郁，当地采摘、餐饮都具有特色，发展乡村生活为主的高品质民宿。对特色精品民宿的集中扶持，也逐步形成了特色民宿小镇。

5. 政府牵头实施多元化合作

为加快民宿产业高质量发展，盘锦市积极探索对外合作模式。大洼区西安镇成立了盘锦海韵河风旅游发展有限公司，公司与沈阳专业运营公司合作，在上口子村建设了“草堂花宿”“金色农家”等特色鲜明的高端民宿。大洼区政府主管部门与银行机构合作，向赵圈河湿地旅游小镇民宿户发放了第一批民宿专项贷款。大洼区还与紫澜门温泉公司达成合作，对石庙子村民宿进行专业化运营，集中采购、集中配送、集中管理。田家街道大堡子村、小堡子村，注入域外资金打造了幸福这旮地、国风堂、醉风堂、和园等高端民宿，带动了餐饮、采摘、踏青等乡村旅游配套设施建设。

6. 充分发挥新乡贤作用

盘锦市大洼区东郭街道借助全市引贤工作，在晏屯村选取两处“依田、傍水、靠林”地块，对原有民房进行改造建设，打造建立了 8 处艺术气息明显、民俗民风和谐、融入居民生活的“新乡贤民宿”，并与中央美术学院、鲁迅美术学院签订新乡贤入驻协议，引进新乡贤 9 名。计划利用新乡贤的个人影响力，结合当地秀美自然风光，吸引各地绘画爱好者来此学习、创作和观光，将晏屯村打造成为“画家艺术村”，让农村民房变客房，村庄变景点，进一步带动和盘活乡村资源，最终形成民宿、餐饮、农业休闲游各产业相互促进、互动循环的发展格局。

7. 政府多部门协同扶持

盘锦市政府出台《盘锦市促进民宿产业发展实施意见》；按照发展全域旅游的需要，市委市政府实施“百村万床”工程，强化重点区域建设，避免无序发展。充分发挥市政府《盘锦市旅游专项资金使用办法》的 2000 万元旅游专项资金，对民宿建设进行奖补。各乡镇政府也出台相应的激励措施，大洼区新兴镇、清水镇、榆树镇等出台了相应的奖补措施，给予符合标准的民宿户一次性 2 万~4 万元的奖励和低息贷款申请帮。公安、消防、卫生等部门联动，积极协助民宿户办理合法经营手续，完善消防安全设备，提升服务质量和接待水平。

（五）锦州市乡村民宿产业概况

锦州市持续贯彻旅游发展新理念，不断增加旅游要素，采用培育典型、以点带面的形式，逐步扩大乡村民宿产业的发展规模。锦州市还充分挖掘丰富的历史文化、传统村落的价值，充分利用原有的自然资源，通过规范整合、引进开发新的经营资源，实现乡村民宿产业规模化、规范化发展。经过多年发展，锦州乡村民宿产业呈现出良好的发展态势。

1. 浓郁的辽西地域特色

锦州深入挖掘乡村旅游优质资源，实现乡村民宿建设的特色化、个性化、绿色化。锦州民宿与地区的自然环境、人文资源相融合，呈现出浓郁的辽西地域特色。例如，北镇市华山村于2016年11月公布为第四批中国传统村落，也是辽宁省首批列入国家级传统村落名录的古村之一，至今仍保留百年前村落和房屋的原始面貌，四周诸峰环列、山灵竞秀、奇峰异石、古木参天，故被外界称之为“当代世外桃源”。坐落在华山村的“华山小居”民宿并呈现出辽西地区传统特色。目前，锦州辖区内黑山县仙桃人家、北镇市华山小居、凌海市北方山水人家、义县韩家大院、忘忧谷等52家民宿入选辽宁省乡村民宿名录库，在全省内排名第2位。

2. 充分突出人性化服务

充分认识发展乡村民宿的重要性和紧迫性，切实把推动乡村民宿发展作为加快乡村经济转型升级、扩大农民就业、促进农民增收的重要抓手。锦州的乡村民宿不仅环境优雅、建筑装饰特色突出、基础配套完善、服务到位、卫生环保达标、管理标准，而且在经营中十分重视游客体验。民宿主人通常直接参与接待，直接提供服务，以更接地气、更优质服务迎接每一位“家人”，使其有宾至如归之感。通过良好互动，提供个性化、人情化的服务，并依托民宿设施，整合地域资源，凝练地域特色，融合生产生活方式，为游客留下来创造了更多的可能性。

3. 乡村旅游与民宿协同布局

锦州市在布局乡村民宿产业发展规划中，不仅积极总结本地的成功经验，还积极借鉴外地的成功经验，制定科学可行的乡村旅游与乡村民宿产业协同发展的规划。将锦州市划分为若干片区，将乡村旅游及乡村民宿的项目纳入集团化、规模化发展的范围，使分散的景点、村镇形成“拳头优势”，扩大品牌效应，打造独具特色的乡村旅游与乡村民宿的名片。例如，义县的瓦子峪镇大铁场村、大榆树堡镇石闸子村、大榆树堡镇忘忧谷、花溪森林公园等项目，通过一、二、三产业融合发展，游客在这里不仅能感受到新农村的新风貌，还能感受到浓浓的农耕文化和乡村习俗。

4. 富有特色的发展模式

采用“民宿 +”模式构建集旅游、休闲、娱乐和生产于一体发展民宿产业综合区。位于医巫闾山风景区周边的铁河嘴子村依托当地优秀的地理位置与历史文化优势，大力投资建设韩家大院，探索出一条独具“铁河”特色的乡村致富之路。该村以“村集体 + 企业 + 农户”的模式，深入进行农旅融合开发。将村集体、农民的资源、资金入股乡村旅游项目，按股分红。公司以资金入股，村集体以台子山、道路、土地、闲置的幼儿园折价入股；村民以资金、闲置房屋、宅基地、土地折价入股，统一规划，统一管理，采取 10% 保底定额分红的方式进行收益分红，年末结算时根据企业盈利状况按照股比进行二次分红，达到集体和农户双增收，带动当地经济增长。

（六）葫芦岛市乡村民宿产业概况

葫芦岛以“对接京津冀协同发展旅游先行区”为指导，努力把葫芦岛打造成承接京津冀游客进入辽宁的桥头堡，全国重要的旅游目的地城市。在整体定位下，葫芦岛市旅游产业正由单一观光型产业向度假休闲、健康疗养、会议游学等综合型发展。乡村民宿产业作为葫芦岛旅游产业新定位的重要构成部分，得到了市县各级政府的高度重视。各级政府通过推介会、企业对接、协会合作等多种方式，积极吸引各类资本参与乡村民宿产业。

1. 三类经营模式协同发展

葫芦岛市乡村民宿的经营模式主要有三种：一是家庭投入型，即家庭独立建设、独立服务。农户利用家庭闲置房屋为游客提供住宿、餐饮服务。这是葫芦岛最有代表性乡村民宿模式，也是占比最多的经营模式；二是合作经营型，即由该村庄的领头人牵头组建乡村民宿合作社，对村内的民宿统一进行经营和管理；三是资本运作型，即由专业公司投资建设、统一经营。在经营中，公司设立接待中心，统一价格、统一宣传营销、统一服务。此类模式在葫芦岛市尚处于探索发展阶段。

2. 以京津冀及本省为客源地

葫芦岛市乡村民宿的客源具明显的特点。夏季为葫芦岛旅游的旺季，位于海边的“渔家乐”和位于山区的“农家乐”受到游客的欢迎。游客主要来本市及自周边距离葫芦岛较近的城市。包括北京、天津以及河北部分城市、辽宁省内的各市。游客以家庭和年轻人为主体。游客通常会在葫芦岛市内较著名的景区游览后，住在民宿，并在周边乡村作短暂的游览，游客居住时长多为1～2天。

3. 以景区为核心布局精品民宿

葫芦岛市的精品民宿主要集中在连山区钢屯镇、南票区虹螺岘镇、兴城市古城、绥中县加碑岩乡以及建昌等地区。全市共有34家民宿成功入选《乡村民宿名录库》。其中，兴城市16家，绥中县10家，建昌县5家，龙港区、连山区、南票区各有1家民宿入选。葫芦岛精品民宿分布在龙兴国家湿地公园、觉华岛旅游度假区、建昌白狼山、画廊谷、龙潭大峡谷等景区周边。这些民宿主要为各景区提供相配套的餐饮住宿服务。

4. 不断提供产业整体发展水平

近年来，葫芦岛市民宿发展呈现出良好的功能和水准，乡村民宿环境幽雅、建筑装饰特色突出、基础配套基本完善、卫生间和客房设施设备与用品齐全、服务要求到位、卫生环保达标、管理要求标准化，基本满足了游客对民宿的体验要求。同时，葫芦岛市民宿发展注重与乡村自然环境相融合，重视游客融入体验，接待服务水平显著提高。通过各种良好的互动，加强关系营销和情感营销，提供个性化、人情化的服务，并依托民宿设施，整合地域资源，凝练地域特色，融合生产生活方式，为游客留下来创造了更多的可能性。

二、辽宁沿海经济带乡村民宿产业的发展成效

乡村民宿是乡村旅游发展到一定阶段后呈现出的一种新业态、新项目。民宿经济的快速崛起，不仅促进乡村旅游的快速发展，更有助于国家乡村振兴战略的

实施与推进。近年来，随着公众乡村旅游需求的增长和乡村振兴的政策推动，乡村民宿如雨后春笋般蓬勃发展，呈现出前所未有的发展态势。经过多年的发展，辽宁沿海经济带内的乡村民宿在硬件、服务上都有了较大改观，出现了经营模式上的创新、销售方式的日趋多元化。乡村民宿产业正成为沿海经济带内乡村旅游的新方向。

（一）乡村民宿产业的层级类型

由于游客对乡村旅游品质化、体验化需求的增强，传统农家乐已经不能满足游客需求，更具有特色的乡村民宿迎来了高速成长期。经过几年的快速发展，辽宁沿海经济带内出现了不同档次、不同经营模式、不同层级的乡村民宿。差异化的发展不仅避免同质化造成的恶性竞争，而且丰富了产业结构、提升了产业的整体效益水平，也更好地满足了多元化的市场需求。

1. 乡村民宿的三个档次

与全国乡村民宿产业相似，辽宁沿海经济带内的民宿开发主要呈现三种形态：一是庄园式乡村度假民宿。主要依托乡村特色庄园或特色产业园区开展餐饮、住宿活动。如瓦房店市锶泉康养小镇度假区的民宿。这类民宿建筑规模较大、装修装饰也较豪华，提供服务规范、标准。最大特点是与农业结合紧密，是乡村民宿发展的高级形式；二是公寓式乡村民宿。在乡村内建设以度假为目标的公寓，运营商通过出售或出租的形式向旅游者提供度住宿。此类民宿发展理念是“乡村休闲养生”或“第二个家”，一般位于生态环境优良、人居环境淳朴的村庄，其服务设施相对简单，档次偏中低。如营口鲅鱼圈区熊岳、双台地区的温泉公寓；三是农家乐式民宿。主要依托农户家庭住房，以田园风光和乡村生活为特色，吸引城市游客休闲、娱乐。此类民宿成本较低，消费不高，但是设施相对简单，所提供的服务产品和内容也相对单一。如葫芦岛兴城以带领游客赶海游玩、品尝海鲜美食为主的各色农家院、盘锦红海滩景区周边的农家乐等。

2. 乡村民宿的三类经营模式

从 2017 年开始，民宿行业正式进入 3.0 时代，逐步实现民宿的快速转型发展，大量的中高端民宿逐渐兴起。乡村民宿经营出现了产权和经营权分离的经营模式，服务质量得到了较大提高。目前辽宁沿海经济带内乡村民宿的经营模式主要有四类：第一类是农户或承租人独立运营的模式。这种模式在沿海经济带内比较普遍，农户用自家闲置的房屋或者外来承租人租用村民房屋，自行开展餐饮住宿及配套服务，村民或承租人直接参与经营。这类民宿规模较小、运营成本较低，拥有自身的特点；第二类是由村集体经营的模式。这种模式是由村集体（或组建公司）利用闲置的集体用房或者租用村民的房屋，由村集体出资建设装修、负责运营管理，收益归集体所有。这类民宿多集中在经济较发达或者拥有优质旅游资源的地区，规模有大有小；第三类是由合作社统一运营管理的模式。在一定区域范围内（村、镇）成立乡村民宿专业合作社，将区域内较为分散、自主经营的民宿进行整合，实行统一定价、统一采购、统一管理，按照约定分享利益、共担风险。此类模式可以规避“单打独斗”的弊端，降低运营成本，提升市场竞争力，更好满足游客需求；第四类是由专业公司运营的模式。公司从农户或村集体那里获得民房及村集体房屋的使用权后，由公司进行对房屋维修设计，统一经营、统一管理，收益按照约定分享。此类模式有利于吸引优秀人才和社会资本投资参与民宿产业，可以快速扩大民宿产业的规模、培育区域民宿品牌。

3. 辽宁省省级乡村民宿名录

辽宁省乡村民宿起步晚，但近几年发展速度很快，产业提质增效速度越来越快。为大力发展民宿经济，按照省委、省政府的决策部署，2021 年辽宁省文化和旅游厅开展了“省级乡村民宿”评选工作。根据乡村民宿文化品位、硬件设施水准、服务水平，全省有 541 个乡村民宿项目入选省级乡村民宿名录库，其中沿海经济带内各市、县入选辽宁省乡村民宿名录的情况见表 6 – 1。

表 6 – 1　辽宁沿海经济带内乡村民宿名录库入库名单　单位：家

城市	数量	县、市、区	数量	代表性民宿
大连市	32	庄河市	19	竹庭庄园、杏林小筑、喜鹊林度假村
		长海县	2	岛里名舍客栈、慢岛客栈
		普兰店区	1	墨盘珉琚
		金普新区	5	闻香谷民宿、吴家小院宿愿
		旅顺口区	2	茶缘逸栈、七彩南山
		甘井子区	2	心醉乌托邦月光水岸休闲山庄、绿谷聚会别墅
		瓦房店市	1	缘泉生态温泉山庄

续表

城市	数量	县、市、区	数量	代表性民宿
丹东市	34	凤城市	12	中兴园旅店、日泰农家大院、新农村大院
		东港市	12	遇浪漫度假客栈、陶府家宴雅居酒店
		振安区	4	李园、花果山
		宽甸满族自治县	5	北方周庄、金域河畔度假村
		元宝区	1	丹东君德汇酒店
营口市	30	盖州市	21	崔家大院农家乐、蒋家大院
		老边区	1	葵海印象温泉民宿
		大石桥市	5	玲珑山庄、霖铜山庄
		鲅鱼圈区	3	坤荣汤泉民宿服务中心
锦州市	52	北镇市	12	桃花园农家院、大龙湾客栈
		凌海市	12	东方温泉酒店、东方温泉酒店 2 号
		黑山县	8	七兴福、余佳宾馆
		太和区	5	马华鱼真鲜饭店、滨海人家农家院
		古塔区	5	苏民住宿、玉秋民宿店
		义县	10	忘忧谷、韩家大院
盘锦市	37	盘山县	16	老姜家民宿、盘古庄园
		大洼区	21	金达莱之家、榆庆春舍
葫芦岛市	34	兴城市	16	明驿清风人文主题客栈、水岸民宿
		绥中县	10	加碑岩乡宜居阁农家院、三龙客栈
		建昌县	5	佳祥民宿、小三清山民宿
		连山区	1	尚和旅游观光
		龙港区	1	关东田园风情酒店
		南票区	1	桑果先生农家院

（二）乡村民宿产业的经营特征

因资源禀赋和市场需求，辽宁沿海经济带内的民宿产业在发展中逐步形成了具有地域特色的显著特征。消费群体呈现年轻化，与之适应的宣传销售方式则以互联网为主要平台；淡旺时间上出与地区乡村旅游的季节性相匹配。经营的季节性呈现出明显的北方地区特征和沿海旅游的特点。产业层面上，专门化的民宿体验游、民宿集群化规模化成为发展趋势。

1. 青年和家庭成为主要市场群体

民宿是国内旅游散客化和休闲度假趋势的产物。辽宁沿海经济带内民宿的住宿人群显著表现为年轻化。在民宿的客群结构中，“80 后”“90 后”是民宿主要消费群体。在青年带动下，以青年为核心的家庭型消费群体也成为民宿的主要人群。民宿用户住宿目的仍以休闲、娱乐为主，占比近六成。以乡村度假为目的的游客，则会选择具有独特资源（如温泉）或者良好生态环境地区（如海滨、森林）的高质量民宿。消费者在选择民宿时，会较多地关注价格、居住体验感和房屋性能等，而服务质量、休闲娱乐项目、关联的参与项目等正成为民宿消费者日益增长的诉求。

2. 经营的季节性和假日性比较明显

北方地区的乡村民宿，淡旺季明显。因为地理因素和气候条件所限，沿海经济带乡村民宿的季节性差异明显。以大连为例，只有 4 月底到 10 月初适合营业。“十一”国庆节之后到来年的四月，因天气原因，来民宿休闲娱乐的游客则较少。另外，受闲暇时间所限，节假日通常是乡村民宿最“火爆”的日子，平日则比较“清淡”。“五一”“十一”和“暑假”期间，民宿入住率“暴涨”。除了城市周边的民宿爆满外，一些热门目的地的民宿入住率也非常高。与南方相比，较短的适游期不仅容易造成资源的闲置，对民宿经营主体的经营能力也提出了更高的要求。只有不断创新服务内容、提高服务质量，构建完备的产业链条增加收入来源，才能让民宿产业实现可持续发展。

3. 网络渠道成为当前主要销售平台

沿海经济带内的游客多为自助游。自助游游客在住宿选择上拥有完全的自主权与更大的选择空间。个性化与深度化的旅行需求使得民宿发展拥有了更大的用户基础。近年来，伴随线上旅游业的快速发展，用户在住宿信息的获取和预订的行为中，主要依靠互联网渠道来获取信息。在预订住宿的渠道中，互联网渠道成为住宿预订的主要渠道。调查显示，游客通过网络渠道预定民宿的人数占比达到 60% 以上，部分民宿甚至高达 90%。在众多在线旅游预订平台中，携程、去哪儿、途家、Airbnb 等 OTA 平台占据民宿在所有线上民宿平台中占主导地位。另外，民宿行业协会、民宿主的自媒体账号（微信、微博、抖音等）也成为对外宣传营销、游客预定的主要渠道。除公共平台和自媒体外，部分地区的民宿行业组织，也积极搭建自己的民宿推广营销平台。如隶属于大连市旅游协会的民宿客栈与精品酒店分会的“百乐游”App，免费为会员民宿提供服务，并提供其他商业互助资源。网络营销正成为民宿的主要营销渠道。

4. 专门化的民宿体验游渐成发展趋势

自从全面开展宜居乡村建设以来，乡村基础设施得到了前所未有的提升，乡村旅游呈现供需两旺之势。寻找“网红”民宿打卡，成为很多游客乡村旅游行程安排中必不可少的一项。民宿游作为一种深度休闲的体验式旅游，它的魅力在于能够让人们获得全新的生活方式，让人们记住“乡愁”。特色民宿游正成为人们向往的旅游方式和生活体验。以民宿产业带动乡村旅游产品的发展和提升，使之成为扩容游客接待量的主力军。沿海经济带内各市县正努力适应游客新的乡村旅游需求，积极开发民宿游，把民宿从单一住宿开发成旅游休闲“目的地”，把“乡村生活”和“田园野趣”转化为产业资源、转化为乡村旅游的新选择。如盘锦市盘山县甜水镇二创村、胡家镇红岩村，就成为乡村民宿游的很好目的地。根据原辽宁省旅游发展委牵头，辽宁大学旅游规划中心和辽宁省休闲农业与乡村旅游产业协会具体组织实施编制的《辽宁省乡村旅游发展调研报告》显示，68.09%的乡村旅游游客选择精品民宿过夜，民宿游新业态已在辽宁省初现。

5. 集群化规模化的发展逐渐形成趋势

乡村旅游和民宿发展是相互成就的关系，民宿是促进乡村旅游转型升级的有力抓手，也是丰富旅游产品供给的重要领域。近年来，随着乡村旅游的快速发展，沿海经济带内民宿数量和品质实现了“双提升”，民宿产业集群逐渐形成。一类是于特色村镇而建设的民宿小镇，即依托“美丽乡村”建设成果，在自然生态环境优秀、传统乡村文化丰富、特色产业突出的村镇或者传统古村落等，以村镇独特的资源为吸引物发展而成的乡村民宿聚集地。例如，营口盖州市民宿覆盖 19 个乡镇，拥有特色山庄 30 余个、休闲民宿近 80 个；大连庄马道口村因为紧邻英那河，山清水美，早在 2010 年前后，就有村民做起了乡村民宿，近年来更是不断推进乡村民宿升级，已经形成了产业集群。另外，沿海经济带内各地知名景区周边的民宿集群渐成规模，主要为景区提供配套住宿服务。例如，盘锦市赵圈河镇园林村、兴盛村比邻红海滩国家风景廊道景区，成为最早发展农家乐及特色民宿的村屯，每年旅游季，民宿床位供不应求；丹东天桥沟景区周边的精品民宿群，獐岛、大鹿岛、北黄海的温泉度假村也是类似情况。

（三）乡村民宿产业的经济效益

发展民宿产业是激发乡村旅游活力、发展消费经济、推进供给侧结构性改革的关键举措；是促进农民增收、带动群众致富的重要途径。依托民宿产业将单纯的住宿与餐饮、观光、度假有机结合，提升本地农作物附加值，带动农产品销售，创造农民致富增收新途径。辽宁沿海经济带内，以“小”民宿撬动“大”旅游已经初见成效。

1. 融合发展带来多元化收入

近年来，民宿逐渐成为流行的住宿选择。辽宁沿海经济带内乡村民宿正从单一化向多元化发展，不断延伸的民宿产业链，逐步拓展出向导服务、特产销售、休闲娱乐等增值服务，乃至意想不到的往跨界发展。餐饮收入、土特产礼品销售收入、活动策划收入、景区门票销售收入以及旅游线路销售收入成为除房费收入外的重要收入。一些高端的乡村民宿延伸出一条向创意餐饮、休闲空间和农业资产拓展的产业链，包括各类体验项目、乡间定制餐饮项目、文创产品等。部分地区的乡村民宿还积极探索与户外运动拓展基地和农业综合体、餐饮企业等合作，使不同发展元素互相串联，逐步衍生出全新的产业形态和产品。

2. 促进乡村集体经济发展

集体经营性资产在初次分配和再分配环节为集体成员提供的收益与福利保障，共同构筑了共同富裕的底线公平。发展新型农村集体经济，采取村级自主经营、租赁等方式，盘活闲置宅基地、闲置住宅和其他闲置资源，可以有效增加村级集体经济收入。盘锦市东郭街道积极争取国家少数民族发展扶持资金，进一步对朝鲜族村村屯环境和基础设施进行细化升级，将一处500平方米的集体产权房屋改造成具有朝鲜族风格的乡村民宿，并配套上朝鲜族餐饮和游玩项目，积极打造地域特色鲜明的乡村民宿休闲产业，很好的壮大村集体经济实力。丹东市采取“支部+合作社（协会）+农户”等形式，依托自然风光、乡土文化、生态资源等优势，开办乡村旅馆、养老中心、农家乐等项目，来增加村集体的收入。以村级集体为主体，依托经营稳健的经济实体，结合自身经营管理经验、完善的制度管理和市场营销手段，做大做强民宿产业，已经成为壮大村级经济的有效途径。

3. 增加村民就业创业收入

乡村民宿作为游客体验乡村自然、文化与生产的住宿产业，因在增加农民收入、改变乡民生活，革新村民观念等复合功能，一跃成为乡村经济的新动力。民宿业健康有序发展不仅能够有效盘活农村的闲置资源，还能解决村民在家门口就业的问题、有效吸引在外的年轻人回村创业。马道口村地处庄河北部仙人洞镇，因为紧邻英那河，山清水美，早在2010年前后，就有村民做起了乡村游。几年下来，但凡干上农家乐的，生活水平都有明显的提高。近两年，传统的“农家乐”纷纷改造装修，设立独立卫浴、空调等新设备，让游客住的舒服、安心；一些新建的民宿更是凸显了休闲度假的功能。民宿产业的发展扩大了当地村民就业创业，更增加了村民的增收。

4. 驱动关联产业发展

民宿作为乡村经济发展中非常活跃的一种新产业形态，在促进农村一、二、三产业融合发展上的作用日益突显。以三产融合来延伸业态链、产品链、服务链，构建起多元价值的乡村多业态协同、复合的产业体系。盘锦市民宿产业坚持多元化发展，以“民宿+体验”“民宿+温泉”“民宿+认养”“民宿+美食”“民宿+文化”形式，推进产业融合发展。营口市鲅鱼圈区以民宿为基础，通过“民宿+教育”推出面向青少年的系列乡村旅游产品，以“民宿+体育”形式推出系列乡村运动活动，以“民宿+健康”形式，推出系列养生度假的旅游产品。以民宿为依托，通过产业融合方式，整合住宿、餐饮、景区游览、文化娱乐、农副产品销售等产品和服务，将游客需求与乡村的农业生产、文化与旅游供给相连接，高质量地推动着乡村“美丽资源”向“美丽经济”转化，生活资源向生产资源低转化，形成以民宿“一业驱多业”的溢出效应。

（四）乡村民宿产业的社会效益

乡村民宿作为乡村旅游的重要组成部分之一，对于农村产业转型、吸引城市资本的流入和村落文化传承等有着重要的意义。可以说民宿产业具有盘活存量资产、丰富产品供给、活化乡村、保护传统文化、带动当地就业、吸引原住民回归、提升产业发展、推动生态保护、促进城乡协调、辐射带动多元的综合效益。民宿产业已成为关联农村整体发展的大平台和推进乡村振兴战略的全新载体。

1. 推动宜居乡村加快建设

优美的生态环境是发展民宿的基础，良好的基础设施和公共服务是民宿发展的必要条件。乡村民宿以清新的空气、绿色的田园风光、丰富的传统文化、宁静闲适的生活吸引游客到乡村休闲度假。乡村民宿复合生态功能，推动村容村貌由“农村”向“景区”转变，使乡村更宜居宜业。民宿产业发展良好的地区，尤其是民宿聚集区，道路系统、水电气系统、通信系统，以及生产生活废弃物处理的卫生系统都在不断改善、提升。民宿的发展也带动了村庄规划布局的改进、空间重构和房屋的修缮，让村庄重视绿化美化和生态环境的治理。同时，外来游客的卫生习惯、生活习惯、审美情趣等会产生示范效应，带动村民改变原有不健康、不科学的行为。以建设乡村民宿为契机，极大地改善了乡村的基础设施、生态环境。

2. 促进乡村文化开发与繁荣

乡村是中华优秀传统文化的沃土，村庄是彰显和传承中华优秀传统文化的重要载体。民宿产业对于保留、开发乡村传统文化，培育乡村新文化具有独特作用。把当地的历史、民俗等各类文化资源与旅游活动有机融合，设计成游客喜爱的休闲娱乐项目，满足游客体验乡村优秀文化的需求。同时，在地方传统文化的基础上，结合新时代的发展特点，充实村民的精神、提高村民的文化素养、丰富村民的文化生活，进而提升村民的满足感、获得感和幸福感。丰富、繁荣新乡村文化也是吸引游客的新吸引物。大连长海县广鹿岛镇完成航海部落、年画艺术沙龙、美学生活、御花庭院、慢岛人家等海岛民俗文化主题特色民宿示范项目，在取得成功后又打造海钓者之家、海岛民间故事汇等主题文化民宿。这些主题民宿对传统文化、地域文化和农耕文化进行了挖掘、传承、传播，也带动了乡村文化的繁荣发展。

3. 提高乡村文明建设与提升

外来投资商及游客，为村民带来了新理念、新的生活方式，对乡村文化、艺术审美、生活方式、文明传播发展起到示范效应、提升作用，促进乡村文明的嬗变和振兴。村民在创业就业中、在与外来者的交流接触中，提高自身的思想觉悟、道德水准和文明素养，激发起对美好生活的向往追求、干事创业的精气神，潜移默化地在村庄内形成积极、健康、向上的社会风气。此外，民宿产业发展客观要求地方政府具备创新实践的管理能力，协同多方的治理能力，推动了基层管理从“规范”向“科学”转变，使治理更有效。

4. 盘活乡村闲置资产资源

随着城镇化发展，大量年轻人离开乡村到城市发展，乡村闲置房屋越来越多。投资规模小、建设与运营相对简单、门槛相对较低的乡村民宿产业可以有效盘活乡村的闲置资源。乡村民宿通过盘活闲置的乡村民宅和集体资产，引导社会资本进入乡村、吸引优秀人才到乡村创业就业，对乡村的生产空间、劳动力、土地等生产要素进行了重新地配置、利用，也提高乡村劳动力的素质、创新了乡村旅游产品。盘锦市东郭街道晏屯村画家村民宿就是对原有民房进行改造建设，打造建立了8处艺术气息明显、民俗民风和谐、融入居民生活的“新乡贤民宿”，以此带动和盘活乡村资源，最终形成民宿、餐饮、休闲农业各产业相互促进、互动循环的发展格局。

5. 满足游客的多元需求

乡村旅游是推动乡村振兴的重要途径，是拉动沿海经济带乡村发展的新引擎。为有效地适应多元化、多样性发展的市场需求，沿海经济带内各地区的民宿行业不断探索新的发展思路、创新行业发展方式。锦州凌海市温滴楼镇边墙子村创新性提出“红 + 绿”模式，即以乡村民宿为纽带，将红色经典故事、田园综合体、蜂蜜产业园、农事体验基地及满族特色餐饮融合，充分体现了边墙子村的地域特色、民族风情和乡土风貌，更让游客体会到了乡村全方位游览带来的乐趣。高质量乡村民宿将以往的一日游和观光游变为体验游、深度游，让游客有沉浸式旅游体验，让旅游品质得到提升。高质量的乡村民宿，也有效整合乡村资源要素，将乡村旅游景区、乡村特色产业、乡村文化等进行对接，实现资源的效益最大化，更为新时代乡村旅游服务与游客之间构建起新的逻辑关系。

三、辽宁沿海经济带乡村民宿产业高质量发展的困境

民宿经济的快速崛起，不仅促进乡村旅游的快速发展，更有助于国家乡村振

兴战略的实施与推进。辽宁省是农业大省，乡村民宿经济起步较晚。近年来，在政府推动和市场需求的驱动下，发展速度越来越快。受客观条件和主观能力影响，乡村民宿在快速发展的同时，存在的问题也开始愈发显现，部分地区开始出现入住率下降、收益下降的现象。促进辽宁沿海经济带乡村民宿产业高质量发展，亟待突破产业发展的各种约束和障碍。

（一）产业的外部条件亟待完善

1. 亟待建设多元化的宣传推广平台

随着民宿在乡村各地的出现，对乡村民宿的营销宣传提出了更高的要求。目前，沿海经济带内，除一些企业经营的精品民宿或者已经比较成熟的集群，一些村民独自经营的民宿普遍缺乏市场营销与推广宣传的经验。这些民宿经营主体的自我营销能力较差，宣传营销的手段比较单一，主要还是依靠回头客、发名片和口碑宣传，不能有效利用互联网公共平台。这与当前乡村民宿市场主体获取信息的渠道和习惯不匹配。要有效保证民宿的客源需要更多的渠道、更好的营销模式，来吸引消费者的注意力，激发起消费者的欲望。推进乡村民宿产业发展，需要地方政府、行业协会或专业企业搭建专门化的营销平台，尤其是经济发展相对落后的地区，急需通过网络宣传推介，构建线上线下协同的整体宣传营销方式，以突破客源不稳的困境。

2. 监管不充分导致经营中出现问题

规范乡村民宿经营者的经营行为需要公安、消防、旅游、环保、市场监督等多个行政部门的协同工作。目前，沿海经济带内各地市还未形成一套系统、完整的行之有效的协调机制，致使民宿产业的相关政策、措施还难以落地，对乡村民宿的服务、监督和管理也不能完全到位。有的民宿处于无监管部门、无经营许可证、无法开具发票的“三无”状态；有的民宿没有与治安、消防系统联网；有的民宿装饰材料不符合消防要求，消防设施配备不足，从业人员缺乏消防技能训练，存在很大的消防、治安等不安全、不稳定隐患；有的民宿建在山边、溪边，离地质灾害点近；有的民宿卫生设施差，没有规范的消毒和疾病防范措施。这些问题，需要行业监管部门快速形成一套行之有效的协调机制，推动民宿产业健康、规范、安全运行。

3. 土地成为制约规模化发展的首要因素

土地是影响乡村民宿发展的重要外部条件。一个适度规模的民宿，除房屋外，还要有 2 ~ 3 分的耕地，有 500 平方米的公建，尽管有些苛刻，但是配套的设施是一定要有的。发展民宿仅仅靠现有的宅基地明显不足，需要扩边展沿，尤其是一些配套功能，需要在原有的宅基地之外予以解决。受土地建设指标影响，很多规模较大的民宿更是无法推进。土地政策的不确定性，让众多投资者望而却步，让民宿经营者对现有民宿的更新升级持观望态度。以土地改革为保障，采取灵活多样的供地方式，为乡村民宿项目创造良好的发展条件，这是经济带内民宿产业规模化发展所要突破的首要障碍。

4. 部分地区条件不完备影响发展速度

从政府层面来讲，沿海经济带内部分市、县缺乏对区域内乡村民宿产业的整体性规划，尚没有全区域的民宿经济发展战略部署。一些地区“撒胡椒面”式的政策，因为缺乏针对性，对民宿产业发展的推动效果还不明显，政策的有效性有待加强。虽然，国家层面对民宿经营服务的规范已经出台，但是部分地区的政府部门对民宿规范化管理和监督还不到位，加之行业组织建设和作用发挥的不充分，导致地区内民宿缺乏统一经营标准，一些经营体的设施、经营、服务、卫生等方面还难以满足游客需求。此外，发展民宿不仅是原有房屋的改造、翻新，还需要建设好公共环境和公共设施，需要多方投入，发展资金短缺也是行业发展的另一制约；设计、营销、经营等专项技能和拥有旅游、文化和管理等综合能力的高端人才不足，也是乡村民宿产业高质量发展的又一限制性条件。

（二）产业的整体收益亟待提高

1. 旅游淡季内经营主体的收益较低

乡村民宿的入住率与地区旅游淡旺季紧密关联。受季节因素影响，辽宁沿海经济带的旅游旺季集中在每年 5 ~ 10 月。这一段时间也是乡村民宿入住率最高的阶段。旺季内旅游景区周边乡村民宿的入住率通常在 60% ~70%，一般村镇内民宿的入住率 40% 左右；“五一”“十一”等节假日和旅游季节的周末，民宿入住率会大幅度提升。但是，冬季 11 月到次年 3 月处于“惨淡”状态，有的民宿非节假日几乎无人光顾，从周日下午到周四基本流量很低。淡季内客流量的明显不足，影响了民宿经营体的收益回报，也降低了扩大投资的信心。

2. 精品型民宿的投资大且回收期长

在市场需求驱动和地方政府推动下，辽宁沿海经济带内乡村民宿数量日趋增多，市场竞争也日益激烈，尤其是著名景区和特色乡村地区。在一些热点地区，民宿数量的增长已经超过了游客的增长速度，入住率和收益率都出现下降。建设乡村民宿尤其是打造精品民宿的投入较高，回报周期较长。不高的投资回报率和较长的投资回收周期，让民宿经营面临较大的潜在风险，一些民宿面临倒闭的危机。例如，坐落在大连庄河歇马山脚下的山居秋暝，是大连地区较早的精品民宿，经营6年多了，至今还未收回成本。

3. 部分地区的民宿产业链条比较短

从行业层面来讲，除一些知名旅游景区或者已成规模的乡村旅游小镇外，多数分散、独立的民宿尚未与周边的旅游景区、休闲农业园等其他文旅项目形成合力。一些景区周边的民宿区，即便能够与周边景区形成联系，与区域内较远的其他景区、文化场馆、购物场所等主体的对接也不充足。产业链不完善、不紧密、链条短、拓展不足，使民宿带动影响和延伸价值无法得到发挥，也让民宿经济的发展后劲不足。如何拓展产业链条、衍生收益成为各地民宿产业规模化、体系化发展，提升产业整体收益水平的必须解决的问题。

（三）产业的特色化亟待强化

1. 区域性乡村民宿品牌尚未形成

提起辽宁省乡村民宿的知名度，从地域上看，主要还是集中在大连、营口等市的知名旅游景区周边。从整体看，辽宁沿海经济带内各地区乡村民宿的品牌建设及营销推广力度不够。树立辽宁沿海经济带及各地区乡村民宿的品牌，还有较长的路要走。打造沿海经济带民宿的品牌形象，形成品牌价值，亟待深耕本地文化内涵，培育民宿IP，形成包含沿海经济带民宿整体品牌、各集聚区自身特色品牌、各民宿经营主体单一品牌的品牌体系；还要加强品牌的宣传渠道及平台建设，采取多元化推广模式拓宽客源市场，扩大品牌的知名度和美誉度。

2. 区域内同质化加重了行业竞争

高品质、特色化的民宿正逐步成为市场需求的主导方向。随着专门化企业和社会资本纷纷入场乡村民宿产业，如何使乡村民宿既能够有标准化的服务水平，又能保证其本土特有文化风格，成为难题。在同一区域内，民宿的建筑外观、内部设计相似现象明显，经营形式和服务内容也比较相似，真正有品位、有“灵魂”、有特色的高品质民宿比较匮乏。个性不足和特色缺失的民宿无法传递给游客特色的乡土风情、特有的乡村风物和特别的乡愁情怀，反而给游客造成似有还无的失落感。同质化加大了竞争，相互压低价格中导致服务质量的下降，同质化也造成了资源浪费和水资源、环境容量、可持续发展等问题。

3. 经营者能力不足导致经营粗放

受项目开发、管理人员的专业水平及能力的制约，民宿项目的盲目性及人工痕迹偏重，粗放经营、低质量管理的现象比较普遍。部分民宿经营主体，尤其是档次较低的农家乐，其经营者没有接受过系统、专业的从业教育，对乡村民宿经济发展规律、日常经营管理等知识掌握不足。即便是返乡创业的年轻人和有“情怀”的外来客，经营管理一些规模较大或者高质量的特色民宿时，也显得“手足无措”。不少乡村民宿在建设时，缺乏精心谋划和精品意识，出现建筑城市化、活动商业化、产品同质化，难以留住游客。在某种程度，乡村民宿上难以提供比标准化酒店更加贴心的个性化服务，难以满足游客对乡村休闲的更高追求。

（四）经营主体的创新能力亟待提升

1. 经营主体各自为战导致诸多风险

辽宁沿海经济带内乡村民宿起源于村民利用自家空房自发经营，多以个体、零散为主。随着市场需求增长，社会资本对乡村民宿的投资逐步增加，在经济优势明显的村庄，以村集体投资或者村集体与社会资本合作的民宿逐步增多。各类民宿在经营过程中，以自我独立经营的模式占比仍然较大。即便有地区已经成立民宿行业组织，但是经营者之间对行业沟通交流与合作也明显不足，单枪匹马、各自为阵，单打独斗、各行其是的现象较为突出。在日趋激烈的住宿市场竞争中，独立经营的民宿很难做到“游刃有余”，在接待服务、风险应对等方面明显存在不足。

2. 单个经营主体的规模普遍较小

从沿海经济带全域范围来看，“农家乐”式民宿仍然是乡村民宿的主体，此类民宿多为村民直接用自家住宅改造经营，规模较小，配套设施不够健全；旅游景区周边的民宿虽然基础设施较完善，但是服务人员配比不足、服务内容和服务服务水平难以达到游客要求。例如，有些民宿经营资质不全、安全水平未达标；从业人员多为本地及周边村民，大多数没有受过专业培训，创新能力较弱；提供的服务少，只能简单满足游客饮食住宿等基本需求。这类乡村民宿常常出现布局零乱、土地租赁矛盾等问题，导致运营成本高、投资回收期长，难以通过深度融合实现规模化经营和集聚效应。

3. 地方特色的文化体验活动缺失

乡村民宿不同于传统酒店，经营者不仅应有对利润的追求，还应有为消费者创造“体验乡村生活”的情怀。乡村民宿的产品和服务应该融入当地的风土人情、文化习俗，以特色产品形成民宿的核心竞争力。微观层面上，不少民宿在建设时，思想仍旧停留在“旅馆”层面，单纯的为游客提供一个休憩的地方，不能为游客创造体验乡村文化的机会。行业层面上，处于发展阶段的民宿地区，对乡村历史、人文民俗、地方文艺等文化的开发不足，对乡村各类文化资源的利用程度不高，缺乏蕴含文化内核的产品，难以支撑民宿产业高质量发展。

四、辽宁沿海经济带乡村民宿产业高质量发展的机遇

乡村民宿在满足城市消费者回归田园生活、体验乡村文化的同时，不仅将乡村的空闲民居化成经营性资产，也为乡村旅游业、乡村就业创业提供了新的空间。乡村民宿发展的热潮，既反映了当代休闲度假市场的新需求、新变化，也反映了乡村旅游发展的新诉求。随着乡村振兴下的全面推进、乡村旅游需求的持续增长，为民宿产业的高质量发展带来了难得的机遇。

（一）社会资本依然关注

在全国旅游业快速发展的大背景下，乡村旅游这一新的旅游形式也被越来越多人青睐。近几年，新冠肺炎疫情从某种程度上改变了公众的生活方式，人们更渴望去城市周边休闲度假，更注重健康和空间的私密性，这让原本只是小众需求的乡村民宿转为大众需求。同时，旅游“内循环”将助力乡村旅游的深化与发展，吸引更多资本和人才注入乡村民宿产业。

1. 社会资本对民宿产业的青睐

民宿产业2017年走向中国旅游住宿业舞台的中心，受到旅游者、投资者、管理者的热切关注。国家的“十四五”规划提出要壮大民宿经济等特色产业，地方政府也不断加大政策支持、简化审批手续，有力激发了社会资本参与乡村民宿产业。“政府引导、社会参与、多方投资”的模式正成为全国各地乡村民宿产业发展的主要模式。2020年宿宿网、社会科学文献出版社共同发布的《民宿蓝皮书》数据显示，我国76.91%的民宿位于乡村地区。浙江省作为我国民宿产业的发源地之一，截至2019年底，全省民宿共计19818家、客房总数超20万间、总床位突破30万张、直接就业人数超15万、总营收超100亿元，数量和效益均走在全国前列。北京市作为北方民宿产业的优势地区，截至2020年10月，北京市乡村精品民宿经营主体1077家，对接社会资本百亿元，盘活闲置农宅2000余户，成为乡村民宿的“北京样本”。优势地区民宿产业投资规模的不断壮大，势必将激发辽宁沿海经济带内社会资本的信心，扩大乡村民宿产业的投资规模。

2. 中高端民宿得到资本的重视

从2017年开始，民宿行业正式进入3.0时代，逐步实现民宿的快速转型发展。2018年国内民宿行业整体经过深度调整，一大批低端民宿逐步被洗牌，取而代之的是大量的中高端民宿逐渐兴起。各地涌现出一批批环境美、文化高、服务强、带动面广的优质精品民宿。首旅酒店旗下首旅寒舍在2016年底签约60个古村落资源，并与宁波一家公司合作布局长三角民宿市场；众安集团旗下港股上市企业中国新城市转战民宿市场，推出提供在线预订与自有民宿管理运营结合的经营模式；外婆家跨界投资6000万元发力高端民宿。另外，在传统酒店面临产品迭代的背景下，民宿成为其寻求转型的新路径，传统酒店集团特有的住宿业管理经验、运营能力以及品牌效应，为进军民宿业提供有利条件。如家酒店集团采用平台加盟的方式，吸引民宿业主入驻“云上四季民宿”品牌，为民宿主提供管理平台、行业资源、销售平台，帮助民宿规范化管理运营及整合行业资源。可见，随着民宿行业的火热，越来越多的社会资本或跨界或拓展边界的涌入其中。这为辽宁沿海经济带乡村民宿产业吸引外来资本提供了可能。

3. 新冠肺炎疫情后民宿投资坚挺

虽然受到新冠肺炎疫情的影响，民宿行业还具有很多的不确定性，但是业内人士仍看好民宿的长远发展。从某种程度上来说，疫情改变了人们的生产生活方式，更加青睐安全的住宿环境，新冠肺炎疫情反而增强了公众和资本对民宿投资的信心。近年来，国家支持发展民宿业的相关政策频出，各地各级政府也出台了大量鼓励当地民宿发展的相关政策，疫情反而增强了对民宿投资的信心。2021年民宿行业的数据统计显示，整个行业的新房持有数量仍在上涨，其中一半以上是新运营商，这与新冠肺炎疫情前的数据基本接近。新运营商的持续入场，老运营商的继续加码，意味着市场红利依旧存在，行业仍有发展的空间。新冠肺炎疫情后所致的不确定性将影响乡村民宿产业的发展，民宿市场将迎来新一轮的更迭，但是作为乡村旅游和住宿业的重要分支，乡村民宿产业的前景仍可期待。

4. 辽宁沿海经济带乡村民宿投资

虽然沿海经济带内各地市还未形成一套行之有效的协调机制，也缺乏长远规划，一些乡村民宿的优惠政策还未完全落地，但是乡村民宿的投资仍然得到资本的青睐。疫情后市场需求的快速复苏，让业内人士更加看好乡村民宿的长远发展，更增强了对乡村民宿投资的信心。2021 年，大连仍有民宿在逆势扩张，大连普兰店的王山头村墨盘珉琚农业生态旅游山庄，投资 1.5 亿元，分三期建设有 3000 床位的民宿型“珉琚养老基地”，也有投资者启动了民宿“二期项目”。政府对民宿产业的大力引导和系统化支持，给予了民宿业主扩大投资的信心，也加大了投资规模、加速了投资速度。

（二）市场需求极其旺盛

民宿有着“宿在民居、乐在乡间、游在山水”的优美意境，是“有温度的住宿、有灵魂的生活、有情感的体验”。民宿将旧乡愁与新乡土完美结合，契合了大多数城里人的内心需求，颇受市场的追捧。入住民宿不但让疲惫的市民有了适情的憩息之所，并且已经成为集传统文化、历史文化、地域文化、民族文化于一身的优质旅游产品，获得越来越多旅游者的青睐。在市场需求带动下，民宿产业增长迅猛、长期增量空间依然相当可观。

1. 国内乡村民宿的市场需求旺盛

疫情以来，短途游、周边游替代了长途旅游，乡村民宿也成为越来越多人的选择。由宿宿网、社会科学文献出版社共同发布的《民宿蓝皮书：中国民宿发展报告（2020～2021）》显示，由于疫情原因，国内周边游成为人们出行休闲的首选；疫情缓解后，民宿作为周边游的重要载体，成为旅游板块中最具希望的亮点。2020年3月后，民宿产业逐步恢复，特别是在清明小长假、“五一”等假期，民宿市场回暖迅速。民宿短租预定平台——“途家”平台显示，2020年上半年民宿已累计接待超310万名房客，民宿主创收超9亿元。2020年10月，“途家”发布的《中秋国庆假期民宿出游大数据报告》显示，其平台上国内民宿房源总量已突破230万间。“途家”发布的《2021上半年乡村民宿发展报告》显示，2021年乡村民宿继续蓬勃发展，上半年国内乡村民宿房源总量超63万套，同比增长超16%，相较2019年增长超2.9倍。这种市场刚性需求很快带动了供给端的发展，民宿产业呈现持续向好态势。2022年以来乡村旅游较2019年同期已恢复92%，是复苏势头最为强劲的旅游品类之一。在2022年清明小长假，乡村旅游持续走热，其中城市周边的乡村游尤为火爆。据携程数据，2022年清明乡村旅游订单占比较疫情前提升20%，城市本地居民预约乡村酒店民宿的比例达60%、同比增长35%。乡村民宿成为疫情以来增速最快的民宿细分市场，并且持续增长。

2. 市场需求质量和需求规模变化明显

乡村振兴已进入全面推开阶段，公众对乡村旅游产品与服务需求也发生了转变和升级。乡村民宿已成为游客打开乡村旅游目的地的一种新方式，市场也对民宿的发展提出了更高的要求。公众的需求从能吃能住，变成吃得好、住得好、玩得好。相关平台数据显示，亲子游、情侣、团队多人出行是主要的乡村游出游群体；自然生态、果蔬采摘、农耕研学、手工制作、农家美食是最受乡村民宿游客青睐的体验活动，游客的平均入住时长达到2天。新冠肺炎疫情更进一步地改变了公众的民宿消费习惯，定制化、个性化的旅行方式越来越受到大众的喜爱，旅客对于乡村民宿、整租院子民宿的需求大为提升。公众需求质量和需求规模的扩大，为乡村民宿产业提供了较大的成长空间。乡村民宿产业迫切需要从粗放扩张转向提质增效，以更好地满足消费者个性化、多样化的消费需求，持续释放消费潜力。

3. 青年成为乡村民宿的消费主体

随着乡村振兴的全面推进和文化旅游产业的深度推进，各种小而全、高颜值的民宿正成为时下游客，尤其是年轻人非常喜欢的“打卡地”。社科文献出版社发布的《民宿蓝皮书：中国旅游民宿发展报告（2019）》指出，民宿消费呈现年轻、低价、短期等特点。具体来看，民宿消费者覆盖范围广，拥有广泛的用户基础。从年龄结构分析，30 岁及以下、31～35 岁、36～40 岁、40 岁以上用户分别占比 59.9%、23.1%、14.6%和 2.4%，“80 后”“90 后”人群属于主流用户人群。2021 年 12 月，北京第二外国语学院中国文化和旅游大数据研究院与社会科学文献出版社共同发布了《中国文化与旅游产业发展大数据报告（2021）》显示，民宿用户中 20～29 岁用户占 50.1%，民宿的客群中有一半是“90 后”，这一代客群更注重文化创意和产品体验。可以看出，青年成为乡村民宿的主要消费群体，并且占比在不断增大。作为个性化的住宿方式，乡村民宿能够很好地满足青年群体的需求，乡村民宿将会持续成为刚需。

4. 新冠肺炎疫情后的市场需求反弹明显

新冠肺炎疫情的到来将跨省旅游按下了暂缓键，越来越多的人将出行计划瞄准了周边游、短途游、乡村游。后疫情时代，游客更倾向去往小众区域，乡村民宿也成为公众首选的旅游目的地。2020 年 3 月后，民宿产业逐步恢复，特别是在清明小长假、“五一”等假期，民宿市场回暖迅速；在暑假期间，国内民宿迎来了消费热季，入住率暴涨。以大连市为例，2020 年受到新冠肺炎疫情的影响，民宿行业一度陷入了低谷，后来随着新冠肺炎疫情防控形势不断向好，乡村民宿的入住率也达到了 80%。2021 年，全国民宿发展喜忧参半。喜的是新冠肺炎疫情防控带来的本地消费持续走强，城郊型民宿迎来历史最好机遇；忧的是受新冠肺炎疫情、灾情的双重叠加影响，民宿外部环境的不确定性增强，经营无法持续。来自大数据统计显示，2021 年“五一”期间，途家民宿订单量同比去年增长超 130%，对比 2019 年同期增长超 50%，交易额同期增长超 60%，赶超疫情前的假期高峰水平。2022 年，全国民宿的市场需求仍将延续并且加深自 2020 年态势。在我国新冠肺炎疫情总体控制之下，消费回报无疑进一步推动了乡村民宿的发展。

5. 乡村民宿高度契合公众的需求变化

对于民宿的发展和当下取得的阶段性成功，需求角度看主要是经济已经可以支持公众多元化消费、城市酒店无法满足旅游度假的特色住宿需求、公众对清洁空气和优美环境的追求、生活压力迫使更多人寻求更多的休闲方式。各取所需是民宿最大的特点和吸引力所在，有的人喜欢安静，有的人喜欢贴心服务，有的人喜欢跟大自然接触，或者沉浸式了解地方人文风情。这也是乡村民宿市场需求逐步提高的根源所在。同时，民宿为满足家庭整体出行和个性化居住提供了新的选择，民宿是“家外之家”，游客可以吃到地道的当地点心、饭菜，也可以跟主人一起聊天、了解当地风土人情、体验当地乡村文化。可以说，当下人们的旅游消费观念和消费习惯已发生转变，旅游市场已被重塑，周末和小长假的周边出游已成为大众的一种生活方式。在消费者的住宿体验越来越多样化、个性化的现实背景下，打造高标准、高品质的民宿，打造更具个性化特色的民宿，推出更受欢迎的高性价比优质民宿，成为乡村民宿制胜的机会。

（三）经营环境持续优化

市场主体是推动产业高质量发展的微观基础。优化营商环境就是解放生产力、提高竞争力，良好的营商环境有利于吸引聚集发展要素、有利于激发各类市场主体活力。一系列民宿标准化文件、设施及服务规范文件的相继出台，加速了乡村民宿经营主体的规范发展。各级政府的大力扶持、推广宣传为乡村民宿主体的发展创造了良好的营商环境。

1. 民宿产业的标准体系不断完善

2019 年 7 月 3 日，文化和旅游部发布并实施了《旅游民宿基本要求与评价》（LB/T065—2019）行业标准，代替《旅游民宿基本要求与评价》（LB/T065—2017）。新标准更加体现发展新理念，体现文旅融合，同时加强了对卫生、安全、消防等方面的要求，健全了退出机制，起到了积极规范和引导旅游民宿行业发展的作用。2019 年 9 月，国家标准《乡村民宿服务质量规范》正式实施。该标准以浙江德清县乡村民宿地方标准为蓝本，结合各省乡村民宿客观条件和现实情况，在设施设备、安全管理、环境卫生、服务要求等方面做出详细规定。在国家标准下，海南省、四川省各地方政府也相继出台了适宜本地区实际情况的“乡村民宿服务质量”的地方标准。民宿产业相关标准体系的发布、实施，将有利于对现有乡村民宿发展经验进行推广，从整体提升全国乡村民宿服务质量水平，推进乡村民宿经济有序健康持续发展。

2. 省市政府的积极引导和大力支持

为引导民宿产业规范、健康发展，辽宁省委省政府、各地方政府先后出台一系列政策、措施促进区域内乡村民宿产业发展。“十四五”时期，辽宁省政府印发《辽宁省“十四五”农业农村现代化规划》中明确提出以“乡村旅游+”集成产业融合发展，提出加强乡村旅游产品与城市居民休闲需求的对接，挖掘乡村自然生态和文化资源优势，开发现代农业观光、森林康养旅游、沙漠草原越野等，创建一批乡村旅游创客基地、特色生态旅游示范村镇和精品线路，培育一批功能完备、特色突出、服务优良的休闲农业园、休闲旅游合作社。《规划》更明确提出推动民宿经济发展，引导传统的农家乐、渔家乐向特色民宿转型。盘锦市提出要落实《盘锦市文化旅游体育事业产业发展十四五规划》，发挥《盘锦市旅游专项资金使用暂行办法》的引领作用，以民宿资源整合为突破口，推动民宿产业集聚发展；提升民宿户服务质量和接待能力，探索民宿与专业酒店合作经营，提高民宿的专业服务水平。营口市政府出台《营口市关于发展旅游民宿经济实施意见》，将民宿纳入《营口市引客入营招徕奖励办法》《营口市旅游发展专项资金管理办法》支持范围，给予一定的项目、产业扶贫基金扶持，促进民宿健康发展。丹东市出台《丹东市推进全域旅游战略奖励政策》，对乡村民宿项目进行激励。大连长海县政府，早在2017年就印发了《长海县旅游发展专项资金管理办法》，明确了重点旅游项目补助资金，进一步提升民宿业主积极性，为民宿产业带来更加广阔的利润空间。政策的政策和指导意见，为民宿业的发展指明了方向，让民宿业的发展有“据”可依，引导乡村民宿规范化、精品化发展。

3. 沿海经济带各市县的推广宣传

为推进本地区乡村旅游及乡村民宿产业的知名度和影响力，沿海经济带内各市县积极进行多渠道的推广宣传活动。盘锦市在央视等主流媒体统一叫响盘锦大米、盘锦河蟹、盘锦碱地柿子等“盘锦”品牌，形成市场冲击力和影响力；与辽宁卫视签订合作协议，播出盘锦旅游宣传片；组织配合新华社、人民日报、光明日报、中央电视台、中国旅游报、辽宁日报、辽宁电视台等各级主流媒体对开海节、插秧节等特色主题活动进行了现场直播及跟踪报道；完善盘锦智慧旅游平台，盘锦智慧旅游资讯网上线运行，重点丰富乡村旅游产品的导航、导览、导购等功能。为拓展民宿旅游市场，大连市多渠道推广、多平台发声、多方式宣传。借助旅游市场推广联盟、会展平台、协议伙伴、关联行业力量，加大国内旅游宣传推广范围，巩固传统市场，开辟新市场。利用好《大连旅游》、大连旅游网、大连智慧旅游平台、大连旅游微博、大连旅游微信和县市区（先导区）旅游微信公众号，及时传播民宿旅游声音，并借助中央、地方卫视、中国旅游报、辽宁日报、大连日报等主流媒体力量发声；适应自媒体时代，联系一批自媒体、网络达人，扩大宣传渠道。

4. 便捷且成熟的线上销售模式

在新冠肺炎疫情影响下，民宿经营者采用同时选择多种线上旅游平台（OTA）进行销售整合的方式。据 2021 年由宿宿网、社会科学文献出版社共同发布的《民宿蓝皮书：中国民宿发展报告（2020～2021）》数据显示，70.42% 的民宿主选择携程，54.01% 选择美团，22.14% 选择爱彼迎，32.82% 选择途家。这两年民宿预订平台做的上游事有两个方向：一是为扩充房源量吸收各类房东上架；二是开展自运营或代运营。不仅如此，各大平台企业还瞄准民宿主体，纷纷抢夺乡村民宿市场资源，像携程、途牛、蚂蚁短租等都开设了自己的度假农庄以及民宿。与此同时，抖音、小红书等自媒体带火了一批网红民宿，各种网红元素层出不穷，不断衍生出新的民宿消费场景，民宿主们开始自行建成了自媒体营销宣传渠道。便捷高效的线上销售方式，在民宿经营中受到游客的普遍欢迎，更为乡村民宿产业的发展提供了良好的支撑条件。

（四）乡村旅游政策支持

推进传统乡村旅游产品转型升级，培育新业态、新模式、新产品；加大乡村旅游基础设施建设，推进旅游环境共建共享；调动农民积极性与创造性，让更多农民投入乡村旅游事业、受益于乡村旅游发展。这些成为现阶段乡村旅游发展的主要内容和任务。为促进乡村旅游产业转型升级，国家相关部委、各地政府纷纷出台相关政策。乡村民宿作为乡村旅游产业的主要内容之一，乡村旅游产业的政策也为乡村民宿产业发展提供了保障。

1. 国家关于乡村旅游发展的部署

2016 年中央一号文件提出大力发展休闲度假、旅游观光、养生养老、创意农业、农耕体验、乡村手工艺等，发展具有历史记忆、地域特点、民族风情的特色小镇。之后，中共中央、国务院，以及国家发展改革委、文化和旅游部、农业农村部委先后出台了多项涉及乡村旅游的政策文件。2021 年 6 月 1 日起施行的《中华人民共和国乡村振兴促进法》，明确规定各级政府应当发挥农村资源和生态优势，支持红色旅游、乡村旅游、休闲农业等乡村产业发展，支持休闲农业和乡村旅游重点村镇等建设。2022 年中央一号文件《中共中央国务院关于做好 2022 年全面推进乡村振兴重点工作的意见》发布，对文旅行业激活乡村振兴给予充分肯定。提出在新时期消费升级和乡村振兴背景下，迫切需要改善单一乡村旅游模式，发展多样化、有特色的乡村游产品，实施乡村休闲旅游提升计划，支持农民直接经营或参与经营的乡村民宿、农家乐特色村（点）发展。国家关于乡村旅游产业发展的整体部署为乡村旅游产业的发展提供了导向和保障。

2. 辽宁省政府关于乡村旅游的部署

“十三五”期间，辽宁省积极支持乡村旅游公共服务设施建设，省财政筹措资金用于国家全域旅游示范区和旅游厕所建设，以及全国乡村旅游重点村名录创建单位的奖补，提升旅游公共服务设施水平，促进乡村旅游提质升级，带动民宿经济发展。“十四五”时期，辽宁省政府印发《辽宁省“十四五”农业农村现代化规划》，提出要坚持农业农村优先发展，坚持农业现代化与农村现代化统筹谋划、同步推进，着力构建现代农业生产体系、产业体系和经营体系，开创农业高质高效、农村宜居宜业、农民富裕富足新局面。在《辽宁省“十四五”旅游业发展规划》中，省政府明确提出培育壮大康养旅居、乡村旅游、研学旅游、购物旅游等新兴旅游产业态。另外，省委省政府高度重视乡村旅游高质量发展，通过出台《关于促进乡村旅游可持续发展的实施方案》等一系列政策和措施，促进乡村旅游产业发展。2020 年，在辽宁省政府工作报告中更是明确提出要大力发展“民宿经济”。辽宁省政府关于省内乡村旅游产业发展的各项规划明确了产业发展的战略和路径，明确了发展的主要内容和促进产业发展的主要措施，这也为沿海经济带内乡村民宿产业的发展指明了路径，也为民宿产业发展提供了政策支撑。

3. 沿海经济带各地方政府关于乡村旅游的部署

大连市政府出台了《加快休闲农业和乡村旅游发展实施意见》，推出促进乡村旅游发展的多项具体政策，旨在构建起以现代农业观光旅游、休闲农庄旅游、温泉雪景小镇旅游、海岛风情渔家旅游、农家乐旅游等一村一品、一家一艺的特色乡村旅游体系。近年来，大连市着眼全域化发展空间，对全市乡村旅游实行总体规划，指导编制7个涉农区市县和20余个重点乡镇、村屯和园区的旅游规划，完善了全市总体规划和重点区域、重点景区的三级规划体系，确保乡村旅游既百花齐放，又协调统一。2006年开始，大连市政府设立乡村旅游发展专项资金，对达标的旅游乡镇（村、农（渔）家乐）给予5000元到10万元不等的资金补贴。营口市政府在《营口市乡村产业发展规划（2021~2025年）》中提出大力发展休闲农业。重点紧紧围绕全市的辽河流域重点区域规划，依托北三村农业特色资源优势，积极引进都市休闲农业、农业旅游观光、高端休闲娱乐等综合体项目，大力发展田园旅游文化综合体；促进农村产业融合，大力发展乡村旅游；借助创建国家全域旅游示范区及乡村旅游契机，利用临海区位优势和环境优势，加大渔港、渔村等升级改造，将渔业与旅游业进行有机结合，积极发展特色渔业、休闲渔业、农家乐、赶海园等乡村旅游项目；整合全区乡村生态旅游资源，推动农业与旅游、教育、文化、体育、电商等产业深度融合，壮大农村新产业、新业态，拓展农业新价值链，发展乡村生态文化、观光休闲和养生健身旅游。丹东市政府在《“十四五”旅游业发展规划》中，提出要着力推进乡村旅游跨越式发展，以“中国乡村康养旅游度假目的地”为乡村旅游发展总体定位，推进产区变景区、乡村变公园、劳作变体验、农房变客房、农民变股东发展，推进乡村成为旅游创新创业的新平台；立足丹东市丰富的森林、沟峪、河流、果园、养殖等特色优势资源，坚持农旅融合的发展理念，以乡村振兴建设为载体，融入“观、采、尝、学、耕、归、戏、养、憩、淘”农旅十大要素，着力打造农业主题公园、田园大地风景、美丽休闲乡村等景区景点，培育一批天蓝、水净、安居、乐业的美丽休闲乡村；大力培育一批主题农庄、乡村民宿、美学乡村新型乡村旅游经营主体，支持各类农业合作社、农业基地开发主题鲜明、体验丰富的主题农庄项目。各市政府的规划和部署为各地区民宿产业的发展提供了方向，也引导土地、资金、人才等资源向乡村民宿产业聚集，促进乡村民宿产业升级。

五、推进辽宁沿海经济带乡村民宿产业高质量发展的策略

国家政府以及地方政府正在不断鼓励民宿行业发展，同时也在不断完善行业监管政策，推动行业规范化发展。在政策推动和市场需求拉动下，辽宁沿海经济带内各市县的乡村民宿产业蓬勃发展。虽然在发展中面临着一些困境，但是在文化旅游、乡村振兴的推动下，乡村民宿也迎来了新一轮的发展机遇。推进沿海经济带内乡村民宿产业的高质量发展，需要进一步完善政策，整合产业资源要素，全面提升经营主体的能力。

（一）强化地方政策扶持与科学管理

尽管发展前景被看好，但是乡村民宿产业的发展仍然需要更有力的政策扶植。政府在对乡村民宿规范性经营提出统一要求和标准时，应注重加强顶层设计，强化监管，统筹解决好民宿发展基础设施、公共服务、土地保障等要素短板问题；地方政府也应具备创新实践的管理能力、协同多方的治理能力，充分发挥政府主导功能和行业指导作用，引导乡村民宿规范发展、推动民宿产业提档升级。

1. 完善乡村民宿产业发展政策

从省、市政府到乡镇政府要重视乡村民宿对盘活农村存量资产、丰富区域旅游产品供给、活化和保护乡村传统文化、带动农民就业创业、提升乡村产业发展动力、推动乡村生态保护、促进城乡协调等方面的综合效益。将发展乡村民宿经济确立为省、市乡村发展的战略性工作之一，作为推进区域旅游供给侧结构性改革的重要抓手和实施乡村振兴战略的重要载体。将民宿列入地方性法规的范畴，出台关于确定民宿范围和条件、民宿基本要求与评价等系列促进民宿规范化发展的政策文件。加快推进农村宅基地“三权分置”改革，加快落实农村宅基地及住房“部分流转部分自用”政策。以完善的政策为乡村民宿蓬勃发展保驾护航。鼓励村集体利用农村资源、资产、资金，自主开发或者合作入股开发民宿经济发展项目。

2. 做好本地民宿产业整体部署

各地方政府需积极谋划顶层设计、公共服务、宣传推广等重要事务，进一步加强机制创新，创新构建要素整合、协同管理的机制，促进要素集聚、竞争合作、利益共享。以顶层设计为本地区乡村民宿高质量发展明确目标和导向；以“特色化+标准化”的指导和部署，提升乡村民宿发展的高质量公共服务配套水平，保障民宿产业高质量发展的人财物要素供给。整合全省乡村民宿资源，编制“辽宁乡村民宿导览”系统，做好乡村民宿区域公共品牌的打造、推介、宣传，有效提升辽宁民宿的知晓度。制定实施地方民宿经济发展品牌培育系统工程，扶持和引进品牌策划、品牌设计、品牌运营团队，打造地方区域品牌、产品系列品牌和特色民宿品牌，提振本土品牌的影响力和知名度，推动发展质量和经济社会效益全面提升。按照“高标准、严要求、少而精”的评定原则，制定评定方法和评定细则，多种评价方式相结合对民宿进行评定。加强对地区民宿产业合作组织的指导。

3. 夯实乡村民宿发展基础设施

推动乡村旅游+休闲农业+城乡公交一体化联合发展，加强文化、娱乐、卫生等配套服务设施建设，为游客提供快捷、方便、安全、舒适的设施条件。大力发展城乡交通一体化，全面实施公交客运工程，满足民宿村、民宿户的市场需求。开通旅游直通车或旅游专线车，补齐旅游交通“最后一公里”的短板。打造美丽乡村升级版，完善旅游厕所、停车场等基础设施，建设景更美、人更文明的乡村旅游环境，促进民宿产业的合理发展和提升。各级政府有序的规划、布局乡村的生态保护，为民宿发展创造良好的外部生态环境。在特色民宿村建设基础上，以3A级旅游景区的标准，对道路、导览、指示等相关环节进行整改提升，打造一批以民宿村、美丽村为核心的乡村旅游景区。

4. 制定省级乡村民宿服务标准

根据国家颁布的《乡村民宿服务质量规范》，结合辽宁省乡村民宿产业发展的客观条件和现实情况，制定省级层面的乡村民宿服务标准体系。在问询服务、预订服务、接待服务、客房服务、餐饮服务和离店服务的服务；对民宿的环境卫生、物品摆放、房屋装饰装修等；从业人员应掌握的服务意识、文化知识、管理技能、急救知识及操作技能以等方面做出相应的要求。同时，要求民宿经营中应尊重客人的民族风俗习惯和宗教信仰，主动了解生活和饮食禁忌，提供个性化服务。通过标准体系，提高乡村民宿的设施设备、安全管理、环境卫生、服务水平，引导乡村民宿规范化、精品化发展。各级政府管理机构，要制定监督检查机制，定期对民宿的服务进行系统性检查。

5. 开展面向民宿经营者的培训工程

各地市应制订实施民宿经济发展主体培育成长计划，鼓励和引导资源主体、资本主体、经营主体、从业主体等不同主体共同推进民宿经济发展。加强对农民培训，提高农民素质和经营能力，充分调动农民自主创办民宿的积极性。鼓励文化、科技、设计等专业特长人才、大学毕业生等参与民宿经济发展项目的投资开发，同步推进民宿经济和乡村旅游创客行动计划。通过联合高校、企业、农户，开展民宿人才培训班，培养民宿经营人才，构建起乡村民宿产业发展的人才体系，为民宿产业发展提供最重要的内在“软实力”。

（二）推进产业集群化与联盟化发展

单体量民宿不能把所有配套功能实现，不能把艺术文创等多种元素融为一体。打造精品化、品牌化、连锁化发展的旅游民宿集聚片区是必经之路。从农家乐、乡村度假酒店、乡村自驾基地，再到配套的乡村酒吧、乡村文化场馆和各类乡村休闲娱乐基地等配套服务，形成民宿主导下的乡村休闲集群。只有加快推进民宿集群化适度规模化和联盟化发展，才能实现区域乡村民宿产业的资源的高效配置和高效经营发展。

1. 建设不同类型的乡村民宿群

本着“一村一品、一村一特色”的发展理念，以打造国家特色小镇为契机，立足区域的产业基础、历史人文、区位条件，打造以农业认养、果蔬采摘、特色美食、文化体验、康养健身等为主题的特点突出、生态环境宜游的民宿特色集群。在生态环境优美、交通便捷、经济社会发展良好的地区，发展休闲度假型民宿集群；在知名的景区周边，以景区配套或者打造新景点为导向，建设功能齐全、产品丰富的民宿集群；在传统村落、特色文化突出的民族村庄发展“小而特、小而美、小而精”的文化体验型民宿集群。通过适度规模构建集聚发展的效应，实现区域内乡村民宿从规模到质量的全面提升。例如，围绕大连的非物质文化遗产，打造以非遗传承人为品牌的复州皮影戏、金州龙舞、庄河剪纸、长海号子等非物质文化遗产体验为主的乡村民宿群。

2. 组建村镇内的民宿产业联盟

在乡村民宿集中的村镇内，在坚持个性化、差异化的基础上组建本地乡村民宿产业发展联盟。以联盟打破“各自为政”“恶性竞争”的局面，发挥组织的统筹优势，有效实现资源共享，降低运营成本。更重要的是通过产业联盟提升乡村民宿的待客能力和素质，以高品质设施和服务吸引大量游客入住并产生乡村消费；促生民宿的新业态、新模式、新产品的开发；吸引长期租住客户，开发度假需求市场外的乡村养老等新市场。同时，通过联盟带动整个乡村生态环境的改变、保护乡村文物建筑、完善乡村基础设施、提高乡村文明程度、提高农副产品优质转化能力，发挥民宿在乡村振兴中的更大作用。

3. 打造区域乡村民宿公共品牌

在地理气候、历史文化、农业生产或生活习俗等方面有明显独特性和不可替代性的地区，以政府引导、市场化运作的模式，打造区域性乡村民宿的公共品牌。借助区域公共品牌有效吸引资金、人才等各种资源向本地集聚，打造乡村民宿的强势发展区域。利用区域公共品牌打造乡村民宿的整体形象，提高区域民宿的市场识别度，协同开发市场，促进区域民宿业的持续发展。同时，依托民宿公共品牌，深化文旅资源开发，丰富乡村文化、旅游产品，形成“集聚片区引领，品牌民宿驱动，多元业态融合”的发展格局。

4. 加快发展乡村养老民宿集群

乡村民宿有很大一部分时间属于空置期，引入养老床位对闲置资源进行合理利用，即有利于乡村民宿的发展，更有利于解决城市养老空间不足的难题。地方政府、民政、医保、医疗卫生、旅游、公安等多部门协作，打破民宿养老主体资格的政策瓶颈，为民宿进入养老市场提供思路并保驾护航。在乡村民宿发展较好的区域，进行相应的改造和试点工作，为异地养老老人提供医疗、医保、养老金领取、治安安全等方面的保障，解决后顾之忧。同时，引入第三方专业公司整合医疗服务、养老护理、培训、保险等服务机构，为乡村民宿提供自身不具备的服务补充；建立质量管理体系和服务评价体系，提供市场化监管机制，保障老年群体的消费权益。

（三）创新经营模式与关联业态融合

民宿经济不只是民宿产品，在乡村振兴战略背景下，乡村民宿正深度嵌入“吃、住、行、游、购、娱、商、养、学、闲、情、奇”等元素，民宿正呈现从住宿单一功能到复合多元功能的嬗变，实现在生态、经济、社会、文化功能上的复合叠加。多元化创新、延伸产业链条，推进与民宿经济发展相关联的休闲农业、体育运动、康养健身、文化体验等产业发展，衍生出综合效益。

1. 发展多元化的民宿经营模式

在现有比较普遍的农户或者外来人员独立经营模式下，结合本地区实际情况，适度发展其他类型的经营模式。壮大集体经营模式，在一些生态环境优良、人文环境独特的村镇，以村集体（或与专业旅游公司）成立“民宿经济”运营公司，村民通过房屋和土地出租或入股的形式参与经营，运营公司向村民提供技能培训、卫生管理、客房调度等服务，住宅经过统一改造、装修后，将村落打造成为高品质的乡村旅游度假区，村民可以获得稳定的租金和相应的工资收入、经营分红。在经济比较发达、民宿产业比较成熟的地区，适度发展连锁酒店型经营模式。即定位中高端市场，依托专业化酒店成熟的管理经验和平台，并通过其庞大的会员系统、营销系统、管理系统，进行连锁化运营，从而实现乡村民宿品牌化。探索发展专业托管的经营模式，房东、民宿投资人提供闲置房产，向托管平台缴纳合作服务费、设计费、施工改造费等，由托管平台提供专业化的民宿管理团队，开展全流程服务。

2. 推进民宿与关联业态的融合

“民宿+”正为这个行业发展带来更多个性化的可能。以乡村民宿开发为平台，按照农文旅融合的路径，采用“民宿+”模式，推进区域内乡村民宿产业特色化、多元化发展，实现多产业的融合发展。加快发展“民宿+文化体验”“民宿+温泉养生”“民宿+农业定制”“民宿+美食”等比较成熟的形式，将单纯的住宿与餐饮、观光、度假、文化等业态有机结合；探索发展“民宿+文艺演出”“民宿+教育”“民宿+运动”等新形式，开发出特色美食、休闲娱乐、农事体验、演出演艺、特色购物、科普教育、拓展运动等乡村旅游产品，丰富乡村旅游产业产品体系，拉长乡村旅游的产业链条，打造独具特色的乡村深度游目的地。

3. 依托民宿拓展农副产品销售

将村镇的优质农产品加入到乡村民宿产业链中，拓宽民宿创收渠道的同时，拓展特色农副产品的销售渠道，让游客既能住得下、玩得好，还能带得走。依托民宿为游客提供的日常餐饮服务，将农产品加工特色菜品、小吃，满足游客就餐需求的同时，增加农产品的销售。发挥乡村民宿具有吸引人流，带动消费的作用，将民宿作为农副产品展销的新平台、新窗口，提升区域特色农产品、农产品加工品、传统手工艺品的生产与销售，将初级农产品转变成旅游商品。借助民宿的“朋友圈”，通过民宿主人感情的联络与优质服务，将游客逐渐发展成老顾客，借助老顾客带来新顾客来体验和购买，逐渐壮大“带货圈”，实现了民宿带货的延伸效应和放大效应。

4. 完善与民宿匹配的服务业态

年轻人作为乡村民宿的主要消费群体，对与民宿相关的配套服务有明确的要求。整合优化区域内各种资源要素，开发配套的服务业态。将咖啡厅、酒吧、图书室、游戏室、体育运动场馆、音乐场馆等文体经营场所纳入地方的民宿集群，为顾客提供丰富的休闲产品，同时也打造成新的旅游吸引物。为适应家庭型消费人群、青少年人群的休闲需求，还可以将亲子运动、乡村文化学习、乡村运动拓展、乡村自然学习等场馆引入民宿群，为游客提供亲子休闲、乡村研学、科普教育等产品和服务。

（四）注重行业管理与主体能力提升

顺应乡村旅游产业的发展趋势，发挥政府的引导和支持作用，建设区域内乡村民宿的合作组织，提升乡村民宿产业的整体服务质量、塑造地区民宿品牌，积极引导民宿产业创新发展。通过政策扶持、专业培训、金融服务等方式，提高各类乡村民宿经营主体的能力。

1. 建立自主自律的民宿协会组织

市级文化旅游行政部门要积极担当、主动作为、综合施策，引导建立区域性的乡村民宿行业协会组织，鼓励民宿经营主体积极加入当地协会组织。发挥协会在行业服务、自律与自治、政策宣贯、标准编制等方面的作用，承担起引导、服务和监督成员的职责。对内指导民宿经营，形成行业规范；保护民宿业主的合法权益，为会员谋福祉、为行业谋发展；搭建管理交流平台，开展民宿经营者之间交流学习、开展业务培训工作，提升区域民宿的整体服务水平与形象。对外调节民宿协会会员与消费者的纠纷，保障消费者和会员的权益；开展推广宣传工作，开拓市场业务，向游客推介住宿；向社会和政府申请更多的优惠政策，扶持民宿行业的发展；配合地方政府举办文艺活动，促进当地文化繁荣和旅游发展。

2. 构建多渠道协同的营销体系

以区域内乡村民宿联盟为载体，用好乡村振兴产业、乡村旅游等各类政府公共宣传平台，加强与主流媒体广泛合作，加强民宿的整体性推广。挥智慧旅游平台的整合作用，推出沿海经济带及地市级的数字旅游地图，打造民宿宣传营销板块，传播乡村民宿的信息、塑造各地乡村民宿的特色形象。依托行业组织，科学利用自媒体平台，在微信、微博、视频号等自媒体平台注册本地乡村民宿行业组织、民宿经营主体的公众号，推介民宿及经营活动，进行创新性目的地营销，实现民宿的精准营销、精准推广。

3. 提升民宿主体的经营管理能力

民宿的经营过程中，要做到以特色为先，充分挖掘本土文化和主人文化；以创新为魂，拓展民宿的休闲功能、文化体验功能，把民宿功能从“静态”转为“动态”，丰富民宿的体验度；以人文为本，突出人性化的设计改造和富有人情味的经营服务，全面提高民宿的舒适度。民宿经营者要掌握经营的基本礼仪、管理标准和服务规范，更要有现代民宿管理理念、优质服务意识、科学管理方法和开阔的视野；强化自身创新创意能力，丰富服务项目、开发农副产品销售，成为综合素质高、服务能力强、创新能力高、有生活理念、擅于市场开拓的民宿经营者和管理者。

4. 强化民宿经营服务中的人性化

人情味浓厚且有家的温馨感是乡村民宿和一般的旅馆、饭店最大的不同处。在经营中，民宿经营者不应仅停留于“参与接待”，而应提高主人翁意识，以个性化、有情感有温度的服务，着力营造富有人情味的游客的第二个家。要像对待远游归来的亲人般关怀备至，用朴实的语言体现出待客敬客的真情厚意，给每一位客人留下了深刻而美好的回忆。根据自身的核心定位，开展有地方风味美食品尝、组织文化娱乐活动和农事体验活动等服务，把当地最美的景点、最鲜的美食、最好的特产推荐给客人，客人带来增值体验，也拓展民宿经营收入来源。在经营中，把主人的生活经历、品位喜好、家族传承贯穿其中、融入其内，把积极向上的生活情绪传递给客人。

5. 凸显地域文化与主人个性的设计

乡村民宿本身是一种乡村文化的载体，它已超越了其住宿属性，更多的是本地文化属性和展示与延伸。立足区域乡村民宿产业的整体化，在充分理解村落间和区域间的特点与多样性的基础上，将村庄内的乡村民宿进行系统化设计，打造出充分展现乡土性和区域文化性的乡村民宿景观，协同实现旅游的住宿功能与村庄文化环境的塑造。民宿的设计不应追求新奇的造型，更多的是注重建筑、自然和人之间的关系与互动。保持原有乡村景观结构，以乡村自然的农业风景、田园风光等自然景观要素为基础，将乡村的生活习俗、农事节气、民族歌舞、神话传说等乡村文化元素融入民宿设计中，营造出具有浓郁地方文化特性的自然美、生态美，形成民宿物象与视觉感受的和谐。在民宿的内部设计中，要凸显出民宿经营者个人的生活美学和艺术品位，彰显出浓郁的人文色彩和鲜明的个人风格，传导主人的气息、彰显主人气质，即可以增加民宿的附加值，也可以有效避免“千篇一律、千宿一面”。

渤海大学辽宁沿海经济带发展研究院简介
(辽宁省高等学校新型智库)
辽宁省科技创新智库研究基地

渤海大学辽宁沿海经济带发展研究院成立于2012年7月1日，是专门从事沿海区域开发开放研究的学术机构。

组织模式：以渤海大学管理学院为主体，经济学院等相关学院参与，设置若干研究中心，采用矩阵制组织形式，通过独立研究、牵头研究、参与研究等多种方式开展研究活动。

人员构成：邀请国内知名专家作为学术顾问，渤海大学相关学院的教授、博士以及辽宁省政府、沿海各市政府相关部门、兄弟院校的研究人员组成研究团队。

功能定位：(1) 服务地方经济社会发展。积极探索经济社会发展的全局性、前瞻性理论问题，跟踪研究辽宁沿海经济带发展的重点、难点和热点问题，推动沿海城市经济转型升级，加速老工业基地振兴，打造新型区域发展智库。(2) 服务渤海大学学科建设。根据学校、学院学科建设要求，打造跨学科、高水平、有特色的学科科研平台；加强对外合作，定期召开论坛，打造学术交流平台；组织师生参与辽宁沿海经济带发展社会实践，打造创新创业的教育教学平台。

研究领域：经济发展评价、现代化经济体系构建、高质量发展、产业园区与产业集群、中小企业发展、科技创新、对外开放与贸易、海洋经济、乡村振兴、区域旅游、港口物流、环境保护与生态治理、沿海区域发展比较等理论和实践问题。

研究任务：每年出版《辽宁沿海经济带发展研究报告》；每年召开发展论坛；开展纵向课题研究；接受政府委托完成专题研究报告、制定产业发展规划；向有关领导和部门提交咨政建议；提供企业管理诊断与咨询服务。

研究院网址：http：//yhyjy. bhu. edu. cn

办公地址：辽宁省锦州市松山新区科技路19号渤海大学管理学院

办公电话：0416－3402067、3400075　　　传真：0416－3402067

电子邮箱：yanjiuyuan66@ 163. com

联系人：李庆满